21世纪经济管理新形态教材·工商管理系列

电力经济管理导论

Fundamentals of Electric Power Economics & Management

刘平阔 ◎ 编著

清华大学出版社
北京

内容简介

本书介绍电力经济管理的概念、理论和应用，包括电力经济管理的基本概念、电力生产、电力输配、电力销售、电力消费、电力交易、电力市场、电力价格、辅助服务、电力投资、电力发展，共11章。本书侧重学科体系的框架构建和经典理论的讨论，注重总结一般性、普适性规律，尽可能保证逻辑上"相对全面"且内容上"没有废话"，并注重具体政策在中国的指导性和适用性。

本书封面贴有清华大学出版社防伪标签，无标签者不得销售。
版权所有，侵权必究。举报：010-62782989，beiqinquan@tup.tsinghua.edu.cn。

图书在版编目(CIP)数据

电力经济管理导论/刘平阔编著.—北京：清华大学出版社，2024.1
21世纪经济管理新形态教材.工商管理系列
ISBN 978-7-302-64740-9

Ⅰ.①电… Ⅱ.①刘… Ⅲ.①电力工业－工业经济学－高等学校－教材 Ⅳ.①F407.61

中国国家版本馆 CIP 数据核字(2023)第 192471 号

责任编辑：高晓蔚
封面设计：汉风唐韵
责任校对：王凤芝
责任印制：沈　露

出版发行：清华大学出版社
网　　址：https://www.tup.com.cn，https://www.wqxuetang.com
地　　址：北京清华大学学研大厦A座　　邮　编：100084
社 总 机：010-83470000　　邮　购：010-62786544
投稿与读者服务：010-62776969，c-service@tup.tsinghua.edu.cn
质量反馈：010-62772015，zhiliang@tup.tsinghua.edu.cn

印 装 者：小森印刷霸州有限公司
经　销：全国新华书店
开　本：185mm×260mm　印　张：15.75　字　数：302 千字
版　次：2024 年 1 月第 1 版　印　次：2024 年 1 月第 1 次印刷
定　价：58.00 元

产品编号：098636-01

前言

从2016年算起,讲授"电力经济管理导论"的课程已有6个年头了。目前,对市面上的教材均有所涉猎,总结一下:有的教材侧重电力市场,有的教材侧重电力监管,有的教材以案例为主,有的教材以模型为主,有的教材介绍了欧美的案例,有的教材介绍了西方的政策……似乎都忽略了一些逻辑概念或"深入浅出"的过程。无论是对于本科生,抑或是对于研究生,目前尚未发现一本逻辑架构完整、知识理论清晰的参考资料。

因此,本人基于硕士、博士期间的所学所思,加之执教后对能源电力与环境领域经济与管理问题的进一步探索,并总结了6年(12个学期)个人教案与课件的主要内容,撰写并完善了本部教材——《电力经济管理导论》。本书探索性地设置了11个章节的内容,侧重于学科体系的框架构建和经典理论的讨论,尽可能保证逻辑上"相对全面"且内容上"没有废话"。

本书内容特色如下。

第一,区别其他教材侧重于电力市场,本书注重对完整的电力系统(电力体制)的讨论。

第二,区别其他教材侧重于电力监管,本书注重对各个环节标准与规范的分析,以此讨论监管的必要性及方式。

第三,区别其他教材以案例为主,本书注重梳理相对系统的学科逻辑、构建相对完整的理论架构。

第四,区别其他教材以模型为主,本书注重规范基本概念的表述、总结基本原理的始末。

第五,区别其他教材介绍欧美的案例,本书注重总结一般性、普适性规律。

第六,区别其他教材介绍西方的政策,本书注重考虑具体政策在中国的指导性和适用性。

囿于个人能力和水平,同时受到人生阅历和教学经验的限制,本部教材难免存在不足之处。如果读者朋友在学习过程中发现错误,本人愿意承担全部责任,并诚挚道歉。因此,在此恳请广大的专家、同行和读者朋友在包容作者浅薄学识的同时,提出您宝贵的意见和建议;本人也希望得到您的垂询,还望诸位专家、同行和读者不吝赐教!

特别声明：教材的第十一章，既不是"偷懒"，也不是"玩笑"，而是出于对学科前沿的尊重，提供了一个相对客观的分析框架。针对第十一章的具体内容，还请读者朋友结合学科前沿，根据前十章的知识重点和逻辑架构进行认真总结和提炼——这也算是本书留给大家的一道"思考题"吧！

本教材受到上海电力大学能源电力特色教材建设资助项目和上海电力大学经济与管理学院"课程思政"教改项目的支持，在此表示感谢。

刘平阔
2023 年 10 月于上海

目 录

第一章 绪论 ·· 1

第一节 常见概念的界定 ·· 1
第二节 能源的科学分类 ·· 4
第三节 电力属性的分类 ·· 7
第四节 电力经济主体的界定 ·· 10
第五节 电力业务模式及演进 ·· 12
扩展及推荐阅读 ·· 15
即练即测 ·· 16

第二章 电力生产 ·· 17

第一节 发电部门的边界 ·· 17
第二节 发电企业的相关理论 ·· 21
第三节 发电产业的相关理论 ·· 30
第四节 电力生产行为 ·· 34
扩展及推荐阅读 ·· 45
即练即测 ·· 46

第三章 电力输配 ·· 47

第一节 输配部门的边界 ·· 47
第二节 输电网络阻塞管理 ·· 50
第三节 输电权的相关理论 ·· 53
第四节 系统的调度运行 ·· 58
第五节 配电业务的竞争 ·· 67
扩展及推荐阅读 ·· 70
即练即测 ·· 70

第四章　电力销售 … 71

第一节　电力营销的相关概念 … 71
第二节　营销管理的理论 … 72
第三节　售电侧放开 … 77
扩展及推荐阅读 … 83
即练即测 … 83

第五章　电力消费 … 84

第一节　消费者的相关理论 … 84
第二节　电力用户的行为规律 … 90
第三节　电力需求侧管理 … 103
第四节　电力需求侧管理手段 … 108
第五节　电力需求响应 … 113
扩展及推荐阅读 … 115
即练即测 … 116

第六章　电力交易 … 117

第一节　交易的相关概念 … 117
第二节　电力交易的类型 … 123
第三节　电力交易的结算 … 133
第四节　电力交易的管理 … 134
扩展及推荐阅读 … 135
即练即测 … 135

第七章　电力市场 … 136

第一节　市场原理 … 136
第二节　电力市场的本质 … 146
第三节　电力市场的界定 … 148
第四节　电力现货市场 … 150
第五节　电力市场的风险管理 … 153
扩展及推荐阅读 … 159
即练即测 … 160

第八章 电力价格 161

第一节 电价体系 161

第二节 电价的结构与分类 163

第三节 电价制度与价格规制 173

第四节 电力的价格调节 177

扩展及推荐阅读 178

即练即测 178

第九章 辅助服务 179

第一节 辅助服务的需求 179

第二节 辅助服务的供给 186

第三节 可靠性资源的购买 189

第四节 可靠性资源的出售 192

扩展及推荐阅读 197

即练即测 197

第十章 电力投资 198

第一节 发电投资 198

第二节 输电投资 205

第三节 配电投资 225

第四节 电力项目管理 230

扩展及推荐阅读 239

即练即测 240

第十一章 电力发展 241

第一节 电力综合评价 241

第二节 电力体制改革 241

第三节 绿色低碳转型 242

第四节 能源互联互通 242

扩展及推荐阅读 242

第一章

绪 论

本章学习目标

通过对本章的学习,能够:
1. 了解制度与体制、机制与机理、政策与市场、管制与监管、治理与管理;
2. 熟悉能源的9类划分方法;
3. 理解10类电力经济主体;
4. 掌握4种电力业务模式。

第一节 常见概念的界定

(一)制度与体制

(1)制度

一般情况下,"制度"(institution)被定义为:①特定情况的礼俗规范;②法令或法规;③规定;④制作及制作方法;⑤规模或样式;⑥建制或运作模式。

在电力经济与管理领域,"制度"可被理解为"游戏规则"或"博弈规则"(rules of the game)。

(2)体制

一般情况下,"体制"(system)被定义为:①有关组织形式的制度,限于上下之间有层级关系的单位;②管理机构和管理规范的结合体或统一体。

在电力经济与管理领域,"体制"可被理解为"游戏(博弈)规则的具体体现形式",且"电力体制"也可解释为"广义的电力系统"。

(3)区别及联系

电力经济与管理中,"制度"是宗旨和精神,"体制"是呈现和躯体。其变化过程,前者称为"制度变迁",后者称为"体制改革"。

（二）机制与机理

（1）机制

一般情况下，"机制"（mechanism）是指：①有机体的构造、功能及其相互关系；②机器的构造和工作原理；③在正视事物各部分存在的前提下，协调各部分之间关系以更好地发挥作用的具体运行方式。

在电力经济与管理领域，"机制"可被理解为"原则、结构、关系、功能及方法的统一"。

（2）机理

一般情况下，"机理"（principle）是指：①为实现某一特定功能，一定的系统结构中各要素的内在工作方式以及诸要素在一定环境条件下相互联系、相互作用的运行规则和原理；②事物变化的理由和道理，包括形成要素和形成要素之间的关系两个方面。

在电力经济与管理领域，"机理"可被理解为"机制的规律与原理"，因此，"机制"也可被解释为"机理的应用表现"。

（3）区别及联系

在电力经济与管理中，二者的区别程度相对较小。但"机制"常用于学理层面和应用层面，而"机理"多出现在学理层面。

（三）政策与市场

（1）政策

一般情况下，"政策"（policy）的定义为：国家政权机关、政党组织和其他社会政治集团为了实现自己所代表的阶级、阶层的利益与意志，以权威形式标准化地规定在一定的历史时期内，应该达到的奋斗目标、遵循的行动原则、完成的明确任务、实行的工作方式、采取的一般步骤和具体措施。其实质是阶级利益的观念化、主体化、实践化反映。

在电力经济与管理领域，"政策"可被理解为"为保证游戏（博弈）规则得以实施的具体工具及针对性措施"。

（2）市场

一般情况下，"市场"（market）的定义为：各方参与交换的多种系统、机构、程序、法律强化和基础设施之一；属于社会分工和商品生产的产物。

在电力经济与管理领域，"市场"可被理解为"资源配置的一种方式，行为协调的一种工具"。

（3）区别及联系

在电力经济与管理中，"有为政府"与"有效市场"一直是电力经济管理各个环节无法规避的问题;"政策依赖"与"市场导向"一直处于某种微妙的权衡关系之上。如果对二者的理解仅停留在具体形式的层面,而忽略了二者功能上的本质内涵,往往会走向盲目或过度的极端。

> **提示 1-1**
> 　　欧美多国所推崇的"电力市场改革(power market reform)"或"电力市场自由化改革(power market liberalization)"、俄罗斯等国推出的"电力部门改革(power sector reform)"以及中国执行的"电力体制改革(power system reform)",三者在本质及侧重点上具有显著的差异。

(四) 管制与监管

(1) 管制

一般情况下,"管制"(regulation)也称"规制",是指:①政府设置规定,进行限制或约束;②政府对经济行为的管理或制约;③以矫正和改善现行机制内在问题为目的,政府对经济主体活动的行为进行干预。

在电力经济与管理领域,"管制"可被理解为"政府的强制性干预"。

(2) 监管

一般情况下,"监管"(supervision)是指:①监视管理;②监督管理。

在电力经济与管理领域,"监管"可被理解为"根据标准对行为进行规范"。

(3) 区别及联系

在电力经济与管理中,"放松管制,加强监管"的本质即:适度调整政府强制性干预的程度,同时在强化行为标准制定的基础上做到"以理服人"。

(五) 治理与管理

(1) 治理

一般情况下,"治理"(governance)被定义为:①控制、引导和操纵;②在特定范围内行使权威;③在管理国家经济和社会发展中权力的行使方式;④在公共利益上作出决策的惯例、制度和程序;⑤政治进程既定的情况下,在众多不同利益共同发挥作用的领域建立一致或取得认同,以便实施某项计划;⑥主体经营管理相同事务的诸多方式的总和;⑦以调和为基础的一种赖于持续相互作用的非正式制度过程。

在电力经济与管理领域,"治理"可被理解为"利用治权对秩序进行规范"。

> **提示 1-2**
> 在《荀子·君道》中有记:"明分职,序事业,材技官能,莫不治理,则公道达而私门塞矣,公义明而私事息矣。"其中也暗含了中国古人对"治理"的要点总结:一是权责分明;二是轻重缓急;三是选贤举能;四是大公无私。

(2) 管理

一般情况下,"管理"(management)被定义为:①组织中的决策者,通过实施计划、组织、领导、协调、控制等职能协调他人的活动,使他人同自身共同实现既定目标的活动过程;②要素维度可分为人、财、物、信息、时空;③手段维度可分为强制、交换、惩罚、激励、沟通、说服;④环节维度可分为规则的确定、资源的配置、目标的设立和分解、组织与实施、过程控制、效果评价总结与奖惩。

在电力经济与管理领域,"管理"可被理解为"效率导向的决策过程"。

> **提示 1-3**
> 管理,是一门技术,更是一门艺术;管理不是控制,而是激发和释放潜能,并创造价值。
> 需要注意的是:"管得多、理得少"是无效管理的通病。

(3) 区别及联系

在电力经济与管理中,"治理"常应用于宏观层面或中观层面,"管理"多应用于微观层面。作为活动,常见"协同治理""管理协调"等概念。

第二节 能源的科学分类

"能源"亦称"能量资源"或"能源资源"。

(一) 物理与技术层面的定义

能源是指可产生各种能量(如热量、电能、光能和机械能等)或可做功的物质的统称。能源可以直接取得或者通过加工、转换而取得有用能的各种资源,包括煤炭、原油、天然气、煤层气、水能、核能、风能、太阳能、地热能、生物质能等一次能源和电力、热力、成品油等二次能源,以及其他新能源和可再生能源。

(二) 经济与制度层面的定义

能源是国民经济的重要物质基础,未来国家命运取决于能源的掌控。能源的开发和有效利用程度以及人均消费量是生产技术和生活水平的重要标志。因此,能源是指煤炭、原油、天然气、电力、焦炭、煤气、热力、成品油、燃料油、液化石油气、可再生能源和其他直接或者通过加工、转换而取得有用能的各种资源。

> **提示 1-4**
> 　　上述"经济与制度层面"的定义方式为《中华人民共和国节约能源法》(简称"中国节能法")(2016 年 7 月修订)中的表述形式。

(三) 能源的九类划分方法

　　能源不是一种单纯的物理概念,而必须是技术经济上合理的那些可得性能量的资源。因此,能源的分类方法很多,主要分类如图 1-1 所示。

划分方法	类别
按能量的原始来源划分	地球自身、外天体、地球及其他天体的相互作用
按能源的成因划分	一次能源(天然能源)、二次能源(人工能源)
按能源储存和输送性质划分	含能体能源、过程性能源
按能源使用性质划分	燃料性能源、非燃料性能源
按能源形成和再生性划分	可再生能源、非再生性能源
按能源技术开发程度划分	常规能源、新能源
按能源的实物形态划分	固体能源、液体能源、气体能源
按能源的商品性划分	商品能源、非商品能源
按能源对环境的污染程度划分	清洁能源、非清洁能源

图 1-1　能源的九类划分方法

　　(1) 按能量的原始来源划分

　　按能量的原始来源划分有 3 种:①来自地球以外天体的能量,最主要的是太阳辐射能,并为风能、水能、生物能和矿物能源等的产生提供基础。②来自地球自身的能量,一种是以热能形式储藏于地球内部的热能和重力能,包括火山、地震、地下蒸汽、热岩层、地下热水等;另一种是海洋和地壳中储藏的核燃料所包含的原子能。③来自地球及其他天体的相互作用所产生的能量,"地球-月亮-太阳"系统由于相互引力的作用,使海水涨落所形成的潮汐能。

　　(2) 按能源的成因划分

　　按能源的成因划分有 2 种:①一次能源(天然能源),是指自然界中以现成形式存在,不经任何改变或转换的天然能源资源,包括原煤、原油、油页岩、天然气、核燃料、植物燃料、水能、风能、太阳能、地热能、海洋能、潮汐能等。②二次能源(人工能源)[①],一次能源经过加工转换成另一种形态的能源,主要有电力、焦炭、煤气、蒸汽、热水以及成品油、燃料油、液化石油;在生产过程中排出的余能、余热,如高温烟气、可燃气、蒸汽、热水、排放的有压流体等也属于二次能源。

(3) 按能源的储存和输送性质划分

按能源的储存和输送性质划分有2种:①含能体能源,是指包含能量的物质,如化石燃料、草木燃料、核燃料等,这种含能体可以直接储存运送。②过程性能源,是指能量比较集中的物质运动过程,或称能量过程,是在流动过程中产生的能量,如流水、海流、潮汐、风、地震、直接的太阳辐射、电能等。

(4) 按能源使用性质划分

按能源使用性质划分有2种:①燃料性能源,是指用于直接燃烧而发生能量的物质,包括矿物燃料(如煤炭、石油、天然气等)、生物燃料(如柴草、农作物秸秆、薪材、沼气等)、核燃料(如铀、钍等)、化工燃料(如甲醇、酒精、火药等)。②非燃料性能源,是指不能直接燃烧的能源,如水能、电、蒸汽、热水、太阳能、风能、潮汐能、地热能等。

(5) 按能源的形成和再生性划分

按能源的形成和再生性划分有2种:①可再生能源,是指在生态循环中能重复产生的自然资源,可循环使用、不断补充,不会随人类的开发利用而日益减少,具有天然的自我再生功能,如水力(小水电)、潮汐、太阳辐射、风力、海洋能、草木燃料、地震、火山活动、地下热水、地热蒸汽、温泉、热岩层以及从有机物质及其废物中提取的燃料,如酒精、沼气等。②非再生性能源,是指经过亿万年漫长地质年代形成,随着人类的不断开发利用而日益减少,终究要消耗殆尽,不能在短期内重复再生的能源,如煤炭、原油、天然气、油页岩、页岩气、核燃料等。

(6) 按能源的技术开发程度划分

按能源的技术开发程度划分有2种:①常规能源,也称传统能源,是指以往利用多年,目前在科学技术条件已成熟,经济上比较合理,已被人类大规模生产和广泛使用的能源,如煤炭、原油、天然气、电、水能(大水电)、柴草等。②新能源,是指人类新近才开发利用或正在研究开发,今后可广泛利用的能源,如太阳能、风能、地热能、海洋能等。此外,原子核能在某些工业发达国家中已广泛使用,其已被列入常规能源之中。

(7) 按能源的实物形态划分

按能源的实物形态划分有3种:①固体能源,是指物质形态为固体(具有一定的硬度

---

① 一次能源无论经过几次转换所得到的另一种能源,都称为"二次能源"。

和形状)的可燃性物质,大多是碳物质或碳氢化合物,天然的有原煤、石煤、油页岩、木柴等;经过加工有洗煤、焦炭、型煤等。②液体能源,是指物质形态为液态(具有体积,但其形状不固定)的可燃性物质,主要是碳氢化合物或其混合物,天然的有原油,经过加工的有汽油、柴油、煤油、燃料油等。③气体能源,是指物质形态为气态(没有固定的体积和形状)的可燃性物质,一般含有低分子的碳氢化合物、氢和一氧化碳等可燃气体,并常含有二氧化碳、氮等不可燃气体,主要有天然气、液化石油气、焦炉煤气、炼厂干气等。

(8) 按能源的商品性划分

按能源的商品性划分有2种:①商品能源,是指作为商品经流通领域,在国内或国际市场上正规买卖的能源,如煤炭、石油、焦炭、核燃料、电等。②非商品能源,是指未经商品流通领域,未进入市场进行正规的买卖活动,一般是农民自产自用的能源,如柴草、农作物秸秆、人畜粪便等就地利用的能源。

(9) 按能源对环境的污染程度划分

按能源对环境的污染程度划分有2种:①清洁能源,是指能源在使用中对环境无污染或污染小的能源,如太阳能、风能、海洋能、水能、气体能源以及核能等。②非清洁能源,是指能源在使用中对环境污染较大的能源,如高污染的煤炭、高污染的石油等。特别指出的是,碳排放量极低的火力发电,可视为一种清洁能源发电。

> **提示 1-5**
>
> "可再生能源发电""清洁能源发电"以及"新能源发电"存在本质的差别;其侧重分别为:形成与可再生性、对环境的污染程度、技术开发程度。
>
> 能源的分类方法有助于从不同角度理解不同的电源技术,虽然相互之间有一定交叉关系,但本质上范围边界是不同的,尤其是对于"绿色低碳发展"问题的展开,三个概念所涉及的问题绝不会完全重合。

第三节 电力属性的分类

(一) 商品属性

(1) 价值

定位:①凝结在电力商品及服务中无差别的人类劳动;②商品特有的本质属性;③决定了电力商品及服务的交换比例。

(2) 使用价值

定位：①电力商品及服务能够满足主体（个人或组织）能源消费需要的属性；②有用物品的自然属性；③决定了不同电力商品及服务的需要交换。

（二）物理属性

定位：①原子核得失电子的运动；②在电势作用下，在导体内的流动；③无重量、无颜色、无大小、无形状、无气味，具有同质性特征。

（三）其他属性

(1) 及时消费性

电力无法大规模地经济性存储。

在目前的技术水平下，电力还难以实现经济性大规模贮存，其生产与消费几乎同时发生。这意味着电力供需双方总需要在规定时限内完成一定数量的交易。时限的长度通常可以为 1h、0.5h 或 15min，具体选择要根据电力市场所在国家与地区的实际情况而定。电力市场上各交易时段的电价往往不同，因此同样数量的电力选择在此时段交付或者彼时段交付，最终的结果完全不同（若储能技术实现突破，则另当别论）。

提示 1-6

需要注意的是：负荷需求的变化不会只发生在各时段的起始时点；为了保证电力系统平衡，系统必须在各时段内经常调整发电出力水平。尽管此类出力调整也可转换成电力交易，但最好的处理办法还是将其作为辅助服务，而不是电能商品，该问题将留在后面详细讨论。

---

(2) 设备依赖性

电力无法直接输送给用户。

电力产品及服务总是与物理电力系统紧密相连，而电力系统的传送速度远远高于其他商品市场。这也是电力经济与管理最本质的特点。①在电力系统中，供应与需求（发电与负荷）需要时刻都保持平衡；如果平衡遭到破坏，系统就会崩溃，并引发其他一系列严重后果[①]。②市场反应速度较慢，难以承担安全责任；因此，短期的电力供需平衡任务

---

① 如果大型的工业化国家彻底断电，则需要经过一套非常复杂的程序才能将电力系统恢复到正常运行状态，该过程的时间花费可能需要 24h 甚至更多。

不能交由市场实体来完成[①]。③无论成本大小,必须建立一套无须依赖市场即可进行电力资源选择与调度的机制,目的就是为了保证系统的短期平衡。

(3) 迷路性

电力无法直接配送到指定用户。

所有发电机的出力会在系统内能够像水流一样的无差异汇合到一起,并依照物理定律流到各个电力用户。因此,①发电机生产的电能无法被直接送到指定的用户,这是电力产品及服务与其他商品之间的另外一个重要差别,但该属性的影响程度相对较轻;②电力终端用户获得的电力产品及服务不可能仅来自某一台发电机或某一个发电厂。

提示 1-7

需要注意的是:

一方面,最大发电容量只需要与最大的总需求相匹配,即电力供应与需求只要满足总量匹配即可,无须实现限制性的"一对一"或者"一对多"匹配对应。

另一方面,电能汇合的承载系统若发生故障,则会波及所有市场主体,而不会只影响到某一特定交易参与主体。

(4) 可预测性

电力具有周期性表现。

电力需求会表现出可预测的循环波动,其波动周期可为"日""周""季"或"年"。由于电力需求的短期价格弹性非常低;而需求在一天之内的有些时段可能会在较大的范围内发生快速波动。为了确保电力供应与需求平衡,发电出力必须能够跟踪此类需求变化。随着负荷的增减变化,边际发电部门会改变,一天之内的电能边际生产成本也会发生变化,进而影响到电力现货价格。因此,普通商品成本与价格很少会出现电力如此快速的周期性变化。

(5) 政策性

电力可作为宏观经济的协调工具。

电力产品及服务的政策性特征主要体现在"电量"和"电价"两个层面:①电量层面,发电量与用电量直接影响着某一国家或地区的经济社会发展;②电价层面,可作为支持性工具对某一特定领域进行倾斜,并阶段性执行价格限制,且垄断性行业的产品或服务的价格须接受政府部门的监管。

---

① 全系统范围内的大停电会造成非常恶劣的社会和经济影响,若市场机制会明显增加大停电发生的可能性,则任何理性政府都不会同意引入该种机制。

第四节　电力经济主体的界定

在相对健全的电力体制（电力系统）中，共包含 10 类电力经济主体。若仅从业务的角度进行了划分，则在某些国家或地区，其中的部分主体也会整合成一个大部门参与到电力经济与管理活动之中。

（一）垂直一体化公共事业部门

垂直一体化公用事业部门（vertically integrated utility）属于层级制的治理结构，拥有发电厂及输配电网。在传统的监管体制下，此类部门（集团）垄断了某一给定地理范围内的电力供应。但随着电力市场的建立和完善，其发电业务与输配电业务可能会分离。

（二）发电部门

发电部门主要为生产和出售电力产品，亦会向电力系统运营商出售辅助服务，其作用在于保证电力供应质量与安全。发电部门，可以是一个发电机组，可以是一个发电厂，可以是一个发电企业，还可以是整个发电产业。一个发电企业可能只拥有一座电厂，也可能拥有一组不同技术类型的电厂。发电部门可能会与垂直一体化公用事业部门并存，此时它又被称为"独立发电商"（independent power producer）。

（三）电力市场运营主体

电力市场运营商具有独立的营利性属性，通常复杂管理在实时运行之前某段时间存在的市场，如日前市场（day-ahead market）。其职能定位包括：①负责匹配电力交易双方所提交的电能投标（offer）和报价（bid）；②负责结算电力交易中标的投标与报价，会按照电能流动方向在购买者与销售者之间进行转移支付。

（四）独立系统运营主体

独立系统运营商的主要职责是保证电力系统安全。其"独立性"体现于在竞争性环境下的系统运营商应无差异地公平对待相关市场成员。独立系统运营商通常仅拥有监督与控制电力系统所必需的计算与通信设施，但其往往兼有系统运营与最终市场运营职能。独立系统运营商通常负责管理最终市场（market of last resort），即平衡负荷与发电的实时市场（real-time market）。

(五) 输电部门

输电部门拥有电网线路、电缆、变压器和无功补偿设备等输电资产,需要按照独立系统运营商发出的调度指令运行输电设备。①部分电力企业会同时拥有发电业务与输电业务,此时的输电部门只是其下属子公司;②独立输电企业(independent transmission company)则不允许拥有发电厂,且同时兼具独立系统运营商的职能,如中国国家电网。

(六) 配电部门

配电部门拥有并负责运营配电网。①在传统体制下,其垄断了连接在电网上所有用户的电力销售业务。②在市场化的环境中,电力销售业务会与配电网运营、维护及建设等业务分离开来;诸多电力零售商可以开展电力销售竞争,而此类电力零售商中的某一个也许就是区域配电公司的下属子公司。

(七) 电力零售商

电力零售商可在电力批发市场上购买电能,进而转售给那些不愿或不被允许参加批发市场交易的电力用户。电力零售商不需要拥有任何发电、输电与配电资产,其对接的所有电力用户也不一定全部连接在同一个配电公司的电网中。

(八) 监管机构

监管机构,也称"监管组织",是确保电力市场公正有效运营的政府部门,其可决定或批准电力市场规则,并调查可能出现的市场力(market power)滥用情况。在某些国家或地区,监管机构可能还会负责设定垄断型电力企业所提供产品及服务的价格。因此,凡具有垄断属性的业务,都需要政府部门的合理介入。

(九) 电力小用户

电力小用户可从零售商购买电力产品及服务。为了连接到电网,小用户通常需要向区域配电公司租赁相关设备,其参与电力市场的形式相对简单。在大多数情况下,小用户只能从许多零售商中选择一个进行电力零售交易。

(十) 电力大用户

与小用户不同,电力大用户通常会直接通过市场购买电力产品及服务,并积极参与电力批发市场的竞争。有一些大用户还能够对负荷进行控制,独立系统运营商可将其视为一种可调用的系统运行资源,在需要时对其进行调控。少数规模极大的用户有时候会直接与输电系统连接。

第五节　电力业务模式及演进

四种电力业务模式与相应的市场构建息息相关,其演进过程也揭示了电力行业从垄断到竞争的发展历程。

> **提示 1-8**
>
> 　　值得注意的是:包括中国在内的各国的电力市场(体制)改革,整体思路上也是按照该演进脉络推进和执行的。

(一) 模式Ⅰ:业务垄断

业务垄断模式是一种传统的垂直一体化公共事业部门,如图 1-2 所示。该模式有两种子模式:①发-输-配一体化模式,该子模式直接向电力用户售电,如图 1-2(a);②发-输一体化模式,该子模式由垄断部门向相对独立经营的配电部门售电,配电部门进而与电力用户进行交易,如图 1-2(b)。在业务垄断模式下,不同区域的公用事业部门之间也可开展电力双边交易,但此类交易仅发生在电力批发层面。

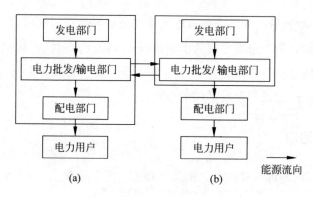

图 1-2　电力的业务垄断模式

> **举例 1-1**
>
> 　　1949 年,中华人民共和国成立之初,百废待兴:因长年战乱,经济萧条、财政困难;电力工业千疮百孔,电厂凋零、设备残缺、电网瘫痪、运行艰难,且国内电力供应紧张。

> 党和国家高度重视电力产业:1950 年 2 月 19 日至 3 月 2 日,第一次全国电业会议召开;会议明确了经济恢复时期电业工作的基本方针和任务:保证安全发供电,并准备有重点地建设两三年内工业生产所需要的电源设备;1950—1952 年,燃料工业部下属组建了电业管理总局,其管理范围逐步扩展到全国,并成立大区电业管理局;成立了全国水电建设领导机构水力发电工程局。国营电业逐渐占据主导地位,并实行"政企合一,以中央为主、中央与地方双重管理"的体制。
>
> 在恢复阶段,中国电力行业即为"垂直一体化公共事业部门"的形式,这也为后期电力体制的调整奠定了基础模式。在此后的较长一段时间内,"垂直一体化公共事业部门"的业务模式也发挥了重要的作用,如,在 1978—1985 年主要解决电力供应严重短缺问题,推行"集资办电";在 1987—2002 年提出"政企分开,省为实体,联合电网,统一调度,集资办电"的"二十字方针"和"因地因网制宜"的电力改革与发展方针。

(二) 模式 Ⅱ:购买代理

购买代理模式显示了在电力行业引入竞争之初的组织模式,如图 1-3 所示。该模式有两种子模式:①发电部门多源化模式,此时垂直一体化公共事业部门不再垄断系统中的全部发电容量,独立发电部门可以直接与电网进行连接,并向作为购买代理的公用事业部门出售电力产品及服务,如图 1-3(a);②部门分散模式,此时垂直一体化公共事业部门不再拥有任何发电部门,须向独立的发电部门购买全部电力产品及服务,且为了满足用户的电力消费需求,配电部门也与购买代理进行电力交易,如图 1-3(b)。换言之,购买代理对配电部门具有卖方垄断力,对发电部门具有买方垄断力;虽存在一定程度的竞争,但此时的电力价格仍须受到严格监管。

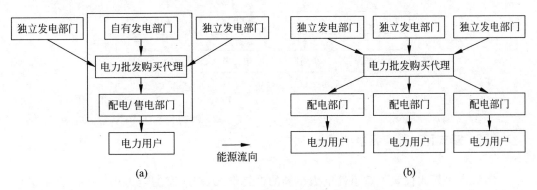

图 1-3 电力的购买代理模式

举例 1-2

2002年《国务院关于印发电力体制改革方案的通知》(国发[2002]5号)正式启动改革开放后的第一次电力体制改革;此次电力体制改革可概括为十六字方针——"厂网分开、主辅分离、输配分开、竞价上网"。虽然第一次电改在"厂网分开"方面成效显著,但在"主辅分离"方面并不彻底,且"输配分开、竞价上网"却未曾起步。其中,"厂网分开"便是实现"购买代理"模式的重要实践步骤之一。

(三) 模式Ⅲ:批发竞争

在批发竞争模式中,不存在整合性电力供应的组织。取而代之的做法是:配电部门直接向发电部门购买电能,如图1-4所示。一般情况下,该类模式出现在电力批发市场中,除配电部门外,电力大用户也会直接在电力批发市场中电力交易,如电力库或双边交易。此时,配电系统仍需要保持相对独立的集中运营:①在电力批发层面,需要以集中性经济与管理问题是电力现货市场的运营及输电网的可靠性运行;②在电力零售层面,各配电部门不仅需要运营所在区域的配电网,同时还会代表配电网覆盖范围内的电力用户购买电能。一方面,该模式极大地促进了发电部门间的竞争,此时的电力批发价格是供应与需求相互作用的结果;另一方面,由于小用户无法自主选择竞争性的零售商,因此电力零售价格仍须接受监管。在批发竞争模式下,配电部门将会面临电力批发市场中的价格波动风险。

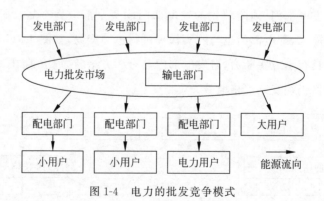

图1-4 电力的批发竞争模式

(四) 模式Ⅳ:零售竞争

零售竞争模式代表了竞争性电力市场的最终形式,即所有的电力用户均可自主选择其电力零售商,如图1-5所示。由于存在交易费用,只有大用户才会选择在批发市场上直接完成电力交易,而大多数中小用户则会向零售商购电;此时的电力零售商可视为小用户集合的代表在批发市场上购电。在该模式下,配电部门再也无法对其配电网覆盖范围内的电力供应业务实施区域性垄断,其配电部门的业务与电力零售商的业务一般应当分离。此时电力系统中仅有的垄断业务是输电网和配电网服务的提供与运营。若电力零售市场中的竞争相对充分,小用户可通过变换零售商选择便宜的电力产品及服务,电力零售价格可由市场竞争决定且将无须受到监管。但是在该模型中,零售竞争需要相当多的计量、通信与数据处理设备,从而产生一项巨大的交易费用。此外,输、配电网依旧保持垄断性经营,因此其投资成本回收仍需受到监管。

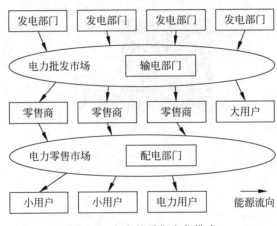

图 1-5　电力的零售竞争模式

举例 1-3

2015 年 3 月,《中共中央国务院关于进一步深化电力体制改革的若干意见》(中发[2015]9 号)发布,由此拉开了中国第二轮电力体制改革的序幕,并提出"管住中间、放开两头"总体要求。其中,"放开两头"是提高发电环节、售电环节及用电环节的市场化程度,实现更加充分的竞争;"管住中间"是在电网运行环节、输配电环节强化政府的监管。

从第一轮电力体制改革(2002)到第二轮电力体制改革(2015),中国电力市场的设计思路具有一定的探索性与跳跃性,同时实现"批发竞争"与"零售竞争"两种模式的跃迁。

扩展及推荐阅读

[1] 国务院《关于印发电力体制改革方案的通知》(国发[2002]5 号),http://www.gov.cn/zhengce/content/2017-09/13/content_5223177.htm?trs=1.

[2] 中共中央、国务院《关于进一步深化电力体制改革的若干意见》(中发[2015]9号),https://news.ncepu.edu.cn/xxyd/llxx/52826.htm.
[3] Federal Energy Commission (2015). Energy primer: a handbook of energy market basics [M]. www.ferc.gov/market-oversight/guide/energy-primer.pdf (accessed 28 February 2018).
[4] Hunt, S. and Shuttleworth, G. Competition and Choice in Electricity [M]. Chichester: Wiley,1996.
[5] 刘平阔,侯建朝,谢品杰.能源管理学[M].上海:上海财经大学出版社,2019.

即 练 即 测

第二章

电 力 生 产

🎯 本章学习目标

通过对本章的学习,能够:

1. 熟悉发电部门的分类、马歇尔冲突、SCP 分析范式、产业生命周期;

2. 理解发电决策的投入与产出、长期与短期、成本与收益、机组煤耗特性、煤耗微增特性、单位煤耗特性;

3. 掌握完全竞争市场的发电企业电力生产行为的 9 个要点、基于购买决策的电力生产安排、不完全竞争市场结构下的电力生产。

第一节 发电部门的边界

发电部门(power generation sector)是一个广义概念,在电力经济与管理领域包含了 4 个层面:发电机组、发电厂、发电企业以及发电产业。

(一) 发电机组

发电机组(generator set)是将其他形式的能源转换成电能的成套机械设备。一般而言,发电机组均具备发动机(动能来源)、发电机(电流来源)以及控制系统等。具体分类内容如下。

① 按装机容量划分:小型发电机组(30 kW 以下燃气机组、10 kW 以下风电机组、500 kW 以下水轮机组)、中型发电机组(50 kW~200 kW 燃气机组、10 kW~100 kW 风电机组、500 kW~10 000 kW 水轮机组)、大型发电机组(250 kW 以上燃气机组、100 kW 以上风电机组、10 000 kW 以上水轮机组)。

② 按动力来源划分:柴油发电机组、燃煤发电机组、燃气发电机组、汽油发电机组、风力发电机组、太阳能发电机组、水力发电机组等。

③ 按电能转换划分:交流发电机组(又分为同步发电机与异步发电机;其中,同步发电

机较为常见,又分为隐极式同步发电机和凸极式同步发电机)、直流发电机组(又可分为单相发电机和三相发电机;其中,单相发电机输出电压为220V,三相发电机输出电压为380V)。

④ 按励磁方式划分:有刷励磁发电机组(励磁方式为他励式,整流装置在发电机的定子上)、无刷励磁发电机组(励磁方式为自励式,整流装置在发电机的转子上)。

⑤ 按设备款式划分:开式发电机组、静音发电机组、移动式发电机组。

> **提示 2-1**
>
> 在电力经济与管理领域中,单独分析一个发电机组,可将较为复杂的问题进行理想化和简单化处理;如:一台发电机组所面临的电力市场,可视为完全竞争市场。
>
> 此外,向要素生产率提高或绿色低碳转型的方向演进时,发电机组的升级与更替可视为"技术进步"。因此,电力生产的技术进步,狭义上(工艺环节)体现为要素生产率的提高,广义上(开放经济)体现为发电技术的创新、扩散及转移。

(二) 发电厂

发电厂(power plant),亦称"发电站",是将各种一次能源转换为二次能源电能的工厂。从经济技术层面看,一个发电厂是一般意义上的基本生产单元,且一个发电厂可拥有一台或多台发电机组。在电力经济与管理领域,发电厂是研究发电产业优化布局的基本单位,也是电力能源供应链管理中重要的上游节点。具体分类如下。

(1) 火力发电厂

火力发电厂属于常规能源发电站。其为利用可燃物作为燃料生产电能的工厂,能量转换过程为:化学能→热能→机械能→电能。世界上多数国家的火电厂以燃煤为主。传统发电厂也指燃煤电厂,其流程系统包括:燃烧气体系统、蒸汽系统、冷却水系统、发电系统。

> **提示 2-2**
>
> 火力发电厂的发电过程包括:①煤粉与空气在电厂锅炉炉膛内悬浮混合并氧化燃烧,燃料的化学能转化为热能;②热能以辐射和热对流的方式传递给锅炉内的高压水介质,分阶段完成水的预热、汽化和过热过程,使水成为高压高温的水蒸气;③水蒸气经管道有控制地送入汽轮机,由汽轮机实现蒸气热能向旋转机械能的转换;④高速旋转的汽轮机转子通过联轴器拖动发电机发出电能,电能由发电厂电气系统升压送入电网。

(2) 大型水力发电厂

大型水力发电厂属于常规能源发电站。其为利用水流的动能和势能来生产电能的工厂,能量转换过程为:水能→机械能→电能。大型水力发电厂建设费用高,发电量受水文和气象等条件限制,但是大水电的发电成本较低,具有水利综合效益。具体分类为:①按电厂结构及水能开发方式可分为引水式、堤坝式、混合式。②按电厂性能及水流调节程度可分为径流式、水库式。③按电厂厂房布置位置可分为坝后式、坝内式。④按电厂主机布置方式可分为地面式、地下式。

(3) 核能发电厂

在部分技术发达的国家或地区,核能发电厂属于常规能源发电站;在技术欠发达的的国家或地区,核能发电厂属于新能源发电站。其为利用重核分裂时所放出巨大能量来生产电能的工厂,又称"核电站"。核电站的技术已相对成熟,形成规模投入运营的,其能量转换过程为:重核裂变核能→热能→机械能→电能。按反应堆类型分类可分为,气冷堆型核电站、改进型气冷堆型核电站、轻水堆型核电站(细分为沸水堆型和压水堆型)、重水堆型核电站、快中子增殖型核电站。

(4) 小水电站

小水电站属于新能源发电站。从容量角度看,一般指容量 5 万千瓦以下的水电站。小水电站具有投资小、费用低、风险弱、效益稳等经济属性。

提示 2-3

从世界范围看,小水电在整个水电产业中的比重约为 5%~6%;从个别国家看,小水电领域更容易吸引并鼓励民营资本的投资,尤其在农村地区和偏远山区,既可发展地方经济解决当地"能源贫困"问题,又可给投资者带来一定的效益回报。

(5) 太阳能发电厂

太阳能发电厂属于新能源发电站。其为利用可再生的太阳能进行发电的工厂,其利用把太阳能转换为电能的光电技术,通过发电系统进行工作。

提示 2-4

目前,太阳能发电厂的基本工作方式包括 2 类:①光伏发电,利用半导体界面的光生伏特效应而将光能直接转变为电能的一种技术;主要是太阳电池板(组件)、控制器和逆变器三大部分,主要部件由电子元器件构成;光伏电池经过串联后进行封装保护可形成大面积的太阳电池组件,再配合上功率控制器等部件就形成了光伏发电装置。②光热发电,利用大规模阵列抛物或碟形镜面收集太阳热能,通过换热装置提供蒸汽,结合传统汽轮发电机的工艺,从而达到发电目的;其发电类型主要分为聚光型(塔式系统、槽式系统、盘式系统)和非聚光型(太阳池、太阳能塔热气流发电);采用光热发电技术可大大降低太阳能硅晶所带来的成本,且还具有大量储存热水的优势,在太阳落山后几个小时仍然能够带动汽轮发电。

(6) 风力发电厂

风力发电厂属于新能源发电站。其为利用风的动能转为电能的工厂,也称"风电站",其能量转换过程为:风能→机械能→电能。风力发电厂按地理形态来分类可分为陆上风电厂(多指开阔平原陆地的风电)、海上风电厂、低风速风电厂(多指低山丘陵地区的风电)。

> **提示 2-5**
>
> 风电厂采用的发电形式主要有 3 种:①独立运行方式,产生的电能比较少,在小型风电厂中会采用该种发电形式;②组合发电方式,将风力发电和其他的发电形式组合在一起使用;③风力并网发电方式,其单机容量比较大,发展空间广阔。与传统的煤炭发电相比,风力涡轮发电拥有许多优势,如,风力发电减少了化石燃料的消耗并能减少电力输送环节的损耗,增强大型电网的独立性和弹性。

(7) 垃圾发电厂

垃圾发电厂属于新能源发电站。垃圾发电可视为火力发电的一种。现阶段,若在政策的支持和引导下,垃圾焚烧发电厂可具有收益稳定、运营成本低廉并享有一定的税收优惠政策等特点。虽然项目可为投资者带来一定的收益,但垃圾发电厂与环境之间的利弊关系仍需谨慎论证。

(8) 地热发电厂

地热发电厂属于新能源发电站。其为利用地球熔融岩浆和放射性物质衰变而产生电能的工厂。由于地热能的分布相对比较分散,因此其开发难度较大。地热能储存在地下,不会受到任何天气状况的影响,且地热资源同时具有其他可再生能源的所有特点,随时可以采用,不带有害物质,关键在于是否有更先进的技术进行开发,如勘探和提取技术。

(三) 发电企业

发电企业(power generation enterprise)是指以营利为目的,运用各种生产要素(土地、原料燃料、劳动力、资本、技术和企业家才能等),向电力系统中提供电力商品及服务,实现自主经营、自负盈亏、独立核算的社会经济组织。

(四) 发电产业

发电产业(power generation industry)是指具有发电功能属性的企业经济活动及事业集合,也称"发电工业"或"发电行业"。

第二节　发电企业的相关理论

(一) 企业理论

(1) 基本定位

根据新古典经济学,企业是能够独立做出生产决策的单位。

根据新制度经济学,企业是一种内部组织方式和生产行为模式,也是一种具体的治理结构。

企业的"黑箱理论"至少需要回答以下 2 个基本问题:①究竟是什么决定了企业的成长,即其成长的动力机制是什么;②究竟是什么决定了企业的异质性,即不同企业之间竞争优势的来源。

提示 2-6

通常情况下,企业类型包括 3 种:①单业主制(无限责任);②合伙制(无限连带责任);③公司制(股份制)。

根据不同的分析角度和研究目的,企业目标:①在新古典经济学派中为"利润最大化",即成本既定的收益最大化或收益既定的成本最小化;②在新制度经济学派中为"交易成本的节约";③在技术经济领域及管理学派中为"未来利润现值的最大化"。

在电力经济与管理领域,"企业"可被视为:①一种组织形式;②一种资源配置方式;③一种行为协调工具;④一种契约形式。

(2) 发电决策的投入与产出

"投入"为生产要素;"产出"即电力产品。其中,生产要素(factor of production)指进行电力生产经营活动时所需要的各种社会资源,主要包括原料(燃料)、劳动、建筑(厂房)、机械设备、土地、资本、信息、企业家才能等。产出与投入的关系可以用生产函数(production function)来表示:

$$Q = f(x_r, x_1, x_b, x_e, x_d, x_k, x_i, x_a \cdots) \tag{2-1}$$

式中,Q 为发电量;x. 表示上述生产要素。若只有两个主要生产要素,则电力生产函数可表示为

$$Q = f(x_1, x_2) \tag{2-2}$$

学理层面,生产函数的形式可分为以下 3 种。

① 固定替代比例生产函数,是指在每一产量水平上任何两种要素之间的替代比例都

是固定的：

$$Q = \theta \cdot x_1 + \omega \cdot x_2 \tag{2-3}$$

举例 2-1

在其他要素条件既定的情况下，1 台 600MW 的大型火电机组一般要配 50 个值班人员与 30 个检修人员。

② 固定投入比例生产函数，也被称为里昂惕夫（Leontief）生产函数，是指各生产要素投入数量之间都存在固定不变的比例关系：

$$Q = \min(\gamma \cdot x_1, \varphi \cdot x_2) \tag{2-4}$$

举例 2-2

在其他要素条件既定的情况下，1 台 600MW 的大型火电机组所生产的电量，既受到装机容量利用小时数（如：5500 小时）的影响，又受到煤炭消耗量（如：108 万吨煤）的影响；而实际发电量则取决于二者的最小投入。

③ 柯布-道格拉斯生产函数（Cobb-Douglas production function，C-D 生产函数），引入了技术资源因素，是电力经济学中使用最广泛的一种生产函数形式：

$$Q = A \cdot x_1^\alpha \cdot x_2^\beta \tag{2-5}$$

其中，θ、ω、γ、φ、α 和 β 为不同生产函数中对应生产要素对发电量的贡献系数；A 为技术条件既定情况下的参数。

若将生产要素 x_2 设为常数 $\overline{x_2}$，并逐步增加第一个生产要素 x_1 的数量：开始时，发电量 Q 会随着 x_1 的增加而增加；然而，在既定技术条件下，Q 随着 x_1 的加大而增加的速率会逐渐降低，该现象即为"边际产量（产品）递减规律"（law of diminishing marginal product），如图 2-1 所示。

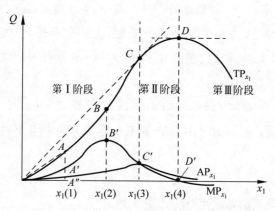

图 2-1 总产量、平均产量与边际产量的关系

其中，TP_{x_1} 表示随着要素 x_1 变化的总产量曲线；AP_{x_1} 表示随着要素 x_1 变化的平均产量曲线；MP_{x_1} 表示随着要素 x_1 变化的边际产量曲线。

三条曲线之间的关系：①三条曲线都是先升后降，这反映了边际收益递减规律的要求；②边际产量曲线要与平均产量曲线在平均产量曲线的最高点 C' 相交；③当边际产量为零时，总产量最大（最大值为 D），边际产量为负时，总产量绝对减少。

（3）发电决策的长期与短期

实际上，长期与短期之间并没有明确的界线。若时间足够长，则全部要素都可得到调整。

若所有生产要素均得到调整，则该生产过程处于"长期"；与之对应，"短期"内某些生产要素会固定不变。换言之，只要存在任意一个要素没有调整，则该生产过程仍处于短期。

但为了方便宏观调控、规划及监管，可人为设定 3 种时期的属性。在电力经济与管理领域，一般情况规定：①1～3 年为短期；②3～5 年为中期；③5 年以上为长期。

举例 2-3

能源发展规划、现代能源体系规划、电力发展规划、生态环境规划的周期一般为 5 年或更长，因此通常属于中长期规划；如《电力工业"十二五"规划（2011—2015 年）》《电力发展"十三五"规划（2016—2020 年）》《电力安全生产"十四五"行动计划（2021—2025 年）》等。

（4）发电决策的成本与收益

① 发电成本

从电力经济与管理的角度，发电企业决策的权衡要素主要是"发电成本"（levelized cost of electricity，LCOE）。电力成本分析的重要意义在于：一是其为发电生产决策的基础；二是其为电力定价的基础。

发电企业的短期成本包括：①固定成本（fixed cost），与实际电力产量无关，如厂房、土地、装机设备；②变动成本（variable cost），与产量的多少密切相关，如燃料、人员；③类固定成本（quasi-fixed cost），与产量的多少无关，此为发电企业特有的成本存在，如启动成本、空载成本。

发电企业的长期成本主要为：沉没成本（sunk cost），即过去决策发生了，但无法由现在或将来的任何决策改变的成本，同时也不能影响未来的决策。

② 规模报酬

在其他条件不变的情况下（即技术条件既定），发电企业内部各种生产要素按相同比例变化时所带来的产量变化。规模报酬(returns to scale)的变化趋势共分为3个阶段。①规模报酬递增阶段,此时,产量增加速率＞规模扩大速率;②规模报酬不变阶段,此时,产量增加速率＝规模扩大速率;③规模报酬递减阶段,此时,产量增加速率＜规模扩大速率。

上述3个阶段可用C-D生产函数为例来判定规模报酬状况;当 x_1 与 x_2 同时扩大 v 倍时,生产函数公式(2-5)变形为

$$A \cdot (v \cdot x_1)^\alpha \cdot (v \cdot x_2)^\beta = v^{\alpha+\beta} \cdot A \cdot x_1^\alpha \cdot x_2^\beta = v^{\alpha+\beta} \cdot Q \tag{2-6}$$

此时:当 $\alpha+\beta>1$ 时,规模报酬递增;当 $\alpha+\beta=1$ 时,规模报酬不变;当 $\alpha+\beta<1$ 时,规模报酬递减。

③ 规模经济

通过扩大生产规模而引起经济效益增加的现象,称为"规模经济"(economies of scale),通常表现为长期平均成本的不断降低。具体可分为3类:①由于发电企业规模变化而导致的规模经济,称为"内部经济";②由于发电产业整体规模变化而导致的规模经济,称为"外部经济";③由于发电企业之间联系变化而导致的规模经济,称为"结构经济"。

此外,当发电企业生产规模扩大正好使得收益增加到最大值,且可将这一规模保持下去,则称该发电企业实现了"适度经济规模"(moderate economic scale)。

④ 机组煤耗与成本

当发电成本的研究对象为单个发电机组,除了特殊机组改造,其装机容量和其他固定成本为既定;因此,就单个发电机组而言,只涉及短期成本的问题。

• 机组煤耗特性

机组煤耗特性(coal consumption of generator set)是电力系统优化调度的前提和基础,应用于机组的经济组合、水火电协调调度、最优潮流等计算中。火电机组的煤耗量特性是反映火力发电机组效率和经济性的重要参数,通过耗量特性来判断火电机组的经济性是最直观也是最有效的评判方式。此外,机组煤耗特性是机组进行低碳转型与升级的基础信息之一。

在稳定运行情况下,火电机组的燃料消耗与发电功率的关系称为机组的煤耗特性,可表示为

$$F = F(P) \tag{2-7}$$

其中,F 表示运行机组每小时消耗的标准煤的吨数,单位为 tce/h;P 表示输出有功功率[1],单位为 MW。

---

[1] 功率,即功除以时间。用功率乘以时间可得到该段时间内发电机输出的功。功率一般用马力(PS)或千瓦(kW)来表示。发电功率指的是发电机每小时的额定发电量。

为了简化模型和算法、降低运算量,通常采用一次曲线或二次曲线来近似表示机组的煤耗特性:

$$F = b'_F P + c'_F \tag{2-8}$$

或

$$F = a_F P^2 + b_F P + c_F \tag{2-9}$$

其中,功率应介于最小功率与最大功率之间,即 $P_{\min} \leqslant P \leqslant P_{\max}$,$P_{\min}$ 和 $P_{\max}$ 分别为机组最小与最大的出力限制;b'_F、c'_F 与 a_F、b_F、c_F 分别为一次曲线和二次曲线煤耗特性参数。

表征煤耗特性函数关系的曲线称为机组的煤耗特性曲线,如图 2-2 所示,曲线上的波动是由于汽轮机的调节气门随着发电有功功率的增大而依次开放所形成的;当上一级气门已全开而下一级气门刚开时,蒸汽的流通会因"节流效应"产生损失,而导致耗量增大,曲线向上凸起;由于发电部门生产工艺的复杂性,煤耗特性曲线与发电机组的运行方式、设备状态、环境温度等诸多因素有关;严

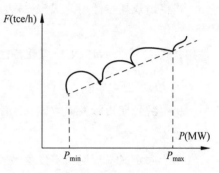

图 2-2 机组煤耗特性曲线

格来说,煤耗特性曲线可通过机组效率试验获取;在现实中,发电厂通常根据机组运行记录和试验运行点的数据对制造厂商所提供的数据进行修正,以期得到尽可能准确的结果。

- 煤耗微增特性和单位煤耗特性

机组的"煤耗微增特性"和"单位煤耗特性"是表征发电机组经济特性的另外两个指标如图 2-3 所示。

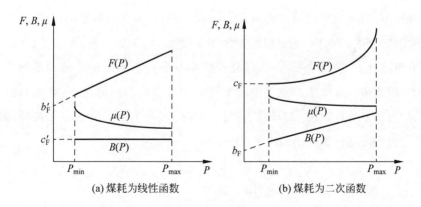

(a) 煤耗为线性函数　　(b) 煤耗为二次函数

图 2-3　火电机组的煤耗特性曲线、煤耗微增特性曲线与单位煤耗特性曲线

煤耗微增特性 B,也称"煤耗微增率",表示增加单位有功功率输出时,机组需要增加

的煤耗量,即

$$B = \frac{\mathrm{d}(F(P))}{\mathrm{d}P} \tag{2-10}$$

当机组煤耗特性用公式(2-8)表示时,煤耗微增特性 B 等于 b'_F;当机组煤耗特性用公式(2-9)表示时,煤耗微增特性 B 等于 $2a_F P + b_F$。

单位煤耗特性 μ,是指生产单位有功功率所耗费的煤耗量,即

$$\mu = \frac{F}{P} \tag{2-11}$$

当机组煤耗特性用公式(2-8)表示时,单位煤耗特性 μ 等于 $b'_F + \frac{c'_F}{P}$;当机组煤耗特性用公式(2-9)表示时,单位煤耗特性 μ 等于 $a_F P + b_F + \frac{c_F}{P}$。

- 短期边际成本

机组的短期边际发电成本(short-run marginal cost),即增加生产电能而引致增加的发电成本。

由于固定成本短期内不发生改变,且类固定成本经常被忽略不计,因此短期边际发电成本也就是指"边际电量成本",主要是增发单位电能而增加的燃料成本。

$$\begin{aligned}
\mathrm{SRMC} &= \frac{\mathrm{dSRTC}}{\mathrm{d}Q} = \frac{\mathrm{d}(\mathrm{SRFC} + \mathrm{SRVC})}{\mathrm{d}Q} \\
&= \frac{\mathrm{dSRFC}}{\mathrm{d}Q} + \frac{\mathrm{dSRVC}}{\mathrm{d}Q} = 0 + \frac{\mathrm{dSRVC}}{\mathrm{d}Q} \\
&= \frac{\mathrm{dSRVC}}{\mathrm{d}Q}
\end{aligned} \tag{2-12}$$

其中,SRMC 表示机组的短期边际发电成本;SRTC 为机组的短期总成本;SRFC 为机组的短期固定成本;SRVC 为机组的短期变动成本;Q 为发电量。

火电机组运行中,燃煤价格、单位煤耗等影响发电变动成本的主要因素均为随时间不断变动的,因此边际发电成本也是瞬时变化的。假设时间间隔较短,则燃煤价格可视为固定常数,则其主要影响因素为煤耗特性。此时,短期边际发电成本与煤耗微增率成正比,主要取决于发电机组的出力水平,即

$$\mathrm{SRMC} = \mathrm{pr}_{\mathrm{coal}} \cdot B \tag{2-13}$$

其中,$\mathrm{pr}_{\mathrm{coal}}$ 表示燃煤价格,规定为固定常数。

- 平均发电成本

发电机组的平均发电成本的分类方式如图 2-4 所示。

【第一组】 按"年"计的机组平均发电成本：一年内（每年 365 天约为 8 760 小时）发电机组的总成本（主要考虑固定成本与变动成本）在单位量上取平均值；在发电机的经济性比较中，年度平均发电成本曲线具有非常重要的作用。

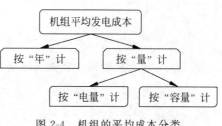

图 2-4 机组的平均成本分类

【第二组】 按"电量"计的机组平均发电成本：以固定成本和可变成本描述机组年成本费用函数，并分摊到总发电量上，如公式(2-14)所示。

$$AC_Q = \frac{TC}{Q} = \frac{C_f + C_v}{Q} = \frac{C_f}{Q} + \frac{C_v}{Q}$$

$$= \frac{C_f}{8\,760 P} \cdot \frac{8\,760 \times P}{Q} + \frac{C_v}{Q} = \frac{C_{Af}}{\eta} + \frac{C_v}{Q} \tag{2-14}$$

$$\eta = \frac{Q}{8\,760 P} = \frac{t_{\max}}{8\,760} \tag{2-15}$$

其中，AC_Q 表示按电量计的机组平均发电成本；C_f 表示固定成本；C_v 表示可变成本；Q 表示发电量；P 表示机组装机容量；C_{Af} 表示平均单位装机容量小时的固定成本；η 为机组利用系数；$t_{\max}$ 为装机容量利用小时数。

【第三组】 按"容量"计的机组平均发电成本：既可将总成本分摊到单位装机容量小时上，平均单位装机容量小时的成本，如公式(2-16)；也可将总成本分摊到机组的装机容量上，得到平均单位装机容量的成本，如公式(2-17)。

$$AC_{K(1)} = \frac{TC}{8\,760 P} = \frac{C_f + C_v}{8\,760 P} = C_{Af} + \frac{C_v}{Q} \cdot \eta \tag{2-16}$$

$$AC_{K(2)} = \frac{TC}{P} = \frac{C_f + C_v}{P} = 8\,760 C_{Af} + \frac{C_v}{Q} \cdot t_{\max} \tag{2-17}$$

其中，AC_K 表示按装机容量计的机组平均发电成本；下角标(1)和(2)分别表示第一、第二种统计方式。

（二）生产者模型

（1）机会成本

机会成本，又称"择一成本"。

概念要点包括：①其源于资源的稀缺性；②资源选项之间存在替代关系；③为了达到目的，所放弃的代价中最大的价值；④机会成本最小的资源选项才具有比较优势。

提示 2-7

电力经济与管理领域中,"机会成本"无处不在;如在电力企业运营决策之中、创新升级与优化转型的路径选择之时。

没有机会成本是悲哀的,因为这意味着"没得选";机会成本过高也是可怕的,因为这意味着"代价大"。

(2) 供给函数

由公式(2-1)可知,影响发电量的生产要素较多。在不考虑电力自用及电力损失的情况下,发电量与供电量可视为相等。但发电量是生产活动的结果,而供电量是供给行为的结果。因此,还需进一步分析影响发电企业的电力供给行为。

① 电力供给函数,是表示电力供给量与影响电力供给的诸因素之间的函数关系,一般形式可以表示为

$$Q_s = g(Cap, Ec, Tech, En, Po) \tag{2-18}$$

其中,Q_s 为电力供给量;Cap 为发电能力;Ec 为经济因素,如电力价格 pr_E;Tech 为技术因素;En 为环境因素;Po 为政策因素。若其他因素不变,在发电能力既定的情况下,仅通过电价对电力供给量的影响而建立电力供给函数:

$$Q_s = g(pr_E, \mu) \tag{2-19}$$

其中,μ 表示为其他影响因素。

② "电力供给量变动"与"电力供给变动"是一组需要严格区分的概念,如图 2-5 所示;S_0 表示原电力供给曲线;S_1 和 S_2 表示平移后的电力供给曲线;S_3 和 S_4 表示旋转后的电力供给曲线。

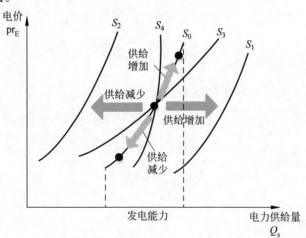

图 2-5 电力供给量变动与电力供给变动

- 电力供给曲线上的一点表示在给定电价水平上的电力供给量;因此,沿着供给曲线的变动表示电力供给量的变动;
- 整个供给曲线表示电力供给;因此,电力供给曲线的移动表示电力供给的变动。

(3) 生产者收入

若全部数量的电力供给都会以同样的电力价格进行交易,则发电企业的收入(producer's revenue)等于电力商品成交量 Q_1 乘以市场价格 pr_1,即图 2-6 中所示阴影部分的面积。

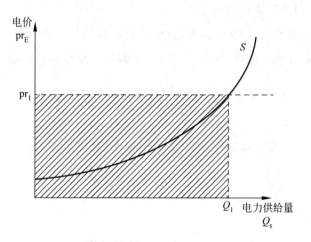

图 2-6 电力供给中的生产者剩余

电力交易过程中,所有电力商品的成交价格均高于其对应的机会成本(边际生产除外),成交价格与机会成本之间的差异将导致净生产者剩余(producer's net surplus)或生产者利润(producer's profit)的产生,如图 2-7 所示:净剩余或利润就等于供应曲线与市场价格水平线所围区域的面积。与机会成本较高的发电企业相比,机会成本较低的发电企业利润水平会更高一些。值得注意的是:边际生产者得不到任何利润。

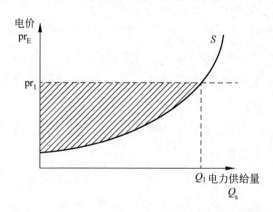

图 2-7 电力供给中的净生产者剩余或生产者利润

(4) 供给价格弹性

电力商品价格的上升能激励发电企业提供更多的电力商品。电力的价格供给弹性(price elasticity of supply)可量化电力供给量与电力价格之间的联系。其定义为

$$\varepsilon^s = \frac{\dfrac{dQ_s}{Q_s}}{\dfrac{dpr_E}{pr_E}} = \frac{pr_E}{Q_s} \cdot \frac{dQ_s}{dpr_E} \tag{2-20}$$

其中,ε^s 表示电力的供给价格弹性。

由于电力商品属于正常商品,因此,其供给价格弹性总是正数。通常说来,由于在长期情况下发电企业有机会改进生产方法,因此电力的长期价格供给弹性要比短期价格供给弹性更高一些。

第三节 发电产业的相关理论

(一) 产业与产业组织

我们所谓的"产业"的概念,在学术研究上,常称为"产业";政府公文中,常用"行业";当不确定某项新业态是否可以规模化、经济化、产业化运营时,可使用"经济部门"(sector)。几个相关的概念特征介绍如下。

① 产业:一般情况下,是指供给侧的角度;以生产产品或提供服务为特征;生产同一类商品(紧密替代性)的企业的集合。

② 组织:指产业内、企业间的垄断、竞争的不同程度的结合形态;或指产业内、企业间相互联系的具体结构形态。

③ 产业组织(industrial organization):指市场经济条件下产业内企业与市场的相互关系,即产业内企业间竞争与垄断的关系;或指产业内企业与市场的合理交互,即在市场机制作用下,既要使企业充满竞争活力、实现有效竞争,又要充分利用规模经济,避免过度竞争所引起的低效。

④ 产业组织理论:指针对不完全竞争条件下企业行为和市场构造的一套应用型理论。就市场秩序而言,竞争机制是市场经济条件下经济进步的最大动因,竞争活力被作为信条而成为市场经济赖以生存和发展的前提。产业组织理论主要关注"如何保护竞争、防止垄断",而产生垄断的原因在于企业的市场支配力量(企业支配或影响市场价格的能力)。在制度不健全的情况下,发电产业极易形成卖方垄断,因此,需通过产业组织

政策或公共政策实现接近理想的市场状况或预期水平。

提示 2-8

在电力经济与管理领域,发电产业可视为电力产业整体的子产业(sub-sector),而火电产业、水电产业、风电产业、光伏发电产业、核电产业等均可视为发电产业的子产业。

(二) 产业布局

产业布局,是指产业在一个国家或一个地区范围内的空间分布和组合的经济现象;可通俗理解为"产业规划"。产业规划就是对产业发展布局,对产业结构调整进行整体布置和规划。

在静态上,产业布局是指形成产业的各部门、各要素、各链环在空间上的分布态势和地域上的组合。

在动态上,产业布局则表现为各种资源、各生产要素甚至各产业和各企业为选择最佳区位而形成的在空间地域上的流动、转移或重新组合的配置与再配置过程。

产业布局的基本理论可分为 3 大模块:①区位理论模块;②产业集群理论模块;③环境生态理论模块。产业布局的理论分类见表 2-1,本文不做展开讨论。

表 2-1 产业布局的理论分类

分 类		理 论
区位理论模块	古典区位理论	杜能:农业区位理论
		韦伯:工业区位理论
	近代区位理论	费特:贸易边界区位论
		俄林:一般区位理论
		克里斯泰勒:中心地理论
		廖什:市场区位理论
		伊萨德:社会实践论
	现代区位理论	佩鲁:增长极理论
		陆大道:点轴布局理论
		弗农:梯度发展理论
		缪尔达尔:地理二元经济结构理论
产业集群理论模块	产业集群的依据	斯密:劳动分工
		马克思:分工与协作
	产业集群的溯源	马歇尔:规模经济理论和产业区理论
		韦伯:集群经济理论
		克鲁格曼:新经济地理学理论
		科洛索夫斯基:地域生产综合体理论
		熊彼特:技术创新理论(区域创新理论)

续表

分　类		理　论
产业集群理论模块	产业集群的溯源	格兰诺维特：新经济社会学的"根植性"
		波特：竞争优势理论（新竞争理论）
		巴格纳斯科：新产业区理论
		威廉姆森：中间性体制组织
	环境生态理论模块	马尔萨斯：环境承载力理论
		弗罗什：产业生态学理论
		习近平："两山论"

（三）"马歇尔冲突"与不完全竞争

在此，我们引入以下两个概念。

① 市场竞争（market competition），是指在商品经济条件下，各经济利益主体为了争取经济活动中的优势地位和有利条件所进行的较量。市场竞争是市场经济的基本特征，其主要形式包括"价格竞争"（降低成本是基础、降价价格是手段）和"非价格竞争"（实现产品差异化）。

② 垄断（monopoly），也称"独占"，属于一种市场结构，是指在一个产业组织中有且仅有一个主体进行产品或服务的交易并把持市场。一般分为"卖方垄断"（唯一供给者面对竞争性需求者）和"买方垄断"（唯一需求在面对竞争性供给者）。其主要包括 3 种形式：自然垄断（单一企业规模生产的成本降低，且效率高于大量生产者）；资源垄断（单一企业拥有关键技术或关键资源）；特许垄断（也称行政性垄断，单一企业拥有政府给予的排他性权利）。

产业组织分析主要是为了解决所谓的"马歇尔冲突"（Marshall's Dilemma）的难题，如图 2-8 所示，即产业内企业的规模经济效应与企业之间的竞争活力的冲突。

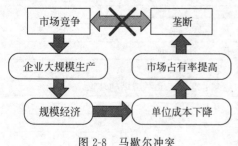

图 2-8　马歇尔冲突

关于"规模经济"和"垄断弊病"之间的矛盾观点，马歇尔认为，自由竞争会导致生产规模扩大，形成规模经济，提高产品的市场占有率，又不可避免地造成市场垄断，而垄断发展到一定程度又必然阻止竞争，扼杀企业活力，造成资源的不合理配置。因此，社会面临一种难题，如何求得市场竞争和规模经济之间的有效、合理的均衡，获得最大的生产效率。

"马歇尔冲突"在实质上反映了竞争引起集中，集中引起垄断的趋势，以及这个趋势对企业行为的影响。适用于分析收益递增(成本递减)的行业,如电力产业。

(四) 结构-行为-绩效(SCP)分析范式

SCP 分析范式是当前主流的分析基本框架,即结构(structure)-行为(conduct)-绩效(performance)模型,是由美国哈佛大学产业经济学家贝恩、谢勒等人建立于 20 世纪 30 年代(图 2-9)。SCP 分析范式的基本含义是:市场结构决定企业在市场中的行为,而企业行为又决定市场运行在各个方面的经济绩效。

当发电产业或发电企业受到冲击时,SCP 模型分析可能的战略调整及行为变化,从发电行业结构、电力企业行为及经营绩效等三个角度讨论外部冲击的影响。

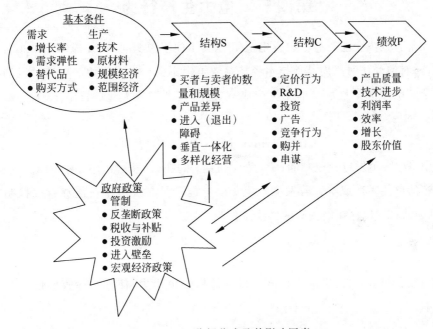

图 2-9　SCP 分析范式及其影响因素

(五) 产业生命周期

产业生命周期,是每个产业都要经历的一个由成长到衰退的演变过程,是指从产业出现到完全退出社会经济活动所经历的时间。一般分为 4 个阶段:①幼稚期(开发期、起步期、投入期、初创期或导入期);②成长期(增长期);③成熟期(稳定期);④衰退期。如图 2-10 所示。

若发展是稳态,则在理论上,发电产业在体制改革和制度变迁的过程中,将呈现前三期交替的波动增长趋势。

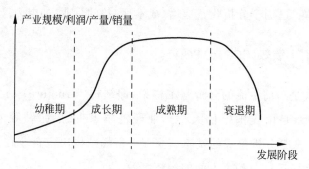

图 2-10 产业生命周期的曲线走势

第四节 电力生产行为

假设某一发电企业只有一台发电机组 i，为了便于说明问题，仅选择 1 个小时时段进行分析，同时假设该时段内其他技术经济参数恒定不变。发电机组 i 在该时段内获得的利润等于其电能销售收入与电能生产成本之差，其利润最大化（profit maximization）决策可表示为

$$\max \Omega_i = \max[\mathrm{pr}_E \cdot P_i - C_i(P_i)] \tag{2-21}$$

其中，Ω_i 表示发电企业利润；P_i 表示机组 i 的在该时段（1 小时内）的出力；$C_i(P_i)$ 表示对应的电能生产成本。若发电机组 i 的电能产量是发电企业能够直接控制的唯一变量，则公式(2-21)存在最优解的必要条件为

$$\frac{\mathrm{d}\Omega_i}{\mathrm{d}P_i} = \frac{\mathrm{d}(\mathrm{pr}_E \cdot P_i)}{\mathrm{d}P_i} - \frac{\mathrm{d}C_i(P_i)}{\mathrm{d}P_i} = 0 \tag{2-22}$$

为实现利润最大化，机组 i 在该时段需调整发电出力，使其边际收益恰好等于边际生产成本：

$$\mathrm{MR}_i = \mathrm{MC}_i \tag{2-23}$$

（一）完全竞争市场结构下的电力生产

理论上，处于完全竞争市场的发电企业电力生产行为涉及以下 9 个要点，如图 2-11 所示。

（1）基本调度

若电力市场是完全竞争的（或者机组的可用出力远小于市场的容量规模），市场价格 pr_E 不受该时段（1 个小时内）机组出力 P_i 变化的影响；此时，发电机组 i 的边际收益为

$$\mathrm{MR}_i = \frac{\mathrm{d}(\mathrm{pr}_E \cdot P_i)}{\mathrm{d}P_i} = \mathrm{pr}_E \tag{2-24}$$

图 2-11 完全竞争市场结构下电力生产的基本要点

由此说明：若发电企业是价格被动接受者，则其出售每单位电能所能实现的收益就是市场价格。此时，若边际生产成本是关于电能产量的单调递增函数，则在该时段内"理智的"发电机组可以选择增加出力，直到其边际生产成本恰好等于市场价格为止。

$$\mathrm{MC}_i = \frac{\mathrm{d}C_i(P_i)}{\mathrm{d}P_i} = \mathrm{pr}_\mathrm{E} \tag{2-25}$$

只要存在充分完全的市场竞争，各机组的发电出力将由此决定。由于生产决策所参考的市场价格是给定的，这也意味着所有发电机组均可独立安排其发电调度（即使发电企业同时拥有多台发电机组，也可采取同样做法）。

边际生产成本取决于燃料、维修及其他会随着机组出力增减而变化的成本；相反，与该时段出力不相关的成本（如：电厂建设成本分摊、固定维修与人力资源等成本）不会影响边际生产成本（因此在进行短期生产决策时，无须考虑此类成本）。

提示 2-9
　　实际上，即使是单个发电机组的优化调度决策也比公式(2-25)所表示的情况要复杂得多；毕竟经济因素并非唯一需要权衡的决策变量。

（2）发电极限

若发电机组 i 的最大发电出力 $P_i^{\max}$ 满足公式(2-26)的条件，那么该机组势必可以按照最大出力 $P_i^{\max}$ 进行发电。

$$\left.\frac{\mathrm{d}C_i(P_i)}{\mathrm{d}P_i}\right|_{P_i^{\max}} \leqslant \mathrm{pr}_\mathrm{E} \tag{2-26}$$

若发电机组 i 的最小稳定出力 $P_i^{\min}$ 使得不等式(2-27)成立，显然，该机组此时的发电会面临亏损，因此其唯一选择只能是停机停产。

$$\left.\frac{\mathrm{d}C_i(P_i)}{\mathrm{d}P_i}\right|_{P_i^{\min}} > \mathrm{pr}_\mathrm{E} \tag{2-27}$$

由此可知：在规定了发电出力的最大极限和最小极限后，发电行为仍可根据边际生产成本与市场电价进行比较的结果进行决策。

(3) 分段线性成本

通过测量发电机组在不同出力水平下的输入量与输出量，可绘制发电机组的输入-输出曲线。在任意测量精度下，各测量点均无法沿着一条平滑曲线延伸。若采用分段线性插值方法(piecewise linear interpolation scheme)进行处理，最终的结果会比较接近于二次曲线形状(见图 2-12)。由于边际成本表示新增单位出力的发电成本，并非减少单位出力所节约的发电成本，因此，全部的拐点 e 所对应的边际生产成本等于下一段成本曲线的斜率。

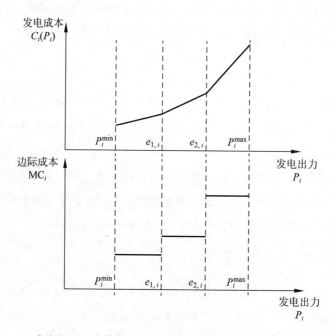

图 2-12　发电机组 i 在单位时段的分段线性成本曲线及其边际成本曲线

此时，可根据电力市场价格对发电机组进行调度：

$$\begin{cases} \mathrm{pr}_E < \mathrm{MC}_{1,i} \Rightarrow P_i = P_i^{\min} \\ \mathrm{MC}_{1,i} < \mathrm{pr}_E < \mathrm{MC}_{2,i} \Rightarrow P_i = e_{1,i} \\ \mathrm{MC}_{2,i} < \mathrm{pr}_E < \mathrm{MC}_{3,i} \Rightarrow P_i = e_{2,i} \\ \mathrm{MC}_{3,i} < \mathrm{pr}_E \Rightarrow P_i = P_i^{\max} \end{cases} \quad (2\text{-}28)$$

由此可知：若市场价格恰好等于边际生产成本曲线某一段的值，则发电机组在该区间内可随意地安排机组发电。

(4) 空载成本

"空载"是发电机组一种特殊的状态，表示发电机组会保持与电网连接却不提供任何出力的状态；火电和水电都有空载的现象。

> **举例 2-4**
> 类比燃油汽车,当车停在路边,发动机开着但不挂挡的状态就是一种空载状态。

"空载成本"(no-load cost)是一种类固定成本,反映了维持发电机组空载运行所需要的燃料费用(图 2-13);此类成本只有在机组运行时才会发生。

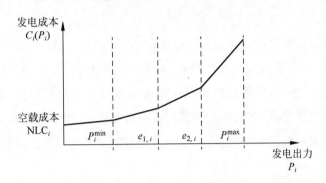

图 2-13 发电机组 i 的空载成本

诚然,并非所有的发电机组都能选择空载运行,该状态的选择取决于空载成本与另一种类固定成本(启动成本)的比较。空载成本实际上仅是发电成本曲线的一个常数项,不具有物理意义。

(5) 启动成本

将发电机组从停机状态启动至可进行电力生产的状态,该过程所需要花费的费用即"启动成本",属于另一种类固定成本:柴油发电机与开式循环燃气轮机可快速启动,启动成本较低;为提高蒸汽的温度和压力到可发电程度,大型火力发电机组需要大量的热能供应,启动成本较高。

为保证大型发电机组的利润最大化,应针对合理时段进行机组的启停安排;即为减少甚至避免启动成本,发电机组会选择在某些时段维持亏损运营,而并非简单地叫停机组运行。

(6) 发电计划

通常情况下,虽然在给定时段内的电力价格是固定不变的,但在不同的市场上该时间段的长度也会存在差异(可能持续 15min 到 1h 不等)。

- 理想情况:若已知各时段内电力价格分布情况,且忽略发电机启动成本的经济约束、放松发电机组在不同状态间随意转换的技术约束,便可针对每一时段分别进行优化调度。
- 实际操作:虽然发电机组在各时段的出力计划均可测算最优解,但由于机组具有很大的启动成本,同时还需遵守一些限制性约束,实际发电过程往往无法实现利润最大化。因此,以1天、1周或者更长的时间为周期进行优化生产计划会更为合理。

给定时段内发电计划的优化要点:第一,预测各个对应时段内的电力价格;第二,根据时间、天气、经济与其他特定因素的影响进行电力负荷预测;第三,充分考虑发电侧的不确定性,如发电机组故障等随机事件或检修计划停运等不可预测事件。

(7) 动态约束

动态约束,即对时间进行规定。

发电机组的启停甚至稍大的出力增减,均有可能带来较大的机械负担,进而影响机组设备的使用寿命。因此,需要对机组状态的改变施加一定的限制(限制机组出力的增减速度)。此类保护措施,虽然会引起短期运行中增加成本,但会在长期运行中显示出重要意义。因此,为实现机组由于爬坡速率①约束而导致的成本最小化,需针对时间长度来优化机组的运行。

原则上,一方面,为减少频繁启动与关停对机组造成的损害,通常规定发电机组启动后应当保持并网发电的最短运行时间(minimum uptime);另一方面,为确保汽轮机有足够的时间退温,通常规定发电机组关停后至少应当休整的时间长度,即最小停机时间(minimum downtime)。

最小运行时间与最小停机时间的动态约束会降低发电机组改变自身状态的能力,最终也就会影响机组的最优发电计划。

(8) 环境约束

在任何情况下,环境对人类经济社会活动的支持能力存在限度,即"环境承载力"。当环境状态临界值转换出的环境对人类行为产生限制时,则会产生"环境约束力"。

发电机组还须遵守生态环保的相关规定,这也将限制了其最优发电能力的实现。如,火电机组对废气、废水、废渣的排放进行限制,对应的约束既有针对排放速率或强度的,也有针对排放总量的。再如,大水电机组对用水问题存在限制,限制用水的目的将涉及重大水上项目的进行、濒临鱼类繁衍的保护、农业灌溉与其他正常用水的保证等。

(9) 其他机会的影响

主要包括三个方面内容。

第一,来自自身经济运行模式的影响:①特殊的生产方式,如,"联合发电""热电联产"等;②企业的售电能力,如,"售电渠道""售电机会"等。

第二,来自必要系统运行要求的影响:某些情况下,发电机组还需提供辅助服务,如

---

① 发电机组的爬坡速率,是指发电机组单位时间可增加或减少的出力;爬坡速率没有量纲,基准值的单位可为MW/min。

备用、负荷跟踪、调频服务与电压控制等。

第三,来自预测误差的影响:由于涉及诸多因素,且同时受到电力市场中负荷和发电量的影响,准确预测电力价格比较困难;预测误差会导致调度决策的结果无法实现最优。

(二)基于购买决策的电力生产安排

由于电力的及时消费性,通常会默认发电量等于售电量;因此,"基于购买决策的电力生产"可视为理想状态下一种需求导向的电力供给侧行为。

若某发电企业签订了一笔电力交易合同,合同规定在某 1 小时内向特定负荷 L 进行供电。假定:①该发电企业可利用其一组数量等于 N 的机组来履行合同所规定的负荷;②发电企业会以成本最小的方式进行电力生产。若 P_i 表示第 i 个机组在该时段的出力;$C_i(P_i)$ 表示该机组在 P_i 产量下的发电成本,则优化问题可表示为

$$\text{Min} \sum_{i=1}^{N} C_i(P_i)$$

$$\text{s.t.} \quad \sum_{i=1}^{N} P_i = L \tag{2-29}$$

利用微积分原理,引入拉格朗日乘子 λ:

$$l(P_1, P_2, \cdots, P_N, \lambda) = \sum_{i=1}^{N} C_i(P_i) + \lambda \left(L - \sum_{i=1}^{N} P_i \right) \tag{2-30}$$

最优解的必要条件为

$$\begin{cases} \dfrac{\partial l}{\partial P_i} \equiv \dfrac{dC_i}{dP_i} - \lambda = 0 \\ \dfrac{\partial l}{\partial \lambda} \equiv L - \sum_{i=1}^{N} P_i = 0 \end{cases} \tag{2-31}$$

根据最优解条件,可知在机组序列 $(1,2,\cdots,N)$ 中的所有发电机组均按等边际成本运行,而边际成本的值恰好等于拉格朗日乘子 λ 的取值,

$$\frac{dC_1}{dP_1} = \frac{dC_2}{dP_2} = \cdots = \frac{dC_N}{dP_N} = \lambda \tag{2-32}$$

拉格朗日乘子的数值即为各发电机组新增单位产量的发电成本;因此,该拉格朗日乘子常被称为电力产品的"影子价格"(shadow price)。影子价格又称"最优计划价格"或"计算价格";是依据一定原则所确定,能够反映投入要素和产出要素真实经济价值、市场供求状况、资源稀缺程度、资源得到合理配置的理想价格。

现规定该发电企业可以参加电力现货市场。若市场价格 pr_E 低于影子价格 λ,则该发电企业应当选择从市场购买电能,并将自身机组的生产量调低,从而使得公式(2-34)成立,

$$\frac{dC_1}{dP_1} = \frac{dC_2}{dP_2} = \cdots = \frac{dC_N}{dP_N} = pr_E \tag{2-33}$$

此时，即使原本作为电力销售者的发电企业，在电力现货市场中价格信号的指导下，也可成为电力购买者。是否购买电力商品的决策依据，便是自身各个机组的边际生产成本与被动接受的电力价格之前进行的权衡结果。

为便于理解，在本书下面的例题中，我们借用古典名著《西游记》中唐僧取经途经的一些国家名称，进行讲述。

例题 2-1

西梁女儿国某小型电力系统中，电力负荷为 300MW，且系统具有 2 台火力发电机组（A 和 B）与 1 座小型径流式水电厂。

已知：①水力发电厂的出力恒定等于 40MW；②2 台火力发电机组，

机组 A 的成本函数为 $C_A = 20 + 1.7 P_A + 0.04 P_A^2$，

机组 B 的成本函数为 $C_B = 16 + 1.8 P_B + 0.03 P_B^2$。

问题：如何供电，才可实现成本最小化？（即，影子价格和火电机组的最小化成本分别为多少？）

解答：由已知条件可得

机组 A 的边际成本为 $MC_A = 1.7 + 0.08 P_A$；

机组 B 的边际成本为 $MC_B = 1.8 + 0.06 P_B$。

为实现成本最小化，应保证 $MC_A = MC_B$ 的原则，因此可得

$1.7 + 0.08 P_A = 1.8 + 0.06 P_B$，即 $0.08 P_A - 0.06 P_B = 0.1$。

在已知系统总需求（电力负荷）和系统部分供给（水力发电厂的出力）的情况下，可知：

$$P_A + P_B = 300 - 40$$

联立方程：

$$\begin{cases} 0.08 P_A - 0.06 P_B = 0.1 \\ P_A + P_B = 260 \end{cases},$$

由此，得到 P_A 约等于 112.14MW，P_B 约等于 147.86MW；进而得到火电机组的最小发电成本为 1651.63 元。此时，影子价格与 MC_A 和 MC_B 均相等，且约等于 10.67 元/MW。

(三) 不完全竞争市场结构下的电力生产

现实情况下,电力市场通常由少量策略主体与大量价格接受主体所组成。在不完全竞争条件下,部分具有市场力的发电企业可通过自身行为影响电力现货市场的价格。

在一个少有或没有"价格响应能力"市场范围内,从电网无约束状态转变为电网约束状态,发电企业的市场力会随之增强,有时称该类型的发电企业为"负荷口袋"(load pocket)。

(1) 不完全竞争时的发电企业基本决策行为

对于拥有多台机组的发电企业 f 而言,其利润 Ω_f 可表示为

$$\Omega_f = pr_E \cdot P_f - C_f(P_f) \tag{2-34}$$

假设:发电企业 f 的出力不仅受到其自身决策 X_f 的影响,而且受到其竞争者 $-f$ 决策 X_{-f} 的影响。即

$$\Omega_f = \Omega_f(X_f, X_{-f}) \tag{2-35}$$

假设:所有发电企业都是理性的。此时,为了保证其自身利润最大化,必须确保发电企业 f 的决策 X_f^* 应满足公式(2-37),发电企业 f 才能保证理性的电力供应。

$$\Omega_f(X_f^*, X_{-f}^*) \geqslant \Omega_f(X_f, X_{-f}^*) \tag{2-36}$$

其中,X_{-f}^* 表示竞争者(其他发电企业)的最优决策。且在此情况下,各发电企业之间通常存在"非合作博弈"(non-cooperative game)。若该博弈问题存在最优解,则称之为"纳什均衡"(Nash equilibrium),主要体现不完全竞争情况下的市场均衡。

例题 2-2

车迟国现有 A 和 B 两家发电公司,在发电成本、策略选择和市场预测等方面均非常相似,且具有非常相似的需求曲线,因此发电公司 A 和 B 都希望在任何给定价格下能够占领市场一半的份额。

假设:发电公司 A 和 B 的长期平均成本为常数,且 $LAC_A = LAC_B = 2$。

已知:电力需求曲线为 $Q = 2\,600 - 400P$。

问题:若发电公司 A 和 B 之间的竞争是古诺双寡头垄断行为,请计算发电公司 A 和 B 的发电量和均衡价格?

解答:假设发电公司 A 和 B 的发电量分别为 q_A 和 q_B,则由电力需求曲线可知,市场价格为 $pr = 6.5 - (q_A + q_B)/400$。

当发电公司 B 确定其发电为 q_B 时,发电公司 A 的收益为

$$\text{Benifit}_A = q_A \times [6.5 - (q_A + q_B)/400]$$

> 对其求导,得到发电公司 A 的边际收益;且 $LAC_A = 2$ 意味着其 $LMC_A = 0$,因此,发电公司 A 利润最大化方程为 $2600 - 2 \times q_A - q_B = 0$。
>
> 同理,发电公司 B 利润最大化的方程可表示为 $2600 - 2 \times q_B - q_A = 0$。
>
> 由此,解方程得平衡点:$q_A = q_B = 867$;
>
> 进而得到均衡价格 $pr = 2.165$。

通常情况下,决策变量 X_f 既可代表发电企业 f 的价格博弈行为,又可代表其产量博弈行为。因此,发电企业之间相互影响的过程,可分别用两组典型的博弈模型进行讨论,伯川德模型(Bertrand model,价格博弈模型)、古诺模型(Cournot model,数量博弈模型)。

① 伯川德模型

若发电企业 f 的电力报价是唯一的决策变量,即 $X_f = pr_{E,f}$;则发电企业 f 的收入可表示为

$$pr_E \cdot P_f = pr_E \cdot P_f(pr_{E,f}^*, pr_{E,-f}^*) \tag{2-37}$$

此时,该时段所有发电企业的总出力 P_f 是电力价格 $pr_{E,f}$ 和 $pr_{E,-f}$ 的函数。

【情境1】 当电力商品作为一种同质商品时,只要发电企业 f 的报价低于其竞争者 $-f$,则发电企业 f 就可随意地决定其电力产品的期望销售量,即

$$\begin{cases} P_f(pr_{E,f}^*, pr_{E,-f}^*) = P_f & \text{如果 } pr_{E,f}^* \leqslant pr_{E,-f}^* \\ P_f(pr_{E,f}^*, pr_{E,-f}^*) = 0 & \text{其他} \end{cases} \tag{2-38}$$

长期博弈的结果为市场中的电力价格等于效率最高发电企业的边际成本。其中,竞争者 $-f$ 的电力报价是既定的,为其最优决策 $pr_{E,-f}^*$,但这种静态分析是不符合实际情况的。

【情境2】 若发电企业 f 可实现"产品差异化"(如能出售"绿色电力"产品,而其竞争者无法出售),则电力销售量与电力价格的关系会更为复杂,且市场可允许存在更高的电力报价。此时,可通过其他"手段",弥补部分可再生能源的生产成本、提高其报价时的竞争力。主要的"手段"包括两种,一种是"政策工具",如政府转移支付(补贴);另一种是"市场机制",如产业内部成本均摊(可再生能源配额制 RPS 及可交易绿色证实市场 TGC)。

> **例题 2-3**
>
> 宝象国电力市场中有两个发电企业 A 和 B,已知:
>
> 发电企业 A 为价格的领导者,其成本函数为 $TC_A = 1.2 q_A^2 + 6$;
>
> 发电企业 B 为价格的追随者,其成本函数为 $TC_B = 1.5 q_B^2 + 8$。
>
> 显然,价格领导者是低成本的发电企业,价格追随者是高成本的发电企业。
>
> 且,电力市场中的需求函数为:$Q = 100 - 0.5 pr$。

其中，$Q=q_A+q_B$。

问题：分别求出发电企业 A 和 B 的均衡产量及电力价格？

解答：求解过程是一个逆推过程，因此，应先考虑追随者发电企业 B，由 $MC_B=pr$，可知发电企业 B 实现利润最大化的条件为：$3q_B=pr$；

由此，得到发电企业 B 的供给函数：$q_B=\dfrac{pr}{3}$；

进而，得到发电企业 A 的供给函数为：
$$q_A=Q-q_B=(100-0.5pr)-pr/3=100-5pr/6；$$

得到发电企业 A 的反需求函数：$pr=120-6q_A/5$；

并可给出发电企业 A 的边际收益函数表达式：$MR_A=120-12q_A/5$；

由 $MC_A=MR_A$ 的原则可知：$120-12q_A/5=2.4q_A$，得到：$q_A=25$；

进而由发电企业 A 的反需求函数得到：$pr=90$；

再由发电企业 B 的供给函数得到：$q_B=30$。

② 古诺模型

若发电企业 f 的电能产量是唯一的决策变量，即 $X_f=P_f$；则发电企业 f 的收入可表示为：

$$pr_E \cdot P_f = pr_E(P) \cdot P_f = pr_E(P_f+P^*_{-f}) \cdot P_f \tag{2-39}$$

此时，电力价格 pr_E 是该时段各个发电企业（f 和 $-f$）出力之和 P 的函数。由此可知其边际收益为：

$$MR_f = \dfrac{\partial [pr_E(P) \cdot P_f]}{\partial P_f} = pr_E + \dfrac{\partial pr_E}{\partial P_f} \cdot P_f \tag{2-40}$$

古诺模型表明发电企业可将市场价格维持在高于边际生产成本的水平上，二者之间的差价取决于需求价格弹性（古诺模型的计算结果对价格弹性较为敏感）。但该模型存在一个缺点，分析时会高估电力市场的价格，尤其对于需求价格弹性极低的电力商品，古诺模型测算的均衡价格比实际电力市场上所反映价格要更高一些。

例题 2-4

乌鸡国电力市场中有两个发电企业 A 和 B，已知：

发电企业 A 为产量的领导者，其成本函数为：$TC_A=1.2q_A^2+2$；

发电企业 B 为产量的追随者，其成本函数为：$TC_B=1.5q_B^2+8$。

显然，产量领导者是低成本的发电企业，产量追随者是高成本的发电企业。

电力市场中的反需求函数为 pr=100−Q。

其中, $Q=q_A+q_B$。

问题：分别求出发电企业 A 和 B 的均衡产量及电力价格？

解答：应用逆向思维,应先考虑追随者发电企业 B：

$$\pi_B = TR_B - TC_B$$
$$= [100-(q_A+q_B)] \cdot q_B - (1.5q_B^2+8)$$
$$= 100q_B - q_A q_B - 2.5q_B^2 - 8;$$

由此可知发电企业 B 利润最大化一阶条件：$100-q_A-5q_B=0$；

进而得到发电企业 B 的反应函数：$q_B=20-0.2q_A$；

再考虑领导者发电企业 A：

$$\pi_A = TR_A - TC_A = [100-(q_A+q_B)] \cdot q_A - (1.2q_A^2+2);$$

并把发电企业 B 的反应函数代入 π_A 的表达式,得到：$\pi_A = 80q_A - 2q_A^2 - 2$；

发电企业 A 利润最大化一阶条件可知：$80-4q_A=0$；解得 $q_A=20$。

将 q_A 代入发电企业 B 的反应函数,解得 $q_B=16$；

再将 q_A 和 q_B 代入电力市场中的反需求函数,得到 pr=64。

(2) 不完全竞争时基于供需关系的发电企业决策

假设该时段内任意发电企业愿意销售的电能数量与市场价格相关,二者的关系可用供应函数(supply function)表示为

$$P_f = P_f(pr_E) \quad \forall f \tag{2-41}$$

当电力市场的供需实现均衡时,电力总需求 TD 将等于所有发电企业的发电量之和：

$$TD(pr_E) = \sum_f P_f(pr_E) \tag{2-42}$$

此时,各发电企业的利润可表示为

$$\Omega_f = pr_E \cdot P_f - C_f(P_f)$$
$$= pr_E \cdot \left[TD(pr_E) - \sum_{-f} P_{-f}(pr_E)\right] - C_f\left(TD(pr_E) - \sum_{-f} P_{-f}(pr_E)\right) \tag{2-43}$$

将利润函数对价格进行求导,可得到存在最优解的必要条件：

$$P_f(pr_E) = \left(pr_E - \frac{dC_f(P_f)}{dP_f}\right) \cdot \left(-\frac{dTD}{dpr_E} + \sum_{-f} \frac{dP_{-f}(pr_E)}{dpr_E}\right) \tag{2-44}$$

由此构建方程组,并解得所有发电企业同时实现利润最大化的市场均衡点。

由于供给函数存在参数差异，上式所代表的最优解条件实际上是一组不同的方程。为求出该组方程的唯一解，通常需要假设供给函数与成本函数分别具有如下的线性与二次函数形式：

$$\begin{cases} P_f(\mathrm{pr}_E) = \beta_f \cdot (\mathrm{pr}_E - \alpha_f) \\ C_f(P_f) = \dfrac{1}{2} \cdot a_f \cdot P_f^2 + b_f \cdot P_f \end{cases} \quad (2\text{-}45)$$

其中，决策变量 $X_f = \{\alpha_f, \beta_f\}$ 且 $\forall f$；a_f 和 b_f 为经济参数。将公式(2-45)以及反需求函数代入公式(2-44)，便可得到决策变量的最优解，进而可计算价格、需求量和生产量。

(3) 各类不完全竞争模型的限制

上述模型在电力市场中的应用范围相对有限，其主要缺点是：均未考虑非线性因素的影响（如空载、启动成本以及各机组出力动态约束等）。

此外，仅将发电企业的运营理解为"短期利润最大化"也过于简单。出于增加或保持市场份额、阻碍新的成员进入市场、逃避监管干预等目的，多数情况下，具有市场力的发电企业会决定限制甚至降低市场价格。

（四）极低边际成本的发电企业行为

有些类型的发电厂（如核电、水电与可再生能源发电），具有可忽略不计或几乎可忽略不计的边际成本。对于此类发电企业而言，最大的挑战是：尽可能多生产电能，以回收其前期相对较大的投资成本。

扩展及推荐阅读

[1] 国家发改委、国家能源局联合发布《关于改善电力运行调节促进清洁能源多发满发的指导意见》（发改运行[2015]518号），https://news.bjx.com.cn/html/20150323/600836.shtml.

[2] 发改委、能源局印发关于《有序放开发用电计划的实施意见》（2015），https://news.bjx.com.cn/html/20151130/686325.shtml.

[3] 发改委、能源局印发关于《加强和规范燃煤自备电厂监督管理的指导意见》（2015），https://news.bjx.com.cn/html/20151130/686337.shtml.

[4] 罗伯特·S. 平狄克(Robert S. Pindyck)，丹尼尔·L. 鲁宾费尔德(Daniel L. Rubinfeld). 微观经济学[M]. 7版. 北京：清华大学出版社，2010.

[5] Varian, H. R. Intermediate Microeconomics: A Modern Approach, 9E[M]. W. W. Norton, 2014.

[6] Kirschen, D. S., Strbac, G. Fundamentals of Power System Economics[M]. 2nd ed. John Wiley and Sons Ltd, 2018.

即 练 即 测

第三章

电力输配

本章学习目标

通过对本章的学习,能够:
1. 了解输配部门的边界、系统的调度运行;
2. 熟悉输电网络阻塞管理;
3. 理解系统调度的市场化运行中的不平衡结算、实时平衡调度、运行备用获取;
4. 掌握输电权的相关理论。

第一节 输配部门的边界

(一)概念的界定

输配部门(power transmission and distribution sector),也称"输配电环节",是"输电部门"和"配电部门"的统称;且输配电约束的收紧也会缩小电力市场的地理范围。

输配电设施主要为变电站和线路等设备。连接全部输电设备所构成的系统称为"输电网"或"输电系统";从输电网到用户之间的配电设备构成"配电网"或"配电系统"。"电力系统"是由发电部门、输电系统、配电系统和用电设备共同构成的物理系统(图3-1);电力系统中各种不同的电力设备均有各自的额定电压,其构成整个电力系统的"电压等级"。虽然由于电网覆盖区域和容量大小的差异,输电电压和配电电压界限划分并不固定,但输电电压均高于配电电压。

从"发→输→配→售→用"的业务链条(环节)看,输配电职能位于中间环节;从"源-网-荷-储"的运营模式看,输配电设施属于电网系统。

> **提示 3-1**
> 从电力经济与管理的角度看,负责电力输配的电网系统可类比理解为"电力服务的轨道交通"或"电力产品的物流通道",但其更具"设备依赖性"和"技术密集性"。

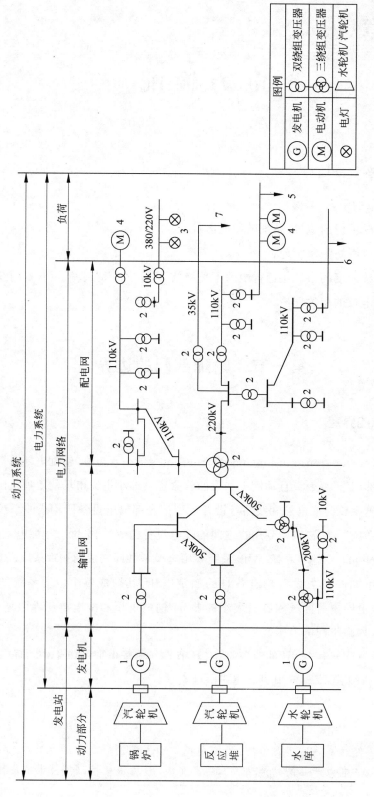

图 3-1 电力供需结构中各系统的边界

(二) 职能定位

输配电部门的主要职能包括 3 个方面：①输电，是在电力传输过程中，将相距较远的发电部门与负荷中心联系起来，使电能的开发和利用超越地域的限制。②变电，是利用特定设备，将电压由低等级转变为高等级（升压）或由高等级转变为低能级（降压）的过程。③配电，是在消费电能地区（负荷中心）内，将电力资源分配至用户，直接为电力用户提供服务。

(1) 输电 (power transmission)

输电的基本过程是创造条件使电磁能量沿着输电线路的方向传输。根据输送电流的性质，输电可分为"交流输电"和"直流输电"。

输送容量：输电线路在综合考虑各项技术经济因素后所确定的最大电力输送功率。

输电电压：以大地电位作为零电位（参考点），线路导线所处的由电源施加的高电压。在输电电压的等级范围内，由小到大的排序为，高压输电、超高压输电、特高压输电。采用较高电压等级进行输电的思路为，输电用导线→导线有电阻（若导线较短，则电阻较小且可忽略；若导线较长，电阻较大且不能忽略）→导线会发热→电能会损失；但是，较高电压等级的输电可以减小电能损耗（提高输电效率）。

通常情况下，输送容量与输电电压的平方成正比。因此，提高输电电压是实现大容量或远距离输电的主要技术手段，也是输电技术发展水平的主要标志。

(2) 变电 (power transformation)

变电：通过变压器进行电压等级转换的过程。通过变电环节，联接电力系统中各个不同电压等级部分。

变压器：利用电磁感应原理改变电流电压的装置，主要构件为初级线圈、次级线圈和磁芯。

变电所 (substation)：实现电能接收和分配，并实现电压升高和降低的场所。变电所的主要设备和连接方式，按其功能和环境不同而会存在差异。

(3) 配电 (power distribution)

配电是在供电系统直接与用户相连并向用户分配电能的环节。

配电系统，由配电变电所、高压配电线路、配电变压器、低压配电线路以及相应的控制保护设备所组成。配电系统的供电方式包括"交流供电方式"和"直流供电方式"两种。

配电网电压由高到低可分为 3 种：①高压配电电压，也称"次输电电压"；②中压配电电压，也称"一次配电电压"；③低压配电电压，也称"二次配电电压"。

按照配电网络的额定电压可分为 2 种。①一次配电网络，是从配电变电所引出线到配电变电所(或配电所)入口之间的网络。其中,从配电变电所引出的一次配电线路主干部分称为"干线",由干线分出的部分称为"支线",且支线上接有配电变压器。②二次配电网络,是从配电变压器次级引出线到用户入户线之间的线路、元件所组成的系统。由于二次配电系统中相邻的配电变压器初级接到不同的一次配电干线,可避免因一次配电线路故障而导致的停电。

第二节 输电网络阻塞管理

(一) 情况概述

(1) 输电业务的特性

业务模式升级后,输电业务通常会从垂直一体化公用事业中进行分离,从而形成独立部门。随着发电企业与电力用户之间空间距离的增加,输电业务的市场空间也将不断增大。换言之,若能够安装一种适合于家庭用电要求且经济、可靠、环保的发电技术(即分布式能源的规模化运用),则输电业务将会消失。

就技术现状及市场效率而言,输电业务具备4个特性。

① 自然垄断性:输电网络的最小经济规模决定了电力传输的合理效率;现实情况下,输电业务的市场准入门槛极高;面对土地资源稀缺的事实,架设线路的竞争性极大,且审批存在难度;输电网络对环境会造成一定的视觉污染,环保部门也会有所约束;在监管条件下,系统运行部门对最优容量需求的判断取代了竞争性市场中的需求曲线;在保证投资回报相对合理的前提下,输电部门必须接受监管机构对其允许收入的决定权,因此,输电部门的最大风险是监管风险。

② 资金密集型:为实现远距离安全输电,相关设备的造价极高,如架空输电线路、变压器、开关与无功补偿设备等;为了让系统尽量接近物理极限运行,且不损害安全性,还需加装大量的保护与通信设施,并建立综合控制中心;此外还包括与系统日常运营所需的其他费用等。

③ 转置成本高:大多数输电设备自身的设计使用寿命约为20~40年(甚至更长),因此,输电资产寿命较长;一旦输电线路建成,输电网络便无法轻易被重置到其他位置;已安装设备的转售价值相对较低,但移动输电设备所导致的成本极高;在监管体制下,投资者会尽量避免"搁浅投资"(stranded investment)。换言之,输电投资者会通过获得某些"承诺"以防止大型投资未达预期效果的情况发生。

④ 投资超前性:输电设备的电压等级和额定容量是标准且相对固定的,因此后期很

难进行经济合理的设施升级改造;新增输电设施通常是"过剩"且"成群"增加的,即虽然投运初期的输电设施容量总超需求,但后期的系统利用状况会日趋充分;高比例的投资形成了固定成本,输电的平均成本会随着输电量的增加而减少,因此输电网络具有较强的"规模经济"。

(2) 客观现实的约束

电力系统运行时,在电势的作用下,电流(或功率)从电源通过系统各元件流入负荷,进而分布于电力网络各处,此称为"电力潮流"(power flow)。从被电源生产到被负荷消耗,研究电力系统稳态运行情况,确定整个系统的运行状态,对电能流过输配电线的确定、对各节点电压的计算,并由此奠定电力系统稳定判断及故障分析的基础,此称为"电力系统潮流计算"或简称"潮流计算"。

若不计线路容量约束,当以运行成本最小化为目标进行最优潮流计算时,由于没有线路约束,全网任一节点的负荷增量可由网络中边际价格最低的机组来承担。理想状态下,市场电价等于边际机组的成本价格,因此,不考虑线路约束时,全网电价相等。

若考虑输电线路的传输容量极限,某些节点的负荷增量不再能由边际成本最低的机组提供,转而由通过尚未越限的线路与负荷点连接的"高成本"机组承担时,负荷点的电价会上涨,这种输电线路潮流达到运行极限的情况称为"电力系统阻塞现象"。阻塞的产生导致电力系统中发电部门的收入和电力用户的支出不平衡,随即出现"阻塞收益"(有时也称"阻塞租金",congestion rent)。

由于输电容量的限制,在跨区域电能交易过程中,可能会出现交易电能超过输电网络所能承受的最大的负荷的情况,此称为"输电阻塞"。将对输电网络的安全产生一定影响,违反了一系列安全标准。因此,在跨区域电能交易过程中,应极力避免输电阻塞情况。

(二) 阻塞管理

(1) 定义及情境

为避免电力系统阻塞,需要系统运营商从中"协调"。其任务为,在有限输电容量的情况下,保证在跨区域电能交易中,既满足各参与者的利益最大化,又不影响输电网络的安全可靠性。概念可定义为,对于既定的输电线路而言,由于输电线路的发热限制以及系统稳定性的要求,该输电线路的输电容量存在最大传输限制;若电能交易计划使得该输电线路超过其最大传输容量,则必须由系统运营商进行调整,此称为"阻塞管理"(congestion management)。

在传统的电力系统运行中,调度员通过"安全校正"(即直接调度发电资源或切除负荷)来消除系统可能出现的过负荷。然而,在电力市场的环境下,由于发电公司和输电系统成为独立的运行实体,同时电能交易方式呈现多样化,传统的安全校正措施难以完全适用于新的运行环境。

经济管理领域,有一组概念。

① 竞用性(也称"竞争性",rivalry 或 competitiveness):若某人已经消费的一定数量的某商品则不能同时被其他人消费,更多人消费会产生边际成本。通俗理解,从成本的角度看,其他消费者不能无穷无尽的获取某产品;"你用了、我就不能用了"则是竞用性。

② 排他性(也称"独占性"或"专有性",excludability 或 exclusiveness):只有对商品支付相应价格的人才能使用,从而避免了"搭便车"的情况。通俗理解,从收费的角度看,想用某产品时,可从消费者手里收到钱;"谁用谁掏钱"则是排他性。

在输电过程中,电力对输电线路的使用也会出现表 3-1 中的 4 种情境:情境Ⅱ最容易产生输电阻塞;情境Ⅲ最不易产生输电阻塞;情境Ⅳ虽然不易产生输电阻塞,但会加剧主体间的无序竞争;情境Ⅰ虽然会存在输电阻塞,但至少可通过价格信号进行调节。

表 3-1 电力在输电网中的四种情境

	排他性	非排他性
竞用性	情境Ⅰ • 输电容量有限 • 有偿获得输电资格	情境Ⅱ • 输电容量有限 • 无偿获得输电资格
非竞用性	情境Ⅲ • 输电容量无约束 • 有偿获得输电资格	情境Ⅳ • 输电容量无约束 • 无偿获得输电资格

(2) 阻塞的风险

在竞争性电力市场中,也存在诸多不确定性因素;当不确定性因素引起预期的降低,则意味着存在风险。电力市场与其他商品市场的显著区别在于"输电环节":①由于电力的设备依赖性,电能输送需通过复杂的输电网络运行,既要遵守基尔霍夫定律(Kirchhoff's law),又要满足诸多物理条件的约束。②由于电力的迷路性,电能的输送无法指定或溯源到特定主体,因此只可根据正常逻辑假定该电量的传输方式;输电容量的限制至少会导致部分电能交易无法完成,且相应的主体会承担经济损失,从而无法实现经济管理意义上的资源优化配置。

诱发输电阻塞的原因主要有 3 点。①技术性因素:由于输电系统自身输电容量的限制而导致阻塞,无须赘言。②经济性因素:在电力业务的"购买代理"模式中,系统运营主体也是市场运营主体,发电侧市场由电力市场运营机构作为唯一购买方代表的发电竞争,且不存在购买方竞价。对于采用"购买代理"且终端用户电价冻结的电力市场,运营主体的购电成本会升高、收益会减少。③道德性因素：某些发电部门可能会恶意利用输电容量限制，甚至人为制造输电阻塞，由此将"便宜"的电价逐出市场，进而获得垄断地位并牟取高额利润。在市场环境下，线路潮流在很大程度上取决于发电侧的市场报价；而上网报价的频繁变化会导致输电阻塞发生的位置和频率也随之变化，从而加剧了输电阻塞的风险。由于事后的信息不对称，发电部门追求自身利益最大化且不承担全部后果（不利于电网企业），此投机现象称为"道德风险"(moral hazard)。

输电阻塞所引发的风险主要体现在3个方面。

① 由于输电阻塞而引发的发电部门风险可分为"电量风险"和"电价风险"。·电量风险是由于输电容量限制使得发电部门预定的电能交易无法完成；在各种交易模式下，该风险都可能发生。·电价风险则主要发生于采用节点电价或区域电价的市场模式中，发电部门需按照"节点电价差"支付输电价格；但由于线路容量的约束，各节点的电价会出现明显差异。由于输电阻塞发生的随机性，发电部门所在节点的电价和所需支付的输电电价会呈现出很大的不确定性，从而导致经济风险。

② 由输电阻塞而引发的电力用户风险也分为"电量"与"电价"的风险。区别在于，相对于发电部门而言，电力用户的负荷明显缺乏弹性。在采用用户价格联动的电力市场中，当系统发生阻塞，电力用户承受的风险可能更大（其程度与市场模式有关）。因此，电力用户和发电部门均可通过输电权的交易来规避由输电阻塞所带来的价格风险。

③ 由于输电阻塞而引发的电网企业风险与其"盈利模式"有关。·当电网企业作为"单一买方"从发电侧购电时，其收益为向电力用户售电的收入减去从发电部门购电的成本。若售电价格被冻结，电网企业则需承担购电成本上升的风险。·当发电部门利用输电容量约束进行策略性投标时，可以人为制造输电阻塞，从而具备区域市场力，并勇敢抬高价格获得垄断利润，此时损害了市场效率，破坏了资源优化配置。

第三节　输电权的相关理论

（一）输电权的界定

输电权，即赋予权力拥有者实际使用某条给定线路一部分输电容量的权利，属于一种特殊的"财产权"。

（1）输电服务的主体

输电服务的提供者为电网企业的输配电部门；输电服务的使用者是发电企业和电力用户。理论上，输电权的获取有3种途径：特许（无偿）、分配（有偿或无偿）、拍卖（有偿）。

获得输电权后,输电成为主要服务内容,变电和配电成为连带服务内容。

(2) 输电服务的费用

输电费用是电网输电部门提供服务后应该收取的补偿。输电收费方法包括:①一部制容量收费;②一部制电量收费;③两部制电价收费。由于输电具有一定的自然垄断性,因此,输电费用的定价和收取需受到监管机构的指导。后面的章节会进行详细讨论。

(二) 输电权的定位

为管理电力系统阻塞并保证输电网络安全,引入"输电权"的概念:即使传输过程中发生阻塞,拥有输电权的一方会获得相应补偿而无须支付阻塞费用,从而规避了阻塞所带来的价格风险。

为了规避价格风险,假设发电企业和电力用户会参考其自身局地的节点购买相应的"套期保值"(hedging),且此"套期保值"是由某个称为"交易商"的第三主体所提供。此时,输电权便可视为交易商为发电企业和电力用户提供"套期保值"产品的一种工具。

(三) 输电权的表现形式

输电权,主要体现为输电线路的使用权和网络阻塞的收益权;可分为"金融输电权"(financial transmission rights, FTR)和"物理输电权"(physical transmission rights, PTR)。如图 3-2 所示:n_1 和 n_2 分别代表两个节点;L_1 和 L_2 分别代表两个负荷;G_1 和 G_2 分别代表两个发电厂;$P_{(n_1,n_2)}^{\max}$ 代表从节点 n_1 到节点 n_2 的线路的最大输电容量。

① 金融输电权,是输电服务的使用者为规避价格波动风险而产生的金融工具。当初始节点的价格超过某一"门槛"(或称"阈值")时,可选择某种事先设计"金融工具"规避价格风险;该金融工具会规定一种权力;为获得该权力,需要支付一笔费用;该费用的多

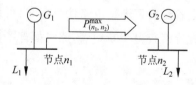

图 3-2 简单的两节点系统

少为"节点间价差与特定电量的乘积";该工具称为"金融输电权"(由于类似标准的上限合同,因此也可称为"上限金融输电权"CapFTR)。一般情况下,用户支出与发电收入之间差额称为"商业剩余"(merchandizing surplus, MS);但当商业剩余是因网络阻塞而造成,此时也称为"阻塞收益"(congestion surplus, CS)。换言之:在最优调度下,阻塞收益(阻塞租金)刚好等于商业剩余。当网络阻塞时,输电权拥有者将获得经济补偿。因此,金融输电权被定义为存粹的收益权(被补偿的权力),而不具有使用权。如:输电服务的使用者获得了从节点 n_1 到节点 n_2 的 Q 单位电力的金融输电权,且两个节点的电价分别为 pr_1 和 pr_2,且 $\mathrm{pr}_1 < \mathrm{pr}_2$,则当出现阻塞时,该金融输电权可获得的收益 $\mathrm{ben}_{1,2}^{\mathrm{FTR}}$ 为

$$\mathrm{ben}_{1,2}^{\mathrm{FTR}} = (\mathrm{pr}_2 - \mathrm{pr}_1)Q \tag{3-1}$$

根据金融输电权的定义及公式(3-1)的对比可知：当所选的金融输电权与节点的净注入（电力供需差额）相匹配时，获得权力的总支出就等于商业剩余。

② 物理输电权，是实际的定义并分配了输电服务使用者利用输电端口的输电容量的权力。物理输电权有两种形式：一是不含收益权的 PTR，即"使用或失去"（use it or lose it）；若输电服务使用者拥有了物理输电权，则持有了利用电网进行输电的权力；但若该权力没有被行使，则将会被收回，且不给予补偿。二是含收益权的 PTR，即"使用或收益"（use it or sell it）；权力拥有者，既可选择自己使用该输电权、保证自己的电力交易，也可选择将其有偿转让、获得相关的收益。

（四）输电权的分类

理论上，输电权的分类维度有 3 种，如图 3-3 所示。

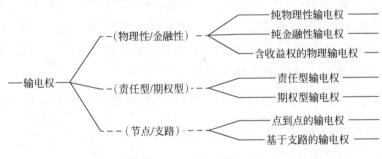

图 3-3 输电权的维度化分类

（1）物理性与金融性

① 纯物理性输电权

此时的权力拥有者仅有自己获得相关输电服务的权力，不可转卖、没有收益。常被用于对权力拥有者规定了一定的最大容量（或最大电量），实际上可视为对权力拥有者物理使用电网输电的数量限制。但若权力拥有者实际没有发电或没有用电，也不给予补偿。

发电部门或电力用户通过缴纳一定的输电费用，以获得在其所在位置的输电服务的权力。此时，不同位置的输电费用存在差异，其价格也仅与权力拥有者本身所在位置有关，与其交易对手的位置无关：对发电部门而言，意味着其可在规定的上网容量下，将电卖给输电网范围内的任意位置的电力用户，且无须其他额外的费用；对电力用户而言，意味着其可在规定的容量下，从输电网范围内的任意位置发电部门购买电力，而无须其他额外的费用；若由于输电部门的原因而导致该输电权无法物理执行，则电网需要给予权力拥有者一定的补偿。

在电力现货市场中,发电企业可通过在规定时间内向电网调度部门申报其在相应时段的发电曲线(physical notification,PN),实现其对相关输电资源的实际使用。但若发电企业实际没有发电,电网企业并不会给予发电企业其他的补偿。这就是"使用或失去"的原则,输电权是纯物理性使用权。

② 纯金融性输电权

此时的权力拥有者仅拥有保证获得收益的权力,但不保证可以使用。

假设此时的输电服务使用者为电力用户;输电费用全部由电力用户支付,对应的输电权一般首先得到分配。在此情况下,电力用户所获得的输电权即为一种收益权——拍卖收益权(auction revenue rights,ARR);该收益权所对应的盈余为日前电力市场的阻塞收益。

若日前电力市场的出清结果为节点 n_1 和 n_2 的电价分别为 pr_1 和 pr_2(且 $pr_2 > pr_1$),两个节点之间的传输容量为 Q,则总的阻塞收益即为 $[(pr_2-pr_1)Q]$。电力用户接入电网后按规定缴纳了输电费用,便通过分配、拍卖等方式可获得一定的 ARR。ARR 的收益主要是节点 n_1 和 n_2 之间线路的阻塞收益,需要将其分配给 n_1 所对应的负荷 L_1 和 n_2 所对应的负荷 L_2。考虑以下两种情况。

【情况1】 若 L_1 和 L_2 各获得节点 n_1 和 n_2 之间线路的阻塞收益权的 50%,则对日前电力市场中分别可获得 $\frac{(pr_2-pr_1)Q}{2}$ 的收益。

【情况2】 若 L_1 大部分时间只在发电企业 G_1 购电(即 L_1 所购买的多数电力并非通过节点 n_1 和 n_2 之间线路进行输配);换言之,该线路的主要使用者为 L_2,将节点 n_1 和 n_2 之间线路的输电权全部分配给 L_2,则全部收益 $[(pr_2-pr_1)Q]$ 都将流向 L_2。

由此可判断,获得了 ARR 的电力用户有 3 种选择方案。

【方案1】 可选择将 ARR 转变为相应线路的 FTR 且无须额外缴纳阻塞费,从而保证全部 Q 从节点 n_1 到节点 n_2 的电力传输。

【方案2】 可选择保留 ARR,获得 FTR 拍卖的相关收益,即全部 Q 从节点 n_1 到节点 n_2 的输电权在 FTR 拍卖市场进行拍卖,由其他市场参与者购买,并获得相应的输电权(即获得了日前电力市场相应的输电容量的阻塞收益权)。

【方案3】 将 Q 拆分出两个部分 Q_1 和 Q_2(即 $Q_1+Q_2=Q$),其中,Q_1 所对应的 ARR 可转化为节点 n_1 到节点 n_2 线路上的 FTR,另外的 Q_2 的输电权在 FTR 市场进行拍卖并获取相应的收益。

在 ARR 分配及 FTR 拍卖的过程中,需考虑一个重要的问题:同时可行性。一方面,输电网中有多条线路(断面),各线路的最大传输容量并不独立,而是相互影响的,因此,分配及拍卖必须基于电网拓扑模型。另一方面,在 ARR 分配或 FTR 拍卖时,所依据的电网拓扑模型与实际日前电力市场模型可能不一致,从而导致日前电力市场中的可用输电容量与分配或拍卖的可用输电容量存在明显差异,进而造成系统问题。

③ 含收益权的物理输电权

在此情况下,具有输电权的市场主体,既可选择物理执行(使用相应的输电通道),也可选择将权力卖出、获得收益。

(2) 责任型与期权型

输电权中的收益权,既可定义为责任型(obligation,也称"义务型"),也可定义为期权型(option)。

① 若收益权为责任型,则意味着输电权的收益可正、可负。此外,自由化电力市场会提供一种称为"固定数量金融输电权"的工具,用以对冲固定电量的跨区价格波动风险。这种金融输电权是责任义务属性的。

② 若收益权为期权型,则意味着无论实际输电权两端的价格如何,其收益不会为负。

针对 Q 从节点 n_1 到节点 n_2 之间的输电权,若节点 n_1 和节点 n_2 的电价分别为 pr_1 和 pr_2(且 $\mathrm{pr}_2 > \mathrm{pr}_1$),则该输电权的价值为正。无论输电权定义为责任型或是期权型,收益均为 $[(\mathrm{pr}_2 - \mathrm{pr}_1)Q]$。但若节点 n_2 的电价由于某个低成本发电企业的投运而降为 pr_3,同时节点 n_1 的电价 pr_1 不变,且此时 $\mathrm{pr}_3 < \mathrm{pr}_1$,则该输电权的价值 $[(\mathrm{pr}_3 - \mathrm{pr}_1)Q]$ 为负。对于责任型的 Q 电量的输电权拥有者,不仅无法因为该输电权获利,而且还需要额外支付 $[(\mathrm{pr}_3 - \mathrm{pr}_1)Q]$。对于期权型的 Q 电量的输电权拥有者,其收益为 0,且无须额外付出。

在一个输电系统和电力市场中,可以同时允许责任型的输电权和期权型的输电权的存在,但这种"允许"会使得一致性校验变得更加复杂。

(3) 点到点与基于支路

除了按节点定义,输电权也可按线路进行定义。在简单的两节点系统(two-bus system)中,"点到点"与"基于支路"对于输电权的定义是相同的。规定简单的三节点系统(three-bus system),如图 3-4 所示:3 个节点 n_1、n_2 和 n_3,3 条支路 $c_{1,2}$、$c_{1,3}$ 和 $c_{2,3}$。

① 若输电权定义的基础为"点到点",则要从节点 n_1 向节点 n_3 送电,只需获得节点 n_1 和 n_3 之间的点到点输电权即可。【优点】可通过输电权规避节点间价格风险;无须掌握电网的具体拓扑结构;在得知上网点和下网点的位置后可方便获取。【缺点】不同节点之间的最大传输容量具有不确定性,且会相互影响;不同节点之间可用传输容量的确定(建模、表达及发布)需要前期大量工作(时间、精力和成本)。

② 若输电权定义的基础为"基于支路",由于电网环流的存在,则需要同时购买 3 条

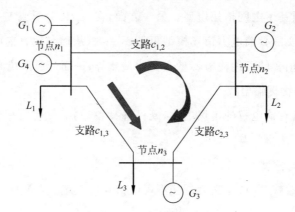

图 3-4　简单的三节点系统

支路 $c_{1,2}$、$c_{1,3}$ 和 $c_{2,3}$ 的输电权。如果 3 条线路的阻抗完全相同，那么对于节点 n_1 和 n_3 之间的 Q 单位电能的输电服务，需分别获得支路 $c_{1,3}$ 上 Q_1 单位所对应的输电权、支路 $c_{1,2}$ 和 $c_{2,3}$ 上 Q_2 单位所对应的输电权（且 $Q_1 + Q_2 = Q$）。【优点】各个支路的最大传输容量相对比较确定。【缺点】关键支路过多，会造成交易的复杂；关键支路过少，会造成一些支路可能发生阻塞；当电网拓扑结构发生变化时，输电权的获取将随之变化。

实际过程中，可仅定义一些关键断面（flowgate，也称为关键支路）。对于一般不会发生阻塞的线路（其阻塞价格为零），则无须额外获取。通常情况下，输电权与电能交易是配套的，锁定合同电量所需要的传输能力，从而对冲现货市场中输电网的阻塞风险。

【情况 1】 引入输电权前，当线路发生阻塞时，各节点电价不同，需要按照"节点电价的差额"交纳阻塞费用。由于节点电价是在出清过程中通过优化计算得到的，故而由阻塞所产生的费用只能在交易后才能确定。

【情况 2】 引入输电权后，当线路发生阻塞时，其拥有者会获得一定金额的补偿来稳定输电价格。若输电权并非无偿获取，则需在电力交易前进行事先确定，参与主体会根据获得的市场信息，以尽可能使其利益最大化为目的进行一系列投标，从而确定输电权的价格，各支路输电权的价格为相应线路约束的影子价格。

第四节　系统的调度运行

（一）基本概念

电力系统需要由一个"集中机构"组织运行，以协调接入电网的全部主体，并具有时刻保障电力系统安全可靠运行的责任。

(1) 职能概况

主体：独立系统运营商，即电网企业的系统运行部门。

定位：一种有效的管理手段。

目的：保证电网运行的安全稳定性、对外供电的可靠性、电力生产工作的有序协同性。

原则：安全、优质、经济。

保证：统一调度、分级管理、分层控制。

工作：①监控人员或各类信息采集设备反馈数据信息；②结合电网实际运行参数（如电压、电流、频率、负荷等）；③综合考虑各项生产工作开展情况；④对电网安全、经济运行状态进行判断；⑤通过电话或自动系统发布操作指令以指挥现场操作人员或自动控制系统进行调整（如调整发电机出力、调整负荷分布、投切电容器、电抗器等）。

(2) 基本任务

① 采集数据——由远程终端单元（remote terminal unit，RTU）[①]收集站端（变电站或发电厂）的电气参数，如开关位置、保护信号、电压电流等遥测数据。

② 传输信息——将 RTU 所收集信息经可靠的渠道传送至主站系统（前置机、服务器），并传输主站下达的控制命令到站端。

③ 数据处理——将所收集的信息进行处理、筛选及计算。

④ 人机联系——将处理过的信息经由友好的界面呈现给用户，并实现遥控、遥调功能。

(3) 调度自动化

调度自动化是电力系统综合自动化的重要部分，不仅可辅助调度人员提高运行管理水平，而且可使电力系统随时处于安全、经济的运行状态。

技术条件：以电子计算机为核心的控制系统和远动技术。

基本内容：①安全监控；②自动发电控制；③经济调度控制；④断路器监控；⑤状态估计；⑥事故预想评价；⑦在线潮流监控；⑧电压监控；⑨优化潮流[②]；⑩自动电压无功控制。

(二) 电力调度系统

(1) 边界范围

定位：有别于一般工业生产调度的复杂系统。

[①] RTU 是一种针对通信距离较长和工业现场环境恶劣而设计的具有模块化结构的、特殊的计算机测控单元。

[②] 在电力工程中，潮流是指电网各处电压（幅值与相角）、有功功率、无功功率等的分布。

职能：指挥、监督和管理电力生产运行。

过程：诸多发电厂进行电力生产，并通过输电、变电、配电、供电等环节的网络布局，向用户进行供电。领导电力系统内发电、输电、变电、配电及供电部门安全、经济运行，并向用户不间断地提供优质电能；在事故情况下采取措施，迅速排除事故，及时恢复至正常运行状态。

原则：①"产—供—销"过程的瞬间完成与及时平衡（随时保持发电与负荷的平衡）；②调度管辖范围内的各部门"按时、按质、按量"完成任务。

(2) 管理内容

该系统的主要工作包括以下方面。

① 预测用电负荷——根据负荷变化的历史记录、天气预报，分析用电生产情况和用户活动规律，对未来时段(24h 或 48h)进行全系统负荷预测，并编制预计负荷曲线，配备相适应的发电容量(包括储备容量)。

② 安排发电任务——根据预测的负荷曲线，按经济调度原则，对水能和燃料进行合理规划和安排，分配各发电厂的生产任务并提出各发电厂的日发电计划。

③ 确定运行方式——指定调频电厂和调频容量，并安排发电机组的起停和备用，批准系统内发、输、变电设备的检修计划。

④ 制订运行计划——对系统继电保护及安全自动装置进行统一整定和考核，进行系统潮流和稳定计算等工作，合理安排运行方式。

⑤ 安全监控——收集全系统主要运行信息，监视运行情况，保证正常的安全经济运行。

⑥ 安全分析——采用状态估计和实时潮流计算等应用技术，进行事故预想和提出反事故措施，防患于未然。

⑦ 指挥操作——对所辖厂、站和网络等重要运行操作进行指挥和监督。

⑧ 处理事故——在发生系统性事故时，采取有力措施及时处理，迅速恢复系统至正常运行状态。

(3) 分级调度

分级调度是科学管理大型电力系统的一种体制。随着电力系统不断扩大和日趋复杂，理论上，按调度管理范围、电压等级以及职责划分，主要分为 3 级。

① 一级区域电力系统调度：负责全系统的安全经济运行。一方面，管理所辖的骨干水电站、火电厂，管理超高压及以上[1]的输电线路和变电所，管理高压的主干线路、有向联

---

[1] 电压等级一般划分：①安全电压(通常 36V 以下)；②低压(又分 220V 和 380V)；③高压(10kV-220kV)；④超高压 330kV-750kV；⑤特高压 1 000kV 交流、±800kV 直流以上。

络线路和枢纽变电所，并统一协调二级区域调度的工作。另一方面，编制全系统的负荷预测和调度计划，进行自动发电控制或联络线负荷偏移控制，以及全系统实时自动经济运行调度，进行全系统运行状况的安全监视和分析，编制全系统的统计报表。

② 二级区域电力系统调度：在一级区域电力系统调度规则下，负责分管小区域范围内电力系统的调度工作；管辖高压及以下三级区域内电力线路和变电所，管理所辖的发电厂，并管理地区调度的工作；编制所辖电力系统的负荷预测和调度计划，进行联络线偏移控制、所辖电力系统运行情况的安全监视和分析，编制统计报表。

③ 三级区域电力系统调度：在二级区域电力系统调度规则下，负责更小范围内电力网络的工作；管理所辖的变电所及送配电线路，掌握和分析用电负荷情况，并配合做好计划用电工作；进行监视点的电压自动调整，对所辖电网运行情况进行安全监视和分析，并编制统计报表。

当电力系统进一步发展至范围更大的能源互联时，则需建立更高一级规则——互联级电力系统调度；当电力系统的结构复杂性进一步细化时，则需建立更低一级规则——单元级电力系统调度。

举例 3-1

电力调度的分级管理应根据实际情况具有一定的弹性。如，中国《电网调度管理条例(1993)》明确规定了调度机构分为 5 级：①国调，国家层面的调度机构；②网调，跨省、自治区、直辖市调度机构；③省调，省、自治区、直辖市级调度机构；④地市调，省辖市级调度机构；⑤区县调，县级调度机构。

（三）系统调度的市场化运行

（1）调度运行的边界

为保障电力系统时刻保持平衡且安全的运行状态，系统调度运行部门需要开展的主要业务包括 3 项：①不平衡结算；②实时平衡调度；③运行备用获取。三类业务开展的时间尺度如图 3-5 所示。

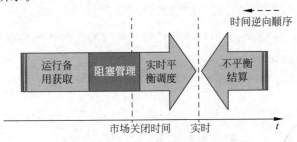

图 3-5　交付时序上系统调度运行的主要业务

在市场关闭时间前后,电力系统相关部门都需要进行"阻塞管理"(保证系统运行时刻满足电网安全约束)。为便于理解,以时间的逆向顺序对三项主要业务进行讨论。

(2) 业务1:不平衡结算

在实时运行时,市场各主体无法保证恰好按照申报的物理发电计划进行生产,或按照申报的物理用电计划进行消费,而且系统运行中所有的发电与用电必须时刻保持平衡。

在市场关闭后,计划发电与实际发电可能出现"偏差";同理,计划用电与实际用电也可能存在"偏差"。一旦出现偏差(存在"不平衡电量",反映不断变化的负荷需求),则需由系统调度运行部门负责"购买替代电能"或"处置多余电能",且此过程中涉及一系列交易(此时,系统调度运行部门是市场参与主体的合同对等方)。不平衡结算主要包括2个步骤,一是评估并计算不平衡电量;二是确定并结算不平衡电量的收费价格。

① 不平衡电量

引入一组概念

- 计划电量,在市场关闭后,市场成员依据交易中成交的电量要求,向系统调度运行部门申报的物理发电计划电量和物理用电计划电量。
- 实际电量,发电部门上网点和电力用户接入点的实际计量电量。

由此判断,会出现两种情况。

【情况1】 当一个发电部门的"实际发电>净售出电量"或一个电力用户的"实际用电<净购入电量"时,偏差电量为正;在不平衡结算过程中,所有正偏量都需要卖给系统调度运行部门。

【情况2】 当一个发电部门的"实际发电<净售出电量"或一个电力用户的"实际用电>净购入电量"时,偏差电量为负;在不平衡结算过程中,相当于市场成员从系统调度运行部门购买了相应的替代电量。

假设:①每个市场成员的实际电量与其市场关闭后提交的计划电量不同;②电力公司 E 拥有两台发电机组,发电机组 A 的计划发电为 Q_A^* 但实际发电为 Q_A、发电机组 B 的计划发电为 Q_B^* 但实际发电为 Q_B;③电力公司 E 向两个电力用户供电,电力用户 X 的计划用电为 Q_X^* 但实际用电为 Q_X、电力用户 Y 的计划用电为 Q_Y^* 但实际用电为 Q_Y;④电力零售商 R 所供应的电力用户 Z 的计划用电为 Q_Z^* 但实际用电为 Q_Z。

则不平衡电量的计算可总结如下。

根据所属发电机组实际发电与所属电力用户实际用电,得到电力公司 E 的净物理电量 Δ_E 可表示为

$$\Delta_E = (Q_A + Q_B) - (Q_X + Q_Y) \tag{3-2}$$

电力公司 E 在市场关闭时提交的净物理计划 Δ_E^* 可表示为

$$\Delta_E^* = (Q_A^* + Q_B^*) - (Q_X^* + Q_Y^*) \tag{3-3}$$

因此,电力公司 E 在电力市场中存在不平衡电量 $\overline{\Delta_E}$,由公式(3-4)给出。当 $\overline{\Delta_E} < 0$ 时,则相当于在实际运行中,系统调度运行部门须额外提供数量为 $|\overline{\Delta_E}|$ 的发电,以替代电力公司 E 欠发的电量;当 $\overline{\Delta_E} > 0$ 时,则相当于在实际运行中,系统调度运行部门须额外购买数量为 $|\overline{\Delta_E}|$ 的发电,以吸收电力公司 E 多发的电量。

$$\overline{\Delta_E} = \Delta_E - \Delta_E^* \tag{3-4}$$

由于电力零售商 R 不具备发电机组,但依然完成了对电力用户 Z 的供电任务,因此,得到电力零售商 R 的不平衡电量 $\overline{\Delta_R}$ 可表示为

$$\overline{\Delta_R} = 0 - (Q_Z - Q_Z^*) \tag{3-5}$$

全系统的不平衡电量 Δ 等于市场成员的不平衡电量之和

$$\Delta = \overline{\Delta_E} + \overline{\Delta_R} \tag{3-6}$$

② 不平衡电量的价格

各市场成员与系统调度运行部门之间在进行不平衡电量结算时所使用的价格,称为"不平衡电量价格"。其反映了实时交付时的电能价值,且此价值即实时市场的出清电价。为了消除系统中的不平衡电量,系统调度运行部门以不平衡电量价格在实时市场中购买或售出电能。

实际操作中,对实时调度时的不平衡电量价格进行评估极为复杂,主要原因是,不平衡电量价格与不平衡电量交易在时间粒度和空间粒度"不匹配"。在实时市场中,系统调度运行部门不得不在同一小时的"不同时段"和电力网络的"不同位置"以"不同价格"购买或出售平衡电量,而不平衡电量通常以 1h 或 15min 为单位进行结算,并不考虑不平衡电量出现的位置。

(3) 业务 2:实时平衡调度

在实时运行中,发电与负荷往往无法严格保持一致。

① 平衡服务

有些扰动出现时,系统能够自动平衡(无须系统调度运行部门直接干预,此类平衡服务称为"自动控制"。自动控制是由发电与用电不平衡所引起的电力系统某些物理状态而触发的。自动控制可为系统调度运行部门提供充足的时间,进而发表指令进行"人工校正控制",从而将自动控制发电机组恢复到扰动前的状态(为新的不平衡控制做准备))。不平衡控制可细分为 3 类,如图 3-6 所示。

- 一次调频控制:是指一些在运行的发电机组对系统频率与自身频率出现偏差时

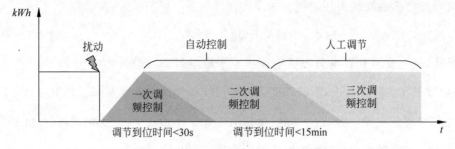

图 3-6　自动控制与人工调节的动作时序

所做出的一种自动反应(发电与用电之间的不平衡会导致系统频率偏离额定频率,如 50Hz)。【情况 1】当发电不足时,系统频率会下降;此时,提供一次调频服务的发电机组会自动增加机组出力。【情况 2】当发电过剩时,系统频率会上升;此时,提供一次调频服务的发电机组会自动降低机组出力。一次调频一般在扰动发生后的 30s 以内进行服务;且提供一次调频服务的发电机组会要求在 15min 内偏离发电计划(15min 以后,一次调频将会被其他控制服务所替代)。但值得注意的是,在互联级电力系统调度中,一次调频会控制所有上网的发电机组出力(无论机组位于"控制区内"还是"控制区外");一次调频的自动响应可能会引起大型互联电网之间的潮流变化,进而导致电网间出现计划外的电量交换。

- 二次调频控制:也称"自动发电控制"。是指通过对控制区内安装有自动发电控制装置的发电机组进行远程控制,根据控制区与相邻区之间的联络线功率交换,自动调节发电机组出力的增减。在一次调频发生后,二次调频控制通过调整控制区内发电机组的出力,将网间交换功率恢复到计划水平。因此,提供二次调频服务的发电机组必须可在控制指令发出后的 15min 以内将机组出力调整到设定位置,并能够在新的出力水平保持数分钟。

- 三次调频控制:也称"人工调节"或"人工校正控制"。在自动控制以近乎实时的速度响应不平衡扰动时,系统调度运行部门会发出指令,调节其他可用发电机组的出力水平,以平衡不平衡电量。在三次调频启动后,一次调频和二次调频将不再发挥作用,相应发电机组的出力自动恢复至初始水平,为下一次故障应对做准备。

② 平衡市场

通常情况下:一次调频电量无须额外结算;二次调频电量将以对应发电机组预先确定的价格进行结算或者以三次调频的发电机组电价进行结算;三次调频电量由系统调度运行部门在平衡市场中购买。此时,参与三次调频的发电机组和符合参与条件的电力用户会提交参与平衡市场的"上调报价"和"下调报价"。

- 上调报价:也称"增出力报价"。指相对于市场关闭时提交的发电计划,指定发机组愿意以此价格增加出力。当控制区内系统不平衡电量为负（即"实际用电＞计划发电"），系统调度运行部门将按照上调报价"由低到高"的顺序接受一定数量的增出力申报。

- 下调报价：也称"减出力投标"。指相对于市场关闭时提交的发电计划，指定发电机组愿意以此价格支付减发的电量。当控制区内系统不平衡电量为正（即"实际用电＜计划发电"），系统调度运行部门将按照下调报价"由高到低"的顺序接受一定数量的减出力申报。

但在实际运行过程中，系统调度运行部门基于某些目的和原则，既可以"按报价"出清（即根据各个上调报价和下调报价进行结算），也可以"按统一边际价格"出清（即根据每次市场运行中所对应网络节点的边际价格进行结算）。

(4) 业务3：运行备用获取

为保障电力系统时刻保持平衡且安全的运行状态，系统调度运行部门需要从发电部门或电力用户处购买系统必须的"辅助服务"（其中，"备用容量"就是保障平衡和安全的一种有效的辅助服务；此外，辅助服务还包括"无功调节"、"黑启动"等）。

备用容量，一般是指要求发电部门能够保证在指定时间内提供满足一定技术指标要求的可用发电容量。

实时平衡服务由能够灵活调节的电力资源提供。一方面，为保证在实时运行时留有充足的备用容量，系统调度运行部门会提前（在市场关闭前的较长时间）购买所需的备用容量。另一方面，提供备用容量的主体会承诺在电力市场中不再出售这部分容量。

① 运行备用的分类

备用发电容量的动态特征，是指针对提供一次调频、二次调频和三次调频的发电机组而言，必须能够在控制服务所要求的响应时间内调整到要求的备用数量（如一次备用要求在 30s 以内；二次备用要求在 15min 以内）。由此可知，一台发电机组能够提供的各种备用将受限于其"调节速率"。一台发电机组很难满足全部的备用容量需求。因此系统调度运行部门需购买多个发电机组的备用容量。

按照"备用发电容量的动态特征"对运行备用的来源进行分类：

- 一次调频服务和二次调频服务的发电机组，会承诺"在实时运行中"提供相应数量的备用容量；
- 三次调频服务的发电机组，则要求"在平衡市场中"提交备用容量的报价。

② 提供备用的成本

发电机组提供一次调频、二次调频和三次调频的成本主要取决于各发电机组提供运行备用的"机会成本"。可分为两种情况。

【情况1】 正常发电机组会预留备用容量,此时的预留部分用于调节容量。当"发电机组变动成本＜电力现货市场价格"时,若发电企业选择在电力批发市场中售电,则将会获利;此时,提供备用容量将会产生"机会成本",且机会成本等于"电力现货市场价格"乘以"备用服务所提供电量"。当"电力现货市场价格＜发电机组变动成本"时,提供备用服务将会产生机组的"启动成本",甚至存在由于维持最小技术出力而产生的"损失"。

【情况2】 由"边际发电机组"或"中标序列外发电机组"提供备用容量。此时,由于"边际发电机组的变动成本＝电力市场出清价格"且"中标序列外发电机组的变动成本＞电力市场出清价格",因此"边际发电机组"或"中标序列外发电机组"提供备用服务的机会成本为0。

此外,值得注意的是,由于机组调节速度的限制,各个机组能够提供的备用容量有限;若理想的发电机组无法满足备用容量的全部需求时,则部分控制服务需要一些机会成本较高的发电机组提供。

③ 备用获取的途径

系统调度运行部门获取备用容量的途径有两条。

其一,"在日前市场开放之前",通过从市场成员购买"空闲容量"来获取。备用容量交易一旦达成,对应的市场成员有义务保证在日前市场和日内市场出清后,依然预留合同规定的可调节数量。另外,市场成员同样有权利决定由哪个机组提供合同规定的备用容量。

其二,"在日前市场出清之后",在发电企业日前发电机会已知的情况下,从市场成员采购备用容量。日前市场关闭后,系统调度运行部门会运用一个专门的市场(可称为"限制性辅助服务市场")购买发电企业与日前发电计划的"偏差电量"(如购买发电机组的减出力服务,使其出力低于发电计划)。此时,系统调度运行部门会获得一个"可上调容量"用作备用。

此外,由于电力生产与备用服务的提供者显著相关,因此针对两种紧密耦合的产品服务组合,可为其市场设计提供基本理论依据。按照电能产品和备用服务的出清结算情况,可有3种选择。

【选项1】 电能产品由电力市场进行出清,但备用服务则由系统调度运行部门所签订的合同进行购买。

【选项2】 电能产品市场与运行备用市场,依次出清。但为防止效率低下,应保证运行备用市场出清时间尽可能接近电能产品市场出清时间。

【选项3】 电能产品市场与运行备用市场,同时出清,此为效率最高的运行方式。

(四) 系统再调度

当在市场交易中未考虑电网安全约束时,可能会出现输电阻塞。为应对阻塞问题,针对网络中各节点的发电机组,需要获知4个问题。

① 消除阻塞主要是对位于电网不同节点的发电机组出力进行重新分配,以调整输电网络的输送功率进入安全限值以内。

② 消除阻塞需通过调整发电机组的发电计划来实现,使其偏离市场成员在市场关闭时所提交的发电计划和用电计划,并对该发电机组提供必要的经济补偿。

③ 为消除阻塞,必须增加一些节点的发电出力,同时降低另外一些节点的发电出力,这也将导致电网不同节点的价格出现差异,这种发电机组出力计划的重新分配过程称为"系统再调度"。

④ 在实时平衡市场中,系统调度运行部门接受市场成员的增出力报价和减出力投标,根据市场出清结果选择对应的电量资源,使出力偏离其在市场关闭时提交的电量计划,以最低的成本保障电力系统的安全可靠运行。

第五节　配电业务的竞争

(一) 情况概述

(1) 概念及定位

配电(power distribution),是在电力系统中直接与电力用户相连并向用户分配电能的环节。

> **提示 3-2**
> 从经济管理的视角看,配电可类比理解为"快递小哥";虽然独立于输电业务,但更像是输电的"必要性增值服务"。

(2) 运营模式特色

通常情况下,配电网所连接的电力用户的负荷系数较低,因此其收费应处于高位,以抵补供电、运维及计量资产使用的成本。

- 在垄断性或封闭性的业务模式中:各配电部门享有为其地理区域内电力用户供电的特许权;同一部门,既拥有设备并维护设备,又管理用户、供电计量和开具账单。
- 在竞争性或开放性的业务模式中:配电业务逐渐从供电业务中独立;逐步取消一个地理区域内面向电力用户的特许权。

因此,在整体的业务模式转变时,配电网也实现了业务重组。

(二) 配电业务的经济性

(1) 商业运营

① 状态评估

随着市场竞争效率的提高,会出现一种可能:配电部门"被要求"将其网络接入权授予其竞争对手;但出于对自身利益的考虑,配电网所有者会阻止其竞争对手接入网络,以保护其市场份额;由此,产生了利益冲突。

将配电网络或配电业务从电力网络或供电业务中进行剥离,是一种所有权的拆分。在状态评估时,需根据电力系统实际情况和经济社会发展现实要求进行判断:• 若市场健全且制度完善,业务剥离和产权拆分会促进竞争;• 若制度安排不到位,"强拆"则会激化主体间的利益冲突。

② 商业安排

作为电力供应链的一环,配电的上游是输电、下游是用电。因此,配电部门,先通过"批量供电优惠"从输电部门获得电力,再通过"回收配电成本和系统成本的服务费用"向电力用户配送电力。

若配电部门可视为一个相对独立的单位,则其商业安排将主要取决于配电业务竞争的充分性;换言之,独立的配电部门会根据电力用户自主选择权的强弱而进行不同的商业安排。理论上,可选的"安排"有3种。

- 限定保留模式:保留特定区域的配电公司,由唯一的配电公司为电力用户提供服务。优点是政府具有制度差异化电价的权力,这将有助于快速实现电气化;商业运营效率依赖于有效的监管机制。
- 混合共存模式:针对小用户保留限定的配电特许权,但针对大用户提供配电的自主选择权。该安排虽然固定了配电的义务,但也促进了创新性竞争。
- 充分竞争模式:给予全部电力用户自主选择权。此时,配电企业会面临"用户流失"的情况(即替换配电商或供电商),甚至还会出现激烈的"上门兜售"。随着该模式的持续运行,电力用户对电力批发市场的价格依赖逐渐下降,进而降低了市场的流动性,为市场操纵留下空间。

③ 平衡计量

配电在输电与用电之间的衔接关键是计量:其一,从输电网向配电网进行供电时,需要进行电力批量供应计量;其二,从配电网向电力用户进行供电时,需要通过配电系统使用费用进行计量。理论上,根据竞争的充分性,平衡计量可分为两种情况。

- 若地理区域内存在唯一的配电公司,电力批量供应点即为平衡计量点,称为"平衡责任方"(balance responsible party)或"计划负责员"(programme responsible officer)。
- 若地理区域内存在配电业务的供电竞争,当某群体的电力用户未选择当地主要的配电公司,则需对其进行二次计量。此时,可采取:【方案1】该群体电力用户的配电系统使用费用须从电力批量供应点的计量中扣除;【方案2】被选择的其他配电企业可以要求由当地主要的配电公司代为回收相应的服务回报。

因此,需要平衡的计量有两个:"电量"与"费用"。

(2) 成本与收费

① 配电的成本

通常情况下,配电部门的成本构成按占比大小的排序为:"运营维护成本(经营管理成本)">"特定资产的利息">"税收及公共支出">"网损成本(配电网高于输电网)"。

② 配电的收费

配电部门的收费,是指配送每单位电能的有效费用;旨在回收设备使用成本,主要的定价依据为容量成本、经营成本及能耗反馈等。通常情况下,配电部门负责制定一组收费标准,并提供给监管机构进行评估(监管机构将比较不同类型电力用户的电费水平及费用分摊等情况)。

(3) 支出的监管

配电属于公共事业;监管过程旨在理性降低配电费用,通常依据零售价格指数(retail price index, RPI)以及"X"期内目标降低幅度等参数提出降费标准。鉴于配电部门的成本结构,主要进行支出监管的2个模块为:①运营支出的监管;②资本支出的监管。

监管机构可将配电部门与其他公共事业的支出进行比较,但难度在于很难找到一个可作为标杆的、具有类似特征的公共事业单位。因此,现有的做法是引入一个"系数"来调整基本电力用户数量,通过该系数说明负荷密度、平均负荷、线路长度、平均距离等其他因素,而且调整并制定监管标准。

(4) 增量配电

增量配电,通俗理解为"新增加的配电业务"。

增量配电网,是以特殊区域(如工业园区、经济开发区)为主的局域电网,是具备配电能力的特殊大用户。规划时,一方面要避免与上一级配电网规划冲突,另一方面是防止造成配电设施重复建设及交叉供电。

此外,"社会资本"(social capital)或"民间资本"(private capital)也可通过有效的竞争方式,成为增量配电网项目业主。若配电业务可逐渐"打破垄断"、破除旧业务模式并形成新业态(将分布式电源、分布式储能、灵活负荷等纳入配电网的互动范围),则配电环节的竞争性也将随之增强。

扩展及推荐阅读

[1] 1993年2月19日国务院第123次常务会议通过《电网调度管理条例》,根据2011年1月8日《国务院关于废止和修改部分行政法规的决定》修正,http://www.nea.gov.cn/2012-01/04/c_131262812.htm

[2] Kirschen,D. S.,Strbac,G. Fundamentals of Power System Economics[M]. 2nd ed. John Wiley and Sons Ltd,2018.

[3] 吴俊勇,夏明超,徐丽杰,朗兵. 电力系统分析[M]. 2版. 北京:清华大学出版社,2019.

即 练 即 测

第四章

电 力 销 售

本章学习目标

通过对本章的学习,能够:

1. 了解 4P 理论、4C 理论、4S 理论、4R 理论、4V 理论、4I 理论;
2. 熟悉电力零售商的职能定位、风险定位、竞争;
3. 理解电力营销与电力销售的区别和联系;
4. 掌握售电侧放开的市场准入机制、市场交易机制、保底供电机制、售电更换机制、安全信用机制。

第一节 电力营销的相关概念

(一) 基础概念的对比

- 销售:通过必要的渠道或方式,将商品出售。
- 营销:企业发现或发掘准消费者需求,让消费者了解其产品进而购买该产品的过程。

区别与联系:①销售,把产品"推"到用户面前;营销,把用户"拉"到产品面前。②若销售是"开车",则营销是"开路"。③销售职能实现"产品—货币"转换;营销职能构建"企业—客户"关系。④销售活动的结果是促进销量;营销活动的结果是深化联系。⑤销售属于营销的范畴,是营销活动的一个环节;营销是一个体系、一个过程,形成销售和持续交易的基础。

(二) 电力营销的特点

- 电力销售,也称为"售电";其责任主体是售电部门,包括发电企业的销售部门、电力零售商、系统(市场)运营商的售电部门等。
- 电力营销,是指导电力产品的生产、输送和销售,满足电力用户使用电力产品及服务的经济性、合理性、安全性及可靠性,不断提高电力企业经济效益的一系列经济活动的总称;其责任主体是整个供电系统。

区别于一般商品营销,电力营销存在明显差异。

① 营销时间的跨度不同。一般商品具有中间流通环节,时间具有可间断性;电力商品具有及时消费性,且需保持连续无间隔。

② 营销活动的重点不同。一般商品营销侧重于生产商、中间商及消费者之间的联动过程;电力商品营销侧重于发电量、输电量及配电量均取决于电力终端用户的实际需求量。

③ 技术进步的体现不同。一般商品的技术进步可表现为较为明显的产品差异化水平;电力商品的技术进步则体现在电能质量、服务水平及相关成本等方面。

④ 价格监管的强度不同。一般商品的价格形成机制由市场供需决定,且监管及调控的弹性较大;电力商品的价格形成机制具有市场导向的属性,但须受到政府的严格监管及调控。

⑤ 市场准入的难度不同。一般商品在流通环节鼓励竞争,因此市场准入门槛较低;电力商品在输配电环节存在自然垄断,因此市场准入门槛较高。

⑥ 可替代性的程度不同。一般商品中会存在具有竞争力的替代品;电力商品本身具有同质性,但很难找到更优秀的替代性(二次)能源。

(三) 电力营销的步骤

根据电力营销的目的,将其流程及结构共分为 6 个步骤及 9 个模块。

【步骤 1】 界定电力价值——包括"扫描营销环境并预测市场""创造电力用户的客户价值和客户关系"及"分析电力购买者的行为"3 个模块。

【步骤 2】 选择电力价值——主要指"细分电力市场并识别目标市场"模块。

【步骤 3】 提供电力价值——包括"制定电力产品策略"与"制定电力价格策略"2 个模块。

【步骤 4】 传递电力价值——主要指"制定电力销售渠道策略"模块。

【步骤 5】 推广电力价值——主要指"制定电力促销策略"模块。

【步骤 6】 维护电力价值——主要指"实施电力智能营销管理"模块。

第二节 营销管理的理论

营销管理的理论主要包括:4P 理论、4C 理论、4S 理论、4R 理论、4V 理论、4I 理论。

(一) 4P 理论

(1) 内涵与应用

营销组合中 4P 分别为：产品（product）、价格（price）、地点（place）、促销（promotion）。

① "产品"组合，是指企业提供给目标市场的商品、服务的集合，包括产品的品牌、质量、包装、规格、款式、效用及外观等，还包括服务和保证等因素。

② "价格"组合，是指企业出售产品或提供服务所追求的经济回报，主要包括基本价格、折扣价格、付款时间、借贷条件等。

③ "地点"组合，通常称为"分销"组合，是指企业为使其产品或服务进入和达到目标市场所组织实施的各种活动（如途径、环节、场所、仓储和运输等），主要包括分销渠道、储存设施、运输设施、存货控制等。

④ "促销"组合，是指企业利用各种信息载体与目标市场进行沟通的传播活动，包括人员推销（也称"直接推销"）、广告推销、营业推广与公共关系等。

4P 是营销过程中的"可控因素"，也是企业进行营销活动的主要手段；对其具体运用形成了企业的市场营销战略。

(2) 特点分析

① 可控性——构成营销组合的各种手段是企业自身可调节、可控制和可运用的因素；

② 动态性——营销组合并非固定的静态组合，而是变化的动态组合（受内部条件、外部环境变化的影响时，随之能动地做出相应的反应）；

③ 整体性——营销组合的各种手段及因素并非简单相加或拼凑集合，而是成为有机的整体后，在统一目标指导下，彼此配合、相互补充。

(二) 4C 理论

(1) 内涵与应用

营销组合中 4C 分别为：顾客（consumer）、成本（cost）、便利（convenience）、沟通（communication）。

① 顾客，是指消费者的需要和欲望。企业将"重视顾客"放在首位，强调"创造顾客比开发产品更重要、满足需求比产品功能更重要"，不能仅售卖企业想制造的产品，更要提供顾客想买的产品。

② 成本，是指消费者获得满足的成本，或消费者满足需要和欲望所愿意且能够支付

的价格。主要包括：供给者生产成本（适合于消费者需要的产品）、消费者购买成本（货币支出、时间耗费、体力耗费、精力耗费、风险承担）。因此，企业欲在消费者支持价格限度内增加利润，就必须降低其生产成本。

③ 便利，是指购买的方便性。相较传统营销渠道，新观念基于不同的购买方式和消费偏好，更重视服务环节在销售过程中强调"为顾客提供便利、让顾客既满足了需求又购买到便利"，且在售前及时提供准确信息、在售后重视信息反馈和追踪调查，及时处理和答复顾客意见，正确处理商品退换、故障维修、终身保修等工作。

④ 沟通，是指与顾客的交流与沟通。企业可尝试多种营销策划与营销组合，敢于试错、及时调整；弱化"单向劝导"、加强"双向沟通"，增进相互理解，实现真正的"适销对路"，培养忠诚顾客。

(2) 特点分析

当企业所有部门为服务于顾客利益而协作时，其结果即"整合营销"，强调各要素之间的关联性，要求其成为统一的有机体。具体而言，整合营销更要求各营销要素的作用力统一方向、形成合力，共同为企业的营销目标服务。因此，4C 强化了以消费者需求为中心的营销组合。

(三) 4S 理论

(1) 内涵与应用

营销组合中 4S 分别为：满意（satisfaction）、服务（SERVICE）、速度（speed）、诚意（sincerity）。

① 满意，是指顾客满意，"感人心者，莫先乎情"，强调企业以顾客需求为导向、以顾客满意为中心。"以他人利益为重"的真诚，是赢得顾客的关键。

② 服务，SERVICE 中各字母分别代表：S 即 smile，微笑服务；E 即 Excellent，精通业务；R 即 ready，亲切友善；V 即 view，重视体贴；I 即 invite，邀请重顾；C 即 creative，营造环境；E 即 eye，眼神关怀。

③ 速度，是指避免让顾客久等，应做到迅速接待和及时办理。

④ 诚意，是指以具体的方式与迅速的行动来服务顾客。

总之，4S 更要求企业行销人员实践"温馨人情"的用户管理策略。

(2) 特点分析

4S 的营销战略强调：

① 从消费者需求出发，打破企业传统的基于市场占有率的推销模式，建立一种全新的"消费者占有"的行销导向。

② 要求企业对产品、服务、品牌不断进行定量的消费者满意指数和消费者满意级度的测评并进行改进,使服务品质最优化,使消费者满意度最大化,进而达到消费者忠诚的"指名度"。

③ 强化企业的抵御市场风险、经营管理创新和持续稳定增效的能力。

(四) 4R 理论

(1) 内涵与应用

营销组合中 4R 分别为:关联(relevance)、反应(reaction)、关系(relationship)、回报(reward)。

① 关联,即紧密联系顾客。企业须在业务、需求等方面与顾客建立关联,形成一种互助、互求、互需的关系,减少顾客的流失,以此提高顾客的忠诚度,并赢得长期而稳定的市场。

② 反应,即提高对市场的敏感速度。在相互渗透、相互影响的市场中,企业最现实的问题不在于如何制定方案、实施计划和控制流程,而在于如何及时地倾听顾客的渴望和需求,并及时做出反应,并以此推动市场的发展。

③ 关系,即重视与顾客的互动关系。抢占市场的关键已转变为与顾客建立长期而稳固的关系,把"交易"转变成"责任",建立起与顾客的互动关系;其中,沟通是建立这种互动关系的重要手段。

④ 回报,即营销的源泉。由于企业注重在营销活动中的回报,因此企业要满足客户需求,为客户提供价值。一方面,获得回报是维持市场关系的必要条件。另一方面,追求回报是营销发展的动力。营销的最终价值在于其是否具有给企业带来短期或长期的收入能力。

总之,4R 理论认为,随着市场的发展,企业需要在更高层次上以更有效的方式在企业与顾客之间建立起有别于传统关系的新型主动性关系。

(2) 特点分析

① 以竞争为导向,在新的层次上提出了营销新思路。4R 营销着眼于企业与顾客建立互动与双赢的关系;不仅积极满足顾客需求,而且主动创造需求,建立独特关系,将企业与顾客联系在一起,并形成独特的竞争优势。

② 体现并落实"关系营销"的思想。4R 营销提出了如何建立关系、长期拥有客户、保证长期利益的具体操作方式,这是关系营销史上的一大进步。

（五）4V 理论

（1）内涵与应用

营销组合中 4V 分别为：差异化（variation）、功能化（versatility）、附加值（value）、共鸣性（vibration）。

① 差异化，即顾客差距。是指企业凭借自身的技术优势和管理优势，在生产方面，可提供性能、质量优于市场上现有水平的产品或服务；在销售方面，通过特色宣传、灵活推销、周到服务，在消费者心目中树立起不同一般的良好形象。从某种意义上讲，创造顾客就是创造差异。"有差异"才能"有市场""有实力"。因此，差异化营销一般分为"产品差异化""市场差异化"和"形象差异化"。

② 功能化，即功能弹性化。是指根据消费要求的差异，提供不同功能的系列化产品。"弹性"体现为，增加一些功能就变成"高档品"，减掉一些功能就变成"中档品"或"低档品"。消费者根据自己的习惯与承受能力选择其具有相应功能的产品。产品在顾客中的定位有三个层次，即核心功能（产品存在的理由，主要由产品基本功能构成）、延伸功能（技术功能向纵深方向发展）、附加功能。通常情况下，产品的功能越多，所对应的价格也越高。

③ 附加值，从产品价值构成分析，包括"基本价值"与"附加价值"。前者是由生产和销售产品时所付出的物化劳动和活劳动所决定的，后者则由技术附加、营销或服务附加、企业文化与品牌附加三部分所构成。从发展趋势分析，基本价值在价值构成中的比重将逐步下降，而"高技术附加价值""创新营销附加价值"与"品牌或企业文化附加价值"在价值构成中的比重在显著且将进一步上升。

④ 共鸣性，强调将企业的创新能力与消费者所珍视的价值联系起来，通过为消费者提供价值创新使其获得最大程度的满足，使"价值提供"构成"价值创新"的核心内容。只有顾客整体达到"价值最大化"后，才愿意倾注顾客整体成本的全部。而企业也只有在"价值提供"上达到顾客要求时，才能获得顾客整体成本的全部，从而使"利润最大化"达成供求双方的共鸣。

（2）特点分析

随着技术进步，高科技企业、高技术产品与服务不断涌现，互联网、移动通信工具、发达交通工具和先进信息技术使世界面貌焕然一新，企业和消费者之间信息不对称的状况得到改善，沟通的渠道多元化，越来越多的跨国公司开始在全球范围进行资源整合。在该背景下，4V 理论应运而生，其特点如下。

① 强调企业要实施差异化营销。一方面，将自身与竞争者进行区别，树立独特形象。另一方面，使消费者相互区别，满足个性化需求。

② 要求产品和服务具有更大的柔性,能够针对消费者具体需求进行组合。
③ 更加重视产品和服务中的无形要素,通过品牌、文化等满足消费者的情感需求。

(六) 4I 理论

(1) 内涵与应用

营销组合中 4I 分别为:趣味原则(interesting)、利益原则(interests)、互动原则(interaction)、个性原则(individuality)。

① 趣味原则,传统营销所追求的是"创意";而新型营销应追求"好玩、娱乐、有趣的创意"。

② 利益原则,除了为顾客提供"经济利益""物质满足"和"精神满足"外,还可延深提供"信息或咨询""功能或服务""骄傲或荣誉""概念或深度"等。

③ 互动原则,充分挖掘交互性,利用高效渠道与顾客有效交流,扬长避短,让营销的功能发挥至极致。

④ 个性原则,学会"投其所好",通过产品和服务满足顾客的"存在感"和"曝光度",引发顾客的反馈互动与购买行动。

(2) 特点分析

随着"快餐式消费"文化的出现,网络营销也逐渐走进消费者的视野;4I 理论更倾向于互联网时代的营销理念。

第三节　售电侧放开

(一) 理论基础

(1) 概念定位

电力销售属于电力营销中电力价值的传递环节与推广环节。

引入"市场自由化"的概念:①市场参与主体能够完全自主决定、市场竞争机制能够完全有效调节、产业组织或中介机构能够完全自律管理;②在价格竞争中,各交易主体的自主程度极高;③取消管制,政府的功能被极度弱化。

举例 4-1

　　2002 年 1 月 1 日,美国得克萨斯州电力零售市场正式开放,市场中的所有用户具有自主选择电力零售商的权力。

> 美国得州电力市场将尚未选择零售商的用户自动转为"义务零售商";对于尚未选择零售商的用户,执行受监管的"标准电价"。
>
> 在美国得州建立的竞争性电力零售市场下,电力用户可通过多种途径来选择适合的售电公司,而新售电公司很容易通过降低电价来争夺市场份额,从而为建立充分竞争性的市场打下基础。改革后的电价得到了有效控制,电力用户更换售电公司的比例也不断提高。

由于电力产业属于公共事业,需要市场调节和政策干预同时发挥作用;因此,"售电侧放开"的学术表达应定义为:电力零售市场的"适度"自由化。

售电环节适度自由化的主要表现有两个方面:①具有准入资质的社会资本可以进入售电业务;②电力用户在一定规则下享有更宽松的自主选择权。

举例 4-2

> 中国在第二轮电力体制改革中,售电侧放开的体制是指适合中国售电侧开放的机构设置和管理权限划分及其相应关系的制度。
>
> 售电侧放开的目标是通过构建一个竞争性的售电市场,捋顺电价机制、提高市场效率、优化资源配置;在放开的过程中,要逐步将售电市场的"蛋糕"做大;根据主体间的市场化公平竞争,合理科学地分配"蛋糕";最终可建立一个竞争有效、垄断有度、监管有力的电力市场。

(2)职能定位

电力的"零售商"是售电侧中主要的行为主体。

与其他行业的零售商相似,电力零售商连接了两个市场,电力批发市场(从发电企业批量购电)和电力零售市场(向电力用户提供服务);其主要职能包括5个方面。

【职能1】 从电力批发市场购买电力商品。

【职能2】 购买系统调度服务、输电服务、配电服务、计量服务。

【职能3】 向电力用户设计、宣传并提供电力商品。

【职能4】 代表电力用户参与电力服务相关的问题处理。

【职能5】 开具发票并回收电费。

由于售电成本在电力服务总成本中的占比较小,通过竞争方式降低零售成本的可能性有限,因此售电侧放开的主要优点是售电主体可根据电力用户的"个性需求"提供"定制服务"。主要表现为:

- 针对大用户,一是其对电价稳定性、复杂购电策略有着多样化需求,二是其具备控制自身用电行为的能力,因此,其在零售商竞争的环境中处于有利地位,且能够充分享受零售商竞争所带来的益处；
- 针对小用户，一是对其提供差异化电力服务的益处并不明显，二是其在识别、评估、更换售电主体时会面临较大的交易成本。因此，此时的监管机构在售电侧放开后依然保留"电价管制权"（对于被动的电力用户，可避免由于零售商享有较强市场力而导致的电力溢价）和"合理竞争质疑权"（保护电力用户不受原售电主体市场力的损害，并促进售电侧竞争的发展）。

举例 4-3

中国在第二轮电力体制改革中提倡多元化的售电主体，主要包括：

一是负责"兜底"的传统电网公司组建的售电公司；

二是由发电企业组建的售电公司，这类售电公司具有较强的竞争力；

三是由原来的节能公司或者电力设备建造、安装公司组建的售电公司；

四是依托用户群组建的区域性售电公司；

五是完全由社会资本成立的独立售电公司，按照理想的市场结构设计，这类售电公司在未来将扮演重要角色。

其中，后面四类售电公司均为改革后的新兴主体，社会对其是否进入竞争性售电业务不存在明显争议。而作为传统市场中唯一的售电企业，电网公司的定位和业务范围备受关注。对此，应该科学、理性、辩证地看待这一问题。通常情况下，电网公司在售电市场开展售电业务主要有两种模式：

其一，"分离模式"主要是指将竞争性售电业务从电网公司完全分离出去，在售电侧仅保留电网公司的"兜底"售电职能；

其二，"兼营模式"主要是指售电侧改革过程中，保留电网企业的竞争性售电业务，同时引入多元化市场主体，实现同一平台上的竞争。

（3）风险定位

零售商的典型风险框架可概括为：①由于电力用户信用信息的不对称而产生的"商业风险"；②由于电力批发支出与电力零售收费之间偏差而导致的"价格风险"（当零售价格相对固定时，可选择电力期货合同的对冲来规避电力现货市场的价格波动）。

针对商业风险，有赖于系统性信用体系的构建，本文不做赘述。

针对价格风险，有效的方案有两套。

【方案1】 可准确预测其自身用电量的大用户，通常会同意零售商使用"电力批发市场关闭时所发布的用电价格"作为合约价格。此时，零售商先从电力批发市场中购买合约规定的电量，而由于大用户实际用电量与合约规定电量之间偏差而导致的额外费用，则将直接传递给对应的大用户。因用于偏差电量结算的不平衡电量价格与合约价格存在不同,因此不平衡电量价格所带来的风险也将由大用户直接承担。

【方案 2】 用电量无须事先约定好的小用户,通常会接受一个事先约定好的用电价格。此时,不平衡电量价格所带来的风险直接由零售商承担,因此零售商会"想方设法"地、更为准确地预测小用户的用电量。

(4) 零售商的竞争

零售商是两个市场的参与者。

① 零售商在电力批发市场中的竞争

作为批量电量的购买者,与垄断模型下的零售商相比,竞争模式下的零售商效率更高。原因有 3 个:

- 垄断中零售商"有信心"拥有固定、大型且被动的用户,因此在电力批发市场中市场力强大;而竞争中的零售商对获得固定、大型且被动的用户的信心则来源于其价格优势和服务质量。
- 垄断中零售商可将购电成本全部转嫁到特许经营区域内的电力用户头上;但竞争中的零售商需要利用价格优势吸引电力用户,因此其在降低购电成本方面的激励更强。
- 垄断中零售商若同时拥有自己的发电部门(若大型零售商可"后向一体化"兼并发电部门,则称为"垂直集成的零售商"),则在不损害售电业务的同时,会通过较高的购电价格来"保护"其自身的发电业务;但竞争中的零售商即使拥有各自的发电部门,也会考虑资源的优化配置效率,在充分考虑购电成本最小化的前提下,动态调整其发电部门的生产活动。

零售商的竞争对电力批发市场的效率提高主要体现为两个方面:

- 有利于增强电力负荷对市场价格的响应能力——由于"职能 4"的存在,竞争性零售商可有效地开发和利用电力需求侧的响应能力;这将使电力批发市场更容易避免受到市场力的不良影响,即若电力用户的负荷模式可以改变,则零售商的竞争会引导市场价格(不同于垄断模式中零售商的行政收费)形成相对合理的社会最优价格水平。
- 有利于长期电力期货市场的良性发展——从长期合同市场的发展来看,零售商的竞争是对发电侧放开的一个有益补充;在售电侧放开的情况下,电力用户可通过零售商表达其对长期价格稳定性的诉求,并通过零售商与发电企业进行交易来规避电力现货市场中的价格波动不确定性。换言之,若售电侧不放开,垄断性零售商对长期合同的需求将完全由监管机构所设定的"成本传导机制"决定。

② 零售商在电力零售市场中的竞争

电力技术的特定性限制了零售商在电力零售市场中的竞争能力和创新范围,表现为:其一,电力商品无法展示;其二,电力商品的设备依赖性和迷路性;其三,电力商品没有召回服务。但是,竞争性零售商可在两个重要方面创造价值。

- 电能产品的设计——首先,对电力用户而言,电力商品的主要差异在于价格稳定程度。竞争性零售商有潜力发现更能反映电能成本的电价(如发电价格与其他能源价格的指数联动)。其次,竞争性零售商可挖掘更多的商品细分(如提供电力产品的环保特征),从而为电力用户提供更多"电力商品套餐",使可持续的用电组合更加多样化。
- 电力服务的质量——一是可提供"增值服务",如电能设备检修服务、综合能源管理系统运行服务、电能组合管理服务、电价优化及风险管理服务、能源打捆服务、分布式能源及节能服务、咨询服务、战略能源采购等。二是可提供"个性化服务",如结算和账单服务、客户关怀服务、灵活用电服务、社会责任承诺(保障供电可靠性)等。

(二) 售电侧的运行机制

(1) 市场准入机制

通常情况下,国家层面的监管机构①负责"定期"对售电主体②的经济规模、技术水平、财务情况、信用状况等"准入资质"进行审批;且对于拥有发电业务及(或)配电业务的主体,还会要求其售电业务与其他电力业务分开(至少实现财务独立核算)。

- 财务方面,即使对主体的经济规模没有限制或要求较低,但均需证明其财务状况良好。
- 技术方面,较为规范的操作是对从业经验、技术资质、商业计划、风控策略等有一定要求。
- 信用方面,在相对完善的体制下,要求售电主体要么提供信用证明或权威信用评级报告,要么缴纳一定的保证金。

(2) 市场交易机制

在售电侧放开的情况下,售电主体的核心业务是购售电交易,通常也从事与此相关的增值服务。

---

① 如:英国电力监管机构、法国能源监管委员会、日本经济产业省等。
② 潜在的售电主体包括:发电企业、拥有用户较多的互联网企业、拥有分布式电源的用户、(供水供气)公共服务企业、节能服务公司等。

① 售电主体的购电

电力零售商通过合同交易、现货交易等多种途径购电,一般包括 3 种途径:一是与发电公司签订双边合同;二是参加电力批发市场(需先满足市场的准入条件,经在审核后成为市场成员并缴纳一定的会费);三是向其他售电公司购电。

② 售电主体的售电

零售电价通常由售电主体与小用户通过合同的方式确定。但当零售电价大幅上涨时,政府有权制定管制的零售价格或制定零售价格上限。

(3) 保底供电机制

存在 3 种情况:【情况 1】当拥有自主选择权的电力用户放弃选择权时;【情况 2】当原售电主体终止经营或由于各种原因无法找到售电商供电时;【情况 3】当由于供电不经济而导致缺失竞争性供电主体时。若满足上述情况之一,则须由政府指定一家售电主体承担最终供电责任,该售电主体称为"保底供电商"或"兜底供电商"。

相对完整的保底供电机制,可有效地明确保底供电服务的范围及启动条件、责任主体、权利义务、标准流程、价格机制等内容。

(4) 售电更换机制

当售电侧充分放开时,可通过必要的制度安排,建立标准化的供电主体更换服务流程,以保障电力用户或其所属售电公司更换供电商的权利。

- 基本原则:易于推行、经济高效、标准规范。
- 核心步骤:首先,建立供电主体更换的启动/结束标准服务流程;其次,电力用户或其售电商需在与原供电主体解除合同的前提下,向新供电单位提出更换供电服务申请并签署更换供电确认函;最后,由配电部门负责技术审核和新旧供电主体间电量切换的管理协调工作。此过程中,配电部门将承担主要工作。此外,还可根据市场规模、线路容量、转供方案等具体情况,考虑是否设立更换时间的限制(如每月固定某一天完成更换)。

(5) 安全信用机制

为降低整体风险水平,售电主体参与竞争性市场时必须满足市场信用要求。有两种机制设计方案:【方案 1】在售电主体申请从事售电业务时,设定必要的信用要求;【方案 2】在电力交易过程中,要求售电主体向配电部门提交等价于未来一段时间配电费用的保证金,由此构建财务信用风险防范机制。

(三)成效与趋势

售电侧放开的改革成效和发展趋势主要体现在 3 个方面。

① 售电主力的转变：一类是由"配售一体化"向"发售一体化"转变；另一类是由"拥有电力资产的售电主体"向"多元售电主体或经纪人公司"转变。

② 电力用户的自由：大用户更换供电主体的比例相对较高，而小用户更换供电主体的比例相对较低。

③ 服务质量的提高：随着新售电主体的进入，售电侧放开给原供电主体带来竞争压力，为巩固用户群体甚至拓展用户市场，激励其在降低成本、提高效率的同时，改进服务方式、提高服务质量。

扩展及推荐阅读

[1] 中共中央、国务院《关于进一步深化电力体制改革的若干意见》(中发[2015]9号). https://news.ncepu.edu.cn/xxyd/llxx/52826.htm
[2] 皮波·兰奇(Pippo Ranci)，圭多·切尔维尼(Guido Cervigni). 电力市场经济学：理论与政策[M]. 杨争林，等，译. 北京：中国电力出版社，2017.
[3] 李江. 电力营销管理[M]. 北京：中国电力出版社，2016.

即 练 即 测

第五章

电力消费

📎 本章学习目标

通过对本章的学习,能够:
1. 了解个人需求的充分条件、影响因素;
2. 熟悉需求函数、需求规律、消费者剩余、电力需求侧管理的概念;
3. 理解需求弹性、电力需求、计及时间维度的电力需求、电力需求结构的分类标准;
4. 掌握电力需求侧管理的技术手段、经济手段。

第一节 消费者的相关理论

(一)个人需求

(1) 定义

需求,是指一个人在某一特定的时间内,在各种可能的价格下,愿意且能够购买的该商品的数量。

(2) 充分条件

需求具备的两个条件:①购买意愿;②支付能力。因此,"有效"需求是购买"意愿"和支付"能力"的统一。

(3) 影响因素

一般情况下,影响需求的因素源于 5 个方面,如图 5-1 所示。

同时,还应具备一组前提条件。

① 理性人——以自身利益或效用最大化进行选择行为决策。

② 效用曲线——效用是指消费者从商品或服务中得到的满足;总效用是指消费者在一定时间内从一定数量的商品或服务中所得到的总体满意程度。换言之,效用可用来表示消费者对商品的价值判断;因此,需求曲线是效用曲线的伸延。

③ 边际效用递减规律——在一定时间内,在其他商品的消费数量保持不变的条件下,随着消费者对某种商品消费量的增加,消费者从该商品连续增加的每一消费单位中

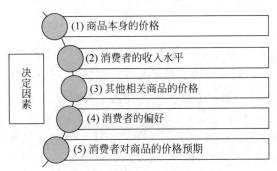

图 5-1 影响需求的因素来源

所得到的效用增量是逐渐减少的。

④ 消费者偏好的完备性、传递性、非饱和性——用来表示消费群中个体消费者对商品价值判断的差异性。完备性,指对各种给定的商品都能进行偏好排序。传递性,即消费者对不同商品的偏好是有序的且连贯一致(若 A 大于 B,且 B 大于 C,则 A 必然大于 C)。非饱和性,也叫"不充分满足性",即消费者认为商品数量总是多多益善。

消费者对单一商品的购买行为可表述为

$$\max U(p, Q_d) \\ \text{s.t. 收入约束} \tag{5-1}$$

其结果为:边际消费效用 MU 等于该边际消费所支付的价格 pr。换言之,个体需求函数的价格即为消费者的边际消费效用。

(二)需求函数

(1) 基本形式

基于上述分析,可总结一般情况下正常商品的函数形式:

$$Q_d = f(\text{pr}, \text{pr}_r, \text{pr}^e, M, \text{pref}, t, \cdots) \tag{5-2}$$

其中,pr 表示产品或服务的价格,一般情况下(正常商品)呈反向关系;pr_r 表示相关产品或服务的价格,不确定关系(互补品时为反向关系、替代品时为正向关系);pr^e 表示该产品或服务的预期价格,正向关系;M 表示家庭收入,正向关系;pref 表示个人消费偏好,正向关系;t 表示时间变化,不确定关系。

(2) 需求规律

需求函数,是表示一种商品的需求量和影响该需求量的各种因素之间的对应关系。影响需求量的各个因素是自变量,需求数量是因变量。若将影响需求量的全部因素同时分析,会使问题复杂化。因此,通常将问题简化,即保持其他因素不变,只关注单一因素变动对需求量的影响。

其他因素变动时,可通过需求曲线的移动来表述。若只考虑价格的变化,则

$$Q_d = h(\text{pr}) \tag{5-3}$$

在供求关系分析中,则选择了价格这一决定性的影响因素。利用描点法可给出商品需求量 Q_d 与其价格 pr 之间的阶梯式递减关系;抽象成一般性的曲线形状可表示成单调递减的线性关系,其特征可描述为,需求曲线向右下方倾斜,如图 5-2 所示。

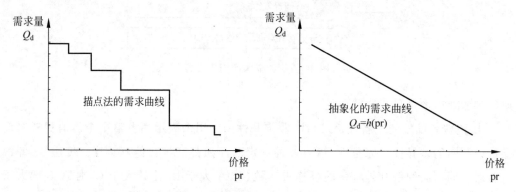

图 5-2 正常商品需求量与价格之间的描点及函数关系曲线

由此总结"需求定理"(也称"需求规律"):正常商品的价格与其需求量之间成反方向变动的关系。在其他条件不变的情况下,商品的需求量与价格成反方向变动,即需求量随着商品本身价格的上升而减少,随商品本身价格的下降而增加。

(三) 消费者剩余

(1) 定义

总消费者剩余,是指消费者购买商品后的总体满足,反映了消费者对商品所认同的总价值。

净消费者剩余(consumer's net surplus),是指消费者消费一定数量的某种商品愿意支付的最高价格与该商品的实际市场价格之间的差额。

具体关系如图 5-3 中阴影部分表示。

(2) 效用的变化

需求函数是根据效用函数推导而来;且消费者剩余引起了消费者效用的变化。

根据斯勒茨基方程:总需求变动＝由替代效应引起的需求变动＋由收入效应引起的需求变动。具体分析某种商品价格变化对其需求量的影响。

① 替代效应,商品价格变动→商品相对价格的变动→商品需求量的变动。

② 收入效应,商品价格变动→实际收入水平的变动→商品需求量的变动。

此时绘图:横坐标和纵坐标分别表示两种商品 X_1 和 X_2;AB 和 AB' 分别代表两条预算曲线(budget line);U_1 和 U_2 分别代表两条效用的无差异曲线(indeference curve)。无差异曲线,是指存在一条表示两组商品不同数量组合的曲线,在同一曲线上的任意点,

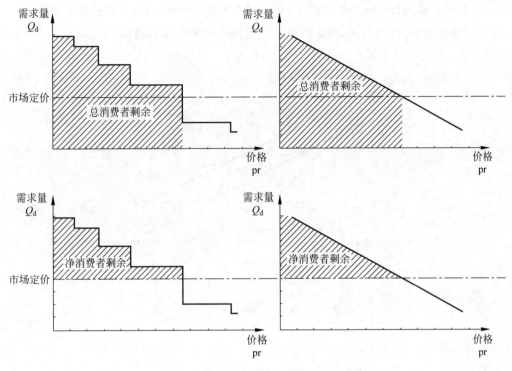

图 5-3　总消费者剩余与消费者净剩余

虽然商品组合不同,但给予消费者的效用程度完全相同。无差异曲线的性质包括:

- 若效用函数是连续的,则同一坐标平面中两条无差异曲线之间会存在无数条无差异曲线;
- 同一坐标平面中任意两条无差异曲线不会相交;
- 无差异曲线凸向原点(向右下方倾斜,斜率为负且斜率的绝对值递减),这取决于商品的边际替代率递减规律;
- 距离原点越远,则代表消费者的满足程度越高;
- 当收入和价格既定,为获得同样程度的效用,不能同时增加或同时减少对某一商品的需求。

当 X_2 的价格降低时,预算曲线与横坐标的交点由 B 移动到 B'。此时,人工构建一条补充预算线 FG,满足条件:①FG 平行于 AB';②FG 与 U_1 相切。则可总结得到下列结论。

- 正常商品——对于正常商品来说总效应变动,替代效应变动,收入效应变动的符号都是负的。若该商品价格增大,那么对该商品的最佳需求下降(总效应为负),总的负效应又可以分为两个负效应相加,即收入效应引起的负变动和替代效应引起的负变动(见图 5-4)。
- 低档商品——对于低档商品来说,其总效应是负的,替代效应引起的变动是负的,但是收入效应引起的变动是正的。但是后者绝对值小于前者,总效应为负(见图 5-5)。

- "需求定理"存在特例,即吉芬商品①(见图 5-6)和炫耀性商品②。

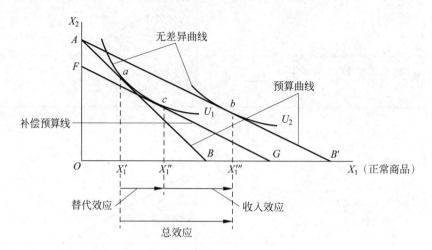

图 5-4　正常商品的总效应分析③

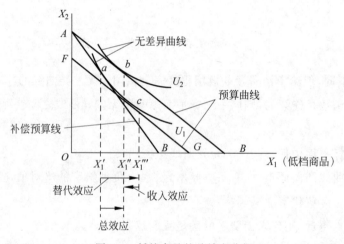

图 5-5　低档商品的总效应分析

---

① 19 世纪的英国经济学家罗伯特·吉芬发现,当 1845 年爱尔兰发生灾荒之时,随着土豆的价格上升,其需求量没有减少却反而增加;相反,随着土豆价格的下降,其需求量竟然也会减少。这一悖论引起人们的关注,后来人们把这一发现叫作"吉芬之谜",把具有这一反常特征的物品称为"吉芬商品"(Giffen goods)。吉芬商品一定是低档品,但低档品不一定是吉芬商品。吉芬商品总效应为正。替代效应引起的变动为负,收入效应引起的变动为正。但是后者绝对值大于前者,总效应为正。

② 1899 年经济学家托斯丹·邦德·凡勃伦(Thorstein B. Veblen)提出炫耀性商品的概念,他认为炫耀性商品不仅能给消费者带来物质效用,同时还能给消费者带来"虚荣效用"。

③ "无差异曲线"具有 4 个基本性质:①由于通常假定效用函数是连续的,因此在同一坐标平面上的任何两条无差异曲线之间,可以有无数条无差异曲线;且离原点越远的无差异曲线代表的效用水平越高。②在同一坐标平面图上的任何两条无差异曲线不会相交。③无差异曲线是凸向原点的。④在收入与价格既定的条件下,为了获得同样的效用程度,不能同时增加或者减少某一种商品的需求。

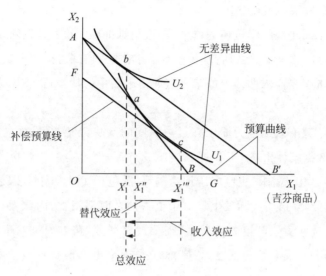

图 5-6 吉芬商品的总效应分析

(四) 需求弹性

需求弹性,即需求价格弹性(price elasticity of demand),是指在一定时期内商品需求量的相对变动对于该商品价格的相对变动的反应程度。计算公式如下:

$$\varepsilon^d = \frac{\dfrac{\Delta Q_d}{Q_d}}{\dfrac{\Delta \text{pr}}{\text{pr}}} \cong \frac{\dfrac{dQ_d}{Q_d}}{\dfrac{d\text{pr}}{\text{pr}}} = \frac{\text{pr}}{Q_d} \cdot \frac{dQ_d}{d\text{pr}} \tag{5-4}$$

$$\varepsilon^d_{i,j} = \frac{\dfrac{\Delta Q^d_i}{Q^d_i}}{\dfrac{\Delta \text{pr}_j}{\text{pr}_j}} \cong \frac{\dfrac{dQ^d_i}{Q^d_i}}{\dfrac{d\text{pr}_j}{\text{pr}_j}} = \frac{\text{pr}_j}{Q^d_i} \cdot \frac{dQ^d_i}{d\text{pr}_j} \tag{5-5}$$

其中,ε^d 表示(商品自身的)需求价格弹性系数;$\varepsilon^d_{i,j}$ 表示商品 j 的价格对商品 i 需求量的需求交叉弹性系数,且一般情况下,替代品的需求交叉弹性为正、互补品的需求交叉弹性为负。两个变量之间的关系越密切,相应的弹性系数就越大;两个变量越不相关,相应的弹性系数就越小。

(五) 电力需求

电力需求,是指消费者在某一特定时期内,某特定市场消费者愿意且有支付能力购买电力商品数量的总和。与其他商品相似,电力需求同样具有以下三个要点。①与电力价格密切相关;②是一个意愿购买量;③反映特定时间段内的用电量。

我们需要区分以下一组概念。

① 电力需求：属于经济学范畴的概念，一般很难准确测度；其反映了电力需求量和不同的价格水平之间的全部关系，它是指整个需求曲线和需求表。

② 电力需求量：是需求曲线上的某一点或需求表中的某一行，将个人需求曲线水平相加而得。

③ 电力消费：是有效的电力需求在过去时间的反映，是实际发生的购买量，可根据实际消耗的历史数据统计出来。

区别与联系："电力需求"更倾向于理论测算，既包括实时消费量、又包括合同中未来交易量；"电力消费"多描述实际发生。由于电力的及时消费性，因此大多数时间二者是等同的。但"电力需求者"和"电力消费者"需要严格区分，在电力批发市场，电力需求者不仅包括电力大用户，而且还包括电力零售商等主体；电力消费者多指电力终端消费用户（大用户与小用户）。

第二节　电力用户的行为规律

（一）电力需求弹性的影响

(1) 一般规律

通常情况下，随着短期电力价格的上涨，电力需求量确实会下降，但是下降的幅度非常小。换言之，电力需求的价格弹性是很低的，电力需求曲线的坡度非常陡，即"电力刚需"，是通过电价与电力消费量的弹性系数测算结果而得到的结论，表现为电力需求量的变化对电力价格的变化不敏感。

对于电能而言，竞争性市场上的电力价格会在一定范围内波动，但事实上很难准确地给出它的需求曲线形状。若电力需求弹性非常低，电力市场运营可能就会受到较坏影响，尤其是在不完全竞争市场中，可能会增加电力供给侧滥用"市场力"的能力。

(2) 原因分析

电力需求弹性较低的原因包括：

① 电能成本仅在大多数工业产品的生产成本中占到很少一部分，也只占大多数家庭用户生活成本的很小比例；

② 电力对于工业生产来说是必不可少的，也是保障当代人生活质量的必需品；很少会有人每次在用电前都进行"成本-效益分析"；

③ 电力工业的早期发展阶段，刚刚出现商业发电时，电力商品就被打上了"使用方

便,容易获取"的标记。

> **提示 5-1**
>
> 值得注意的是,不同类型的电力用户具有不同的弹性系数,一般而言,①大用户能以多种形式参与市场,其选择供电方的自由度大,能够灵活适应市场变化,故弹性系数大;而对于小用户其参与市场的竞争力小,一般是比较被动地适应市场变化,故弹性系数小;②通常商业用户的需求弹性较小,而工业用户相对弹性较大;③工业用户内部,电力需求弹性也有较大差别;一般用电设备为蓄冷蓄热这类储能型的,需求弹性较大。
>
> 因此,即使用电成本会发生少量的增加,工业用户也不会很明显地降低电能消费量。在比较短的时间内,少用电带来的收入损失会超过由此实现的成本节余量。同样地,绝大多数居民用户也不会为了减少电费而降低生活的舒适与方便程度。

(二) 计及时间维度的电力需求

若电力需求考虑了时间维度,便可通过另一个概念进行描述——负荷。

(1) 定义

广义的"电力负荷",包括负荷与电量。

① 负荷,是指发电厂、供电地区或电网在某一瞬间所承担的工作负荷,单位为兆瓦(MW)。

$$功率 = 电压 \times 电流 \tag{5-6}$$

② 电量,是指负荷与时间的乘积,单位为千瓦时(kWh)、度。

(2) 特征描述

在时间维度上进行市场细分,将不同时段的电力消费作为不同种类的商品,如图 5-7 所示。

① 与一般商品一样,电力商品的需求量是随时间不断变化的,其变化速度和幅度都远远超出一般商品;

② 就其存储技术现状,电力商品可视为是没有库存的;

③ 电力系统安全及其地位,要求保持实时平衡;

④ 电力作为生产生活的基本品,通常不能停止供应,且从一定程度上说负荷是不可控的。

在时间维度上进行市场细分,峰谷时段是最典型的情况。以最简单的等时长峰谷两时段为例(如图 5-8 所示):一般将峰时段与谷时段市场划分为不同的产品市场,即两种

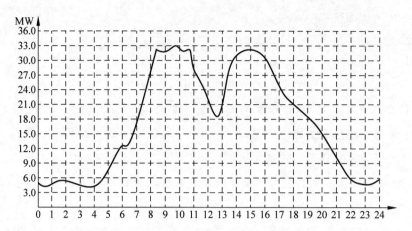

图 5-7　电力需求量的日变化（日负荷曲线）

产品市场；实际中，峰、谷用电随着价格变动可相互转移。峰、谷时段两种电力商品间互为替代品。

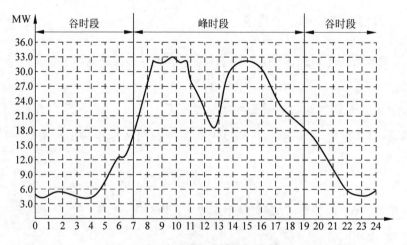

图 5-8　日负荷曲线的峰谷时段划分

由此可界定：

① 峰时段电力需求函数

$$Q_{peak} = f(pr_{peak}, pr_{off\_peak}, I, pref, \cdots) \tag{5-7}$$

② 谷时段电力需求函数

$$Q_{off\_peak} = g(pr_{off\_peak}, pr_{peak}, I, pref, \cdots) \tag{5-8}$$

其中，Q_{peak} 表示峰时段的电力需求量；Q_{off_peak} 表示谷时段的电力需求量；pr_{peak} 和 pr_{off_peak} 分别代表了峰时段和谷时段的电价；I 代表电力用户的可支配收入；pref 同样表示个人消费偏好。由此可见，各时段电力需求量，不仅受到本时段价格水平的影响，也受到其他时段价格水平的影响。

(3)峰谷时段电量电价弹性矩阵

各时段间电力需求量与价格之间的上述所有关系,可通过矩阵工具表示,称为"电量电价弹性矩阵"E;且存在

$$\begin{bmatrix} \partial q_{\text{peak}}/q_{\text{peak}} \\ \partial q_{\text{off\_peak}}/q_{\text{off\_peak}} \end{bmatrix} = E \begin{bmatrix} \partial \text{pr}_{\text{peak}}/\text{pr}_{\text{peak}} \\ \partial \text{pr}_{\text{off\_peak}}/\text{pr}_{\text{off\_peak}} \end{bmatrix} \tag{5-9}$$

$$E = \begin{bmatrix} e_{\text{pp}} & e_{\text{po}} \\ e_{\text{op}} & e_{\text{oo}} \end{bmatrix} \tag{5-10}$$

其中,e_{pp} 表示峰时段的需求弹性;e_{oo} 表示谷时段的需求弹性;e_{po} 表示峰时段需求量对谷时段电价的交叉弹性;e_{op} 表示谷时段需求量对峰时段电价的交叉弹性。

例题 5-1

狮驼国为了促使电力用户将需求从高峰时段转移到低谷时段,垂直一体化公用事业拟采用"峰谷电价"办法。

已知:高峰时段与低谷时段的电力消费可被看成是替代产品。

表 5-A 中列出了狮驼国电力与照明公司就峰谷电价体制所做实验所得的数据。

问题:根据实验结果,估计高峰时段与低谷时段电能的需求弹性和交叉弹性。

表 5-A 狮驼国峰谷电价系统的实验数据

项目	高峰价格 pr_{peak}（元/kWh）	低谷价格 $\text{pr}_{\text{off\_peak}}$（元/kWh）	平均高峰需要 Q_{peak}（kWh）	平均低谷需要 $Q_{\text{off\_peak}}$（kWh）
基准情境	0.08	0.06	1 000	500
实验 1	0.08	0.05	992	509
实验 2	0.09	0.06	985	510

解答:

比较"实验 2"与"基准情境"中高峰价格与高峰需求的变化:

$$e_{\text{pp}} = \frac{\frac{|985 - 1\,000|}{1\,000}}{\frac{|0.09 - 0.08|}{0.08}} = \frac{15/1\,000}{0.01/0.08} = 0.120$$

比较"实验 1"与"基准情境"中低谷价格与低谷需求的变化:

$$e_{\text{oo}} = \frac{\frac{|509 - 500|}{500}}{\frac{|0.05 - 0.06|}{0.06}} = \frac{9/500}{0.01/0.06} = 0.108$$

比较"实验1"与"基准情境"中低谷价格与高峰需求的变化：

$$e_{\mathrm{po}} = \frac{\frac{|992-1\,000|}{1\,000}}{\frac{|0.05-0.06|}{0.06}} = \frac{8/1\,000}{0.01/0.06} = 0.048$$

比较"实验2"与"基准情境"中高峰价格与低谷需求的变化：

$$e_{\mathrm{op}} = \frac{\frac{|510-500|}{500}}{\frac{|0.09-0.08|}{0.08}} = \frac{10/500}{0.01/0.08} = 0.160$$

（三）电力需求曲线

根据不同经济与管理目的，电力需求曲线存在两种描述方法（如图 5-9 所示）。电力负荷曲线、年持续负荷曲线。

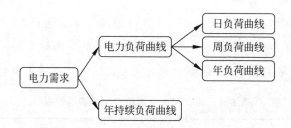

图 5-9 电力需要曲线在时间维度的划分标准

（1）电力负荷曲线

电力负荷曲线，是在某一段时间内负荷功率随时间变化的特性曲线。按时间段可分为日、周、年负荷曲线。电力系统负荷曲线是进行电力电量平衡、分析电力系统运行方式、确定区间电力电量潮流分布和可靠性计算及电源优化的基础资料。

① 日负荷曲线（daily load curve），表示电力负荷数值在一昼夜 0 时至 24 时内的变化情况；主要用于安排发电计划。其分为有功、无功负荷曲线，表征负荷曲线的起伏程度：负荷率、最小负荷系数（峰谷比），如图 5-10 所示。

在直角坐标系中，纵坐标表示负荷（有功功率和无功功率）值，横坐标表示对应的时间（一般以小时为单位）。

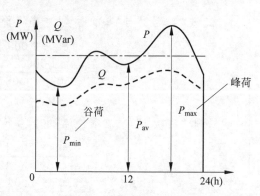

图 5-10 日负荷曲线（24h）

- 有功负荷,电力系统中产生机械能、热能或其他形式能量的负荷,单位:兆瓦(MW)。
- 无功负荷,在电力负载中不做功,只在感性负载中才消耗无功功率,即定子线圈为产生磁场所需要消耗的无功功率,单位:兆乏(MVar)。如变压器、电动机、空调、冰箱等。

② 周负荷曲线(weekly load curve),是表示一周内每天最大负荷变化状况的曲线,主要根据实际系统统计资料,经分析整理而成;常用于可靠性计算和电源优化计算(图 5-11)。

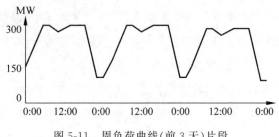

图 5-11 周负荷曲线(前 3 天)片段

电力负荷按供电的可靠性分为一级负荷、二级负荷、三级负荷。

- 符合下列情况之一时,应为"一级负荷":情况Ⅰ,中断供电将造成人身伤亡;情况Ⅱ,中断供电将在政治、经济上造成重大损失;情况Ⅲ,中断供电将影响有重大政治、经济意义的用电单位的正常工作。
- 符合下列情况之一时,应为"二级负荷":情况Ⅰ,中断供电将在政治、经济上造成较大损失;情况Ⅱ,中断供电将影响重要用电单位的正常工作。
- 不属于一级和二级负荷者应为"三级负荷"。

③ 年负荷曲线(year load curve),表示一年内各月最大负荷的变化状况;主要用于安排发电设备检修计划,如图 5-12 所示。

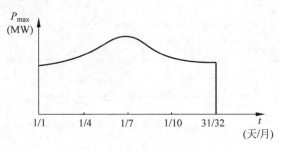

图 5-12 年(每日最大)负荷曲线

提示 5-2

"电力负荷预测"是指,考虑历史数据、系统运行特性、增容决策、自然与社会影响条件下,分析负荷的变化规律,利用科学方法、使用一定的预测模型,在一定精度下,估计未来某特定时刻的负荷数值。主要包括 4 类预测:①长期负荷预测(未来 1 年~10 年~20 年);②中期负荷预测(未来 1 月~1 年),年度负荷预测、月度负荷预测;③短期负荷预测(未来 1 天~1 月),日前负荷预测;④实时负荷预测(当前~未来 1 天)。

按照预测方法的参考体系,电力负荷预测方法可分为 3 种。

① 确定性预测方法:将电力负荷预测用一个或一组方程来描述,电力负荷与变量之间有明确的一一对应关系。如技术预测法、趋势外推法、回归模型法等。

② 不确定性预测方法:实际电力负荷发展变化规律非常复杂,受到很多因素影响,这种影响关系是一种对应和相关关系,不能用简单的显示数学方程描述;为解决这一问题,产生了一类基于类比对应等关系进行推测预测负荷的不度额定预测方法。如灰色预测法、模糊预测法、神经网络预测法、物元综合预测法等。

③ 空间负荷预测法:确定和不确定负荷预测是对负荷总量的预测。空间负荷预测是对负荷空间分布的预测,揭示负荷的地理分布情况。如负荷密度法、用地仿真法、趋势分析法等。

例题 5-2

已知:比丘国各个月的电力销售情况,如表 5-B 所示。

表 5-B 比丘国电力公司 21 个月售电量

时序(t)	售电量(MWh)	时序(t)	售电量(MWh)	时序(t)	售电量(MWh)
1	83.4	8	70.9	15	63.5
2	85.9	9	138.3	16	103.9
3	106.1	10	124.7	17	77.8
4	154.4	11	95.8	18	114.4
5	132.0	12	139.0	19	157.6
6	47.5	13	63.7	20	190.2
7	45.8	14	85.1	21	105.9

问题:利用马尔科夫预测法,分析预测第 22 个月可能的售电量。

解答:

第一步,根据表 5-B 绘制时序曲线图,如图 5-A 所示。

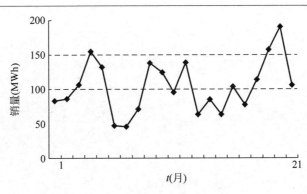

图 5-A 比丘国各个月的电力销售趋势

第二步,状态划分——据经验和供电计划,售电量的 3 个状态可作如下划分:

$Y < 100(MWh)$ 需求较低状态
$100(MWh) \leqslant Y \leqslant 150(MWh)$ 正常状态
$Y > 150(MWh)$ 需求高峰状态

第三步,计算初始概率 $\text{prob}_i \approx \dfrac{M_i}{N}$。根据图 5-A,直观计算各种状态出现的总点数($N$)和分别处于不同状态的点数($M_i$);计算各状态的初始概率,计算结果见表 5-C。

表 5-C 各状态初始概率

状　　态	较低状态(E_1)	正常(E_2)	高峰状态(E_3)
状态界限(MWh)	$Y < 100$	$100 \leqslant Y \leqslant 150$	$Y > 150$
处于该状态的总数 M_i	1		3
初始概率 prob_i	10/21	8/1	3/21

第四步,计算一步转移概率 prob_{ij}。从曲线图上,利用公式

$$\text{prob}_{ij} = \text{prob}(E_i \to E_j) = \text{prob}(E_j \mid E_i) \approx F(E_j \mid E_i) = \dfrac{M_{ij}}{M_i},$$

$(i = 1, 2, \cdots, n \quad j = 1, 2, \cdots, n)$

计算出一步转移概率:

因为 $M_1 = 10, M_{11} = 5, M_{12} = 5, M_{13} = 0$

所以 $P_{11} = \dfrac{5}{10}, P_{12} = \dfrac{5}{10}, P_{13} = 0$

因为 $M_2 = 8, M_{21} = 4, M_{22} = 1, M_{23} = 2$

所以 $\quad P_{21}=\dfrac{4}{7}, P_{12}=\dfrac{1}{7}, P_{13}=\dfrac{2}{7}$

因为 $\quad M_3=3, M_{31}=0, M_{32}=2, M_{23}=1$

所以 $\quad P_{31}=0, P_{32}=\dfrac{2}{3}, P_{13}=\dfrac{1}{3}$

由此计算结果得出转移概率矩阵 **PROB**$=\begin{pmatrix} \dfrac{1}{2} & \dfrac{1}{2} & 0 \\ \dfrac{4}{7} & \dfrac{1}{7} & \dfrac{2}{7} \\ 0 & \dfrac{2}{3} & \dfrac{1}{3} \end{pmatrix}$。

第五步,预测第 21 期的售电量为 105.9MWh,属于正常状态 E2。

由此经过一步转移到达各个状态的概率有以下关系,

$$\text{prob}_{21}=\dfrac{4}{7} > \text{prob}_{23}=\dfrac{2}{7} > \text{prob}_{22}=\dfrac{1}{7}$$

第六步,总结,prob_{21} 明显地大于 prob_{23} 和 prob_{22},这说明售电量在目前状态下,经一步转移到较低水平的可能性最大,故预测第 22 个月售电量不会超过 100MWh。

(2) 年持续负荷曲线

负荷持续曲线(load-duration curve)是传统规制电力系统中电力需求的重要描述工具,但对于竞争市场,其也可用于分析一些特定问题。

年持续负荷曲线,是表示全年(8 760 小时)负荷按大小排队,并作出对应的累计持续运行小时数(图 5-13);主要用于编制电力系统的发电计划和进行可靠性估算。该曲线:①只反映了电力需求量水平的时变特性,与价格无关,这与经济学中的需求不同;②只反映各需求量水平的持续时间,并不反映具体发生在什么时段。

传统垄断管制的电力系统内,由于价格是固定的,因此采用年持续负荷曲线描述电力需求的时变特性是合理的。如果负荷始终等于最大值 $P_{\max}$,经过 $T_{\max}$ 后所消耗的电能恰好等于全年的实际耗电量,即满足图 5-13(b) 中的两个阴影面积相等,则称 $T_{\max}$ 为最大负荷利用小时数。

(四) 电力需求结构

(1) 定义

电力需求结构,是指用电消费的市场结构,或称电力需求分类。进行电力需求结构分析的原因如下。

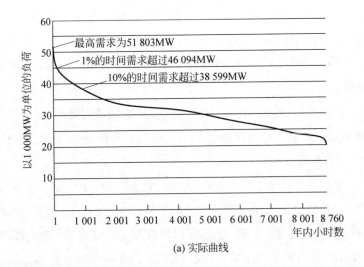

(a) 实际曲线

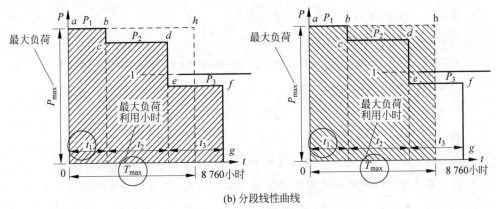

(b) 分段线性曲线

图 5-13 年持续负荷曲线

① 分类预测电量需求——各类用户的用电需求特点不同；

② 分类定价——各类用户的供电成本、需求特性不同，对电价的承受力和敏感度不同；

③ 确定供电可靠性等级——按用户的重要性分类；各类用户对供电可靠性的要求不同。

(2) 分类标准

① 按行业特性的分类

- 大工业用电：以电为原动力，或以电冶炼、烘焙、熔焊、电解、电化的一切工业生产，且受电变压器容量在 320 千伏安及以上者，执行大工业用电电价。
- 商业用电：从事商品交换或提供商业性、金融性、服务性的有偿服务所需电力。
- 非普工业用电：是非工业用电和普遍工业用电的合并简称。非工业用电，是指凡以电为原动力，或以电冶炼、烘焙、熔焊、电解、电化的试验和非工业生产，其总容量在 3 千瓦及以上的用电,均执行非工业用电电价。普通工业用电,是指凡以电为原动力,或以电冶炼、烘焙、熔焊、电解、电化的一切工业生产,其受电变压器容量不足 320 千伏安或低压受电,以及在上述容量、受电电压以内的各项用电,执行普通工业用电电价。

- 农业用电:农田排涝、灌溉、电犁、打井、打场、脱粒、非经营性饲料加工等用电;防汛临时照明用电;农产品初级加工用电;农业生产中非大工业用电性质的农业经济作物、农村养殖业用电。
- 居民用电:家庭生活用电;学校教学及学生用电;农村安全饮水工程用电。
- 非居民用电:除居民生活用电以外的一般照明用电,如机关、部队、医院、学校、幼儿园、福利院、养老院等;铁道、航运等信号灯用电;霓虹灯、荧光灯、弧光灯、水银灯、非对外营业的放映机用电;其他非工业所用电力和电热,其用电设备总容量不足 3 千瓦而又无其他非工业用电者。

② 按负荷大小(用电量、最大需量)的分类

- 大用户:电压等级达到一定标准(如 35 千伏及以上)且年用电量达到一定规模(500 万千瓦时及以上)。
- 中小用户:除大用户以外的其他电压等级和年用电量的用户。

③ 按用电负荷特性的分类

- 用电量:用户用电量的多少直接影响用户所应分摊的变动成本的多少。
- 最大需求量:用户在一段时间内的最大电力负荷;系统为了能保证随时向电力用户供电,必须准备一定的发电容量和输配电容量,其为影响固定成本的主要因素。
- 用电时间:用户在不同的时间增加电力需求,对供电成本的影响是不同的;系统高峰期用电会增加系统短期边际容量成本,低谷期用电不会增加系统的边际容量成本;在丰水期用电,水电机组的比例大,其发电成本低;枯水期用电,火电机组的比例大,发电成本高。
- 负荷率:某一时段内平均负荷与最大负荷的比值;其为决定电价的主要因素,且能够刻画用户对于容量成本的充分利用与否;负荷率越高,供电成本越低;负荷率越低,供电成本越高。分析其原因,对于平均负荷相同的两个用户(其用电量相同),负荷率低的用户的最大负荷要高,系统要满足它的需要投入的固定成本必然要比负荷率高的用户要多。

$$f = \frac{\overline{P}}{P_{\max}} = \frac{W}{P_{\max} \cdot t} \tag{5-11}$$

其中,f 表示负荷率;$\overline{P}$ 表示某一时段内平均负荷;$P_{\max}$ 表示某一时段内最大负荷;W 表示用电量;t 表示时长。"负荷率"与"负荷因子"需要严格区分,前者是电力用

户的用电负荷特性之一；后者是发电机组的运行状态指标之一，用以表示机组实际发电量占其最大发电量的比率。

- 用电同时率：一组用户的综合最大负荷与该组每个用户的最大负荷之和的比值；其值小于等于1；其倒数称为"负荷分散率"。同时率刻画了用户间的错峰效应，其为决定容量成本在各用户中分摊的重要因素。在每个用户最大需量已定的条件下，同时率越低，电网需要的建设投资越小。在电力系统中，负荷的最大值之和总是大于负荷之和的最大值，这是由于每个用户不大可能同时在一个时刻达到用电量的最大值。

$$d = \frac{P_{\max}^{\text{total}}}{\sum_i P_{\max}^i} \tag{5-12}$$

其中，d 表示同时率；$P_{\max}^{\text{total}}$ 表示某组用户的综合最高负荷；$P_{\max}^i$ 表示用户 i 的最大负荷。

- 受电电压：用户接入电网的电压等级。电压等级影响用户的输配电成本；其对系统固定成本和变动成本都有影响。对于"固定成本"而言，低电压等级的用户要承担比高电压等级用户多出的低压线路和变电费用；对于"变动成本"而言，高压网的用户只需承担高压网损，而低压网的用户不仅要承担高压网损，而且要承担低压网损。

- 供电可靠性：可用用户平均停电时间、用户平均停电次数、系统停电等效小时数、供电可靠率等指标进行衡量；反映用户不同的用电可靠性需求对供电成本的影响；如果用户对供电可靠性的要求降低，则电力系统在一定程度上可以减少发、输电容量以及备用容量；如果用户由于本身的缺电成本高，对供电可靠性要求高，电网为满足用户的高可靠性要求需要提高固定成本的支出，如双路电源供电，以保证在电网设备故障时不切断或少切断该用户。

- 功率因数：有功功率与视在功率的比值[①]。用户的功率因数对固定成本和变动成本都有影响。对于固定成本来说，功率因数低的用户要比功率因数高的用户占用的电气设备容量大；对于变动成本来说，在消耗相同的有功功率的情况下，功率因数低的用户的负荷电流大，所以它所造成的电量损失也大。通过改善功率因数，减少了线路中总电流和供电系统中的电气元件，如变压器、电器设备、导线等的容量，因此不但减少了投资费用，而且降低了本身电能的损耗。由于良好功因值的确保，从而减少供电系统中的电压损失，可使负载电压更稳定，改善电能的质

---

① 有功功率是电路中实际消耗掉的电能；无功功率是在电路与负载间来回往返的电能；视在功率则是有功功率和无功功率之向量和，其既包含有负载消耗掉的电能，也包含有在电路与负载间往返的电能。

量。同时，通过优化该指标，可增加系统的裕度，挖掘出了发供电设备的潜力；若系统的功率因数低，则在既有设备容量不变的情况下，装设电容器后，可提高功率因数，增加负载的容量。

$$\cos\varPhi = \frac{P}{S} = \frac{P}{\sqrt{P^2 + Q^2}} \tag{5-13}$$

其中，$\cos\varPhi$ 表示功率因数；P 表示有功功率；S 表示视在功率；Q 表示无功功率。

④ 按用电可靠性需求的分类

电力负荷应根据对供电可靠性的要求及中断供电在政治、经济上所造成损失或影响的程度进行分级，并应符合规定的内容为

• 符合下列情况之一时，应为"一级负荷"：

情况Ⅰ——中断供电将造成人身伤亡；

情况Ⅱ——中断供电将在政治、经济上造成重大损失，例如重大设备损坏、重大产品报废、用重要原料生产的产品大量报废、国民经济中重点企业的连续生产过程被打乱需要长时间才能恢复等；

情况Ⅲ——中断供电将影响有重大政治、经济意义的用电单位的正常工作，例如重要交通枢纽、重要通信枢纽、重要宾馆、大型体育场馆、经常用于国际活动的大量人员集中的公共场所等用电单位中的重要电力负荷。在一级负荷中，当中断供电将发生中毒、爆炸和火灾等情况的负荷，以及特别重要场所的不允许中断供电的负荷，应视为特别重要的负荷。

提示 5-3

针对"一级负荷"需要注意：对一级负荷一律应由两个独立电源供电。

• 符合下列情况之一时，应为"二级负荷"：

情况Ⅰ——中断供电将在政治、经济上造成较大损失，如主要设备损坏、大量产品报废、连续生产过程被打乱需较长时间才能恢复、重点企业大量减产等；

情况Ⅱ——中断供电将影响重要用电单位的正常工作，例如交通枢纽、通信枢纽等用电单位中的重要电力负荷，以及中断供电将造成大型影剧院、大型商场等较多人员集中的重要的公共场所秩序混乱。

提示 5-4

针对"二级负荷"需要注意：二级负荷较重要的电力负荷对该类负荷供电的中断，将造成工农业大量减产、工矿交通运输停顿、生产率下降以及市人民正常生活和业务活动遭受重大影响等。一般大型工厂企业、科研院校等都属于二级负荷。

- 不属于一级和二级负荷者应为"三级负荷"。

> **提示 5-5**
> "三级负荷"并非不重要；而是相对于"一级负荷"和"二级负荷"而言，"三级负荷"中断供电在政治、经济上所造成损失或影响的程度相对较低。

⑤ 按工作制的分类

电力负荷按其工作制可分为三类。

- 连续工作制负荷

连续工作制负荷也称"长期工作制负荷"，是指长时间连续工作的用电设备，其特点是负荷比较稳定，连续工作发热使其达到热平衡状态，其温度达到稳定温度，用电设备大都属于这类设备。负荷比较稳定，如：泵类、通风机、压缩机、电炉、运输设备、照明设备等。

- 短时工作制负荷

短时工作制负荷是指工作时间短、停歇时间长的用电设备。其运行特点为工作时其温度达不到稳定温度，停歇时其温度降到环境温度，此负荷在用电设备中所占比例很小。例如机床的横梁升降、刀架快速移动电动机、闸门电动机等，这类设备的数量较少。

- 反复短时工作制负荷

反复短时工作制负荷也称"断续周期工作制负荷"，是指时而工作、时而停歇、反复运行的设备，其运行特点为工作时温度达不到稳定温度，停歇时也达不到环境温度；如起重机、电梯、电焊机等。反复短时工作制负荷可用负荷持续率(或称"暂载率")来表示。

第三节　电力需求侧管理

(一) 基本概念

(1) 综合资源规划

综合资源规划(integrated resource planning，IRP)是将资源供给者与资源需求者的各种形式资源作为一个整体进行的统筹规划。

> **提示 5-6**
> 虚拟电厂(virtual power plant，VPP)是种实现分布式能源(distributed energy resources，DER)大规模接入电网的区域性多能源聚合模式，可实现对大量分布式电源的灵活控制，从而保证电网的安全稳定运行。

> VPP 是一种通过先进信息通信技术和软件系统,实现分布式发电、储能系统、可控负荷、电动汽车等 DER 的聚合和协调优化,以作为一个特殊电厂参与电力市场和电网运行的电源协调管理系统。
>
> 虚拟电厂概念的核心可总结为"通信"和"聚合"。虚拟电厂的关键技术主要包括协调控制技术、智能计量技术以及信息通信技术。虚拟电厂最具吸引力的功能在于能够聚合 DER 参与电力市场和辅助服务市场运行,为配电网和输电网提供管理和辅助服务。因此,从某种意义上讲 VPP 可视为电力领域 IRP 中可统筹的一种资源。

(2) 应用思路及目的

① 综合资源规划应用于电力行业的基本思路

把需求者减少电量消耗和降低电力需求视为一种资源同时参与电力规划,通过对供电方案和节电方案进行成本效益分析,经过评价、优选,形成对社会、电力企业、电力用户等各方受益,成本最低,又能满足同样能源服务的综合规划方案。

② 综合资源规划应用于电力行业的基本目的

通过对需求者管理,能更合理有效地利用能源资源、控制环境质量、减少电力建设投资、降低电网运营支出,为电力用户提供最低成本的能源服务。

(3) 作用

综合资源规划的作用:①改变电力规划中传统的资源概念,旨在克服仅注重电源开发而忽视终端用电的倾向的局限;②改变传统的电力规划模式,旨在克服只注重局部利益而忽视社会整体效益的倾向,突出了综合经济效益的观念。操作流程如图 5-14 所示。

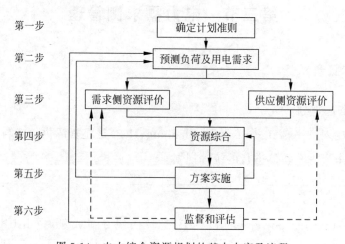

图 5-14 电力综合资源规划的基本内容及流程

（二）核心概念

（1）电力需求侧管理

电力需求侧管理（power demand-side management，DSM）是指电力企业采取有效的激励措施和诱导措施，并利用适宜的运作方式，与用户共同协力提高终端用电效率，改变终端用电方式，为减少电量消耗和电力需求所进行的管理活动（如图 5-15 所示）。

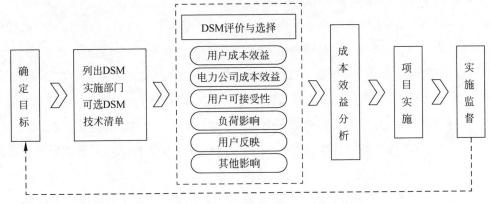

图 5-15　电力需求侧管理的基本内容及流程

（2）特色及定位

除了从综合资源规划的角度可理解电力需求侧管理的重要性，还可通过电力营销的售后服务角度深化对电力需求侧管理意义的认知。

电力需求侧管理与传统意义上的"用电管理"存在明显的区别：①DSM 特别强调电力企业的主体作用；②DSM 强调建立电力企业与电力用户之间的伙伴关系；③DSM 强调电力用户利益至上的能源服务理念。

（3）作用

① 可改善电网的负荷特性，提高用电负荷率。电力需求侧管理可以引导电力用户选择合理的用电时间，或者采用合理的蓄能方式，达到移峰填谷的作用。从而减少用电峰谷差，降低电力最大需求，提高用电负荷率，减少发电成本，提高电网安全性和经济性。

② 可降低电力用户的用电成本，减少电费支出。对直接参加电力需求侧管理的用户来讲，通过采用先进的用电设备和合理的用电方式可以减少电能消费，获得电力需求侧管理的直接效益。对没有直接参加电力需求侧管理的电力用户，可以通过电力需求侧管理的整体效益以及相对较低的电价获得电力需求侧管理的间接效益。

③ 有利于扩大用电需求，开拓电力市场。电力需求侧管理可以通过电力公司向电力用户推广一些用电设备，同时制定相应的用电优惠政策，让人们从使用煤、天然气转向更

广泛地使用电能,扩大电力需求,开拓电力市场。

④ 可减少污染排放,提高人民的生活质量。电能作为一种清洁、经济、高效、安全的能源,日益受到人们的喜爱。电力需求侧管理可以引导合理、经济地使用电能,减少污染的排放,保护环境,提高人们的生活质量。

(4) 管理内容

① 对资源进行调查

资源分为"供给方资源"和"需求方资源"。

- 供给方资源,是指电力企业可提供给用户的资源。主要包括：a)燃煤、燃油、燃气的火电厂；b)水电站；c)核电站；d)太阳能、风力发电厂；e)老电厂的扩建增容；f)外购电以及电力系统发、输、供电效率提高所节约的电力和电量。实际上,对一个地区而言,在规划期内能有条件纳入综合资源规划的供应方的资源是有限的。
- 需求方资源,是指电力用户的节电资源。主要包括。a)提高照明、空调、电动机、电热、冷藏等设备用电效率所节约的电力和电量；b)蓄冷、蓄热、蓄能等改变用电方式所节约的电力；c)能源代替、余能回收所减少和节约的电力和电量；d)合同约定可中断负荷所节约的电力和电量；e)建筑物保温等完善用电所节约的电力和电量；f)用户改变消费行为减少用电所节约的电力和电量；g)自备电厂参与调度后电网所减少供应的电力和电量。

② 选择管理对象

管理对象是指与减少供应方资源有关的终端用电设备以及与用电环境条件有关的设施。主要包括：

- 用户终端的主要用能设备,如照明、空调、电动机、电热、冷藏、热水器、暖气和通风设备；
- 与电能设备相互替代的用能设备,如燃气、燃油、燃煤、太阳能、沼气等热力设备；
- 与电能有关的余热回收设备,如热泵、余热锅炉、换热器等；
- 与用电有关的蓄能设备,如蒸汽蓄热器、热水蓄热器、电动汽车蓄电瓶等；
- 自备发电厂,如自备背压式、抽背式或抽汽式热电厂,柴油机电厂、余热发电和余压发电等；
- 与用电有关的环境设施,如建筑物的保温、自然采光等。

③ 设置管理目标

此时,考虑两个方面：一方面要以较少的新增装机容量达到系统的电力供需平衡；另一方面要减少系统的发电燃料消耗。

需求侧管理的目标主要集中在电力用户在电力和电量上的节约。

管理目标的设置一般以电力企业预期要达到的目标为准。在电力供应不足时,一般以节约电量为目标;在电力供需平衡时,一般以节约电力,提高负荷率为目标。

④ 制定政策、法规和标准

为了规范和推动电力需求侧管理,政府部门必须制定相应的法律政策和标准,以规范电力消费和市场行为。

⑤ 选择有效的管理手段

为了实施电力需求侧管理,完成电力需求侧管理计划,必须采用多种管理手段:技术手段、经济手段、法律手段以及宣传手段等。

⑥ 制订需求侧管理计划

根据资源调查的结果、选择的管理对象、设置的管理目标,结合政府制定的政策、法规和标准,以及可供选择的管理手段,制订中、长期电力需求侧管理计划。

⑦ 实施电力需求侧管理项目

根据电力需求侧管理计划提出的项目方案,经过评估和选择,确定可实施的项目方案。项目的实施有3种方式,如表5-1所示。

表5-1 电力需求侧管理的项目方案

序号	方式	内容
1	直接安装方式	电力公司直接组织施工力量,进行电力需求侧管理项目的具体施工。其优点包括:施工项目易于管理,工程进度和质量容易得到保证,项目成效准确。
2	折扣方式	折扣方式多集中在终端用电效率提高的项目。对于这类项目,待参与用户选定后,电力公司向他们提供高效节能设备或高效节能器具的购置费超支部分,用户承担与传统设备相同的那一部分购置费和施工,电力公司派员监督工程的全过程。
3	委托方式	委托方式就是由专门承担电力公司委托需求管理项目施工的能源服务公司负责实施。

⑧ 项目实施效果评价

从进程看,电力需求侧管理项目实施效果评价可分为:阶段性过程评价、效果评价和整体工程效果评价,如表5-2所示。

表5-2 电力需求侧管理的评价维度及内容

序号	维度	内容
1	阶段性过程评价	阶段性过程评价主要分析研究施工过程中存在的问题。
2	阶段性效果评价	效果评价主要评价阶段性目标的完成情况,包括分析需量节约、电量节约、费用开支与阶段性目标任务的差距,是否超出了目标任务规定的要求,并提出改进意见。

续表

序号	维度	内容
3	整体工程效果评价	整体工程效果评价主要是指在工程项目竣工投入正常使用后,对整体工程效果进行的评价。包括测算电力需求侧管理项目计划实施的需量及电量节约效果、评估费用使用情况等。

(5) 效应及影响

在明确工作目标的情况下(图 5-16),电力需求侧管理对电力供需的影响较为明显。通俗地讲,电力需求侧管理就是通过优化用户的用电方式来达到 2 个目的:①提高终端用电的效率;②优化供电的资源配置,最终达到社会、电力行业、用户共同受益的目的。

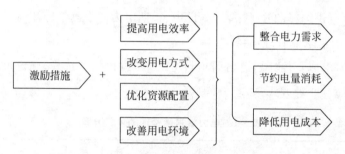

图 5-16 电力需求侧管理的工作目标

目前,实施需求侧管理的主要措施包括:峰谷电价;可中断电价;推广蓄冰(冷)空调、蓄热电锅炉、节能型光源、变频调速电机;安排错峰避峰计划、限电和拉路的序位表等。

第四节 电力需求侧管理手段

电力需求侧管理是一个系统工程。在选择管理手段前,应具备一个理性传递关系(图 5-17)。一般而言,可选择的管理手段包括技术手段、经济手段、法律手段以及宣传手段。

(一) 技术手段

电力需求侧管理的技术手段,是指针对具体的管理对象以及生产工艺和生活习惯的用电特点,采用先进的管理技术、节电技术及相应设备,改变用电负荷特性,提高用电效率。包括改变用户的用电方式、提高终端用电效率。

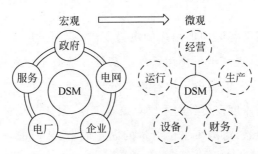

图 5-17 电力需求侧管理手段选择的理性过渡

(1) 改变用户的用电方式

改变用户的用电方式,是通过负荷管理技术来实现,根据电力系统的负荷特性,以削峰、填谷或移峰填谷的方式,以达到改变电力需求在时序上的分布。

① 削峰

是指在电网高峰负荷期减少用户的电力需求,避免增设其边际成本高于平均成本的装机容量,并且由于平稳了系统负荷,提高了电力系统运行的经济性和可靠性,可降低发电成本。

但削峰会减少一定的峰期售电量,相应会降低电力公司的部分售电收入。常用的削峰手段主要有两种。

- 直接负荷控制(direct load control,DLC),在电网高峰时段,系统调度人员通过远动或自控装置,随时控制用户终端用电的一种方法。直接负荷控制是随机控制,常常冲击生产秩序和生活节奏,大大降低了用户峰期用电的可靠性,多数用户不易接受,即使采用降低直接负荷控制的供电电价也不太受电力用户欢迎。直接负荷控制一般多使用于城乡居民的用电控制。

- 可中断负荷控制(interruptible load control,ILC),根据供需双方事先的合同约定,在电网高峰时段,系统调度人员向用户发出请求中断供电的信号,经用户响应后,中断部分供电的一种方法。可中断负荷控制是一种有一定准备的停电控制,电价偏低,有些电力用户愿意用降低用电的可靠性来减少电费开支。可中断负荷控制一般适用于工业、商业、服务业等对可靠性要求较低的用户。

就目前的电力技术水平而言,还不足以支持全部电力用户对短期价格信号作出反应;在此类技术还未得到广泛接受与应用之前,当需求超过供应时,参与主体可能会采用"数量准则"而非"价格准则"解决问题;换言之,在负荷高峰时段,为保证系统平衡,系统运行部门会切断系统中的部分负荷供应。切负荷的影响可采用"失负荷价值"(value of lost load,VoLL)来衡量,其数值可能远大于对应的电能生产成本,用户将难以承受该损失。

② 填谷

是指在电网的负荷低谷区增加用户的电力需求,有利于启动系统空闲的发电容量,并使电网负荷趋于平稳,提高了系统运行的经济性。填谷不但对电力企业有益,对用户而言,也会减少电费开支。但是由于填谷要部分地改变用户的工作程序和作业习惯,也增加了填谷技术的实施难度。填谷的重要对象是工业、服务业和农业等部门。

由于增加了销售电量,将减少单位电量的固定成本,从而进一步降低了平均发电成本,使电力企业增加了销售利润。常用的填谷技术有3种。

- 增加季节性用户负荷。在电网年负荷低谷时期,增加季节性用户负荷,在丰水期鼓励用户以电力替代其他能源,多用水电。
- 增加低谷用电设备。在夏季出现尖峰的电网可适当增加冬季用电设备,在冬季出现尖峰的电网可适当增加夏季的用电设备。在日负荷低谷时段,投入电气锅炉或采用蓄热装置电气保温,在冬季后半夜可投入电暖气或电气采暖空调等进行填谷。
- 增加蓄能用电。在电网日负荷低谷时段投入蓄能装置进行填谷,如电动汽车蓄电瓶和各种可随机安排的充电装置。

③ 移峰填谷

是指将电网高峰负荷的用电需求推移到低谷负荷时段,同时起到削峰和填谷的双重作用。移峰填谷既可以减少新增装机容量,充分利用闲置的容量,又可平稳系统负荷,降低发电煤耗,即负荷总量基本不变但分布趋于平均。

移峰填谷作用,一方面增加了谷期用电量,从而增加了电力公司的销售电量;另一方面却减少了峰期用电量,相应减少了电力公司的销售电量和售电收入。因此,电力系统的实际效益取决于增加的谷期用电收入和降低的运行费用对减少峰期用电收入的抵偿程度。

移峰填谷技术包括,采用蓄冷蓄热技术、能源替代运行、调整作业顺序、调整轮休制度等。

(2) 提高终端用电效率

提高终端用电效率,是通过改变用户的消费行为,采用先进的节能技术和高效设备,根本目的是节约用电、减少用户的电量消耗。

提高终端用电效率的措施较多,如:①选用高效用电设备;②实行节电运行;③采用能源替代;④实行余热和余能的回收;⑤采用高效节电材料;⑥进行作业合理调度以及改变消费行为等。

(二) 经济手段

电力需求侧管理的经济手段,是开拓节能市场、增强节电活力的最主要的激励手段,也是需求侧管理在运营策略方面的重点。其目的在于激励和鼓励用户主动改变消费行为和用电方式,减少电量消耗和电力需求。

主要措施包括电价抓手、免费安装服务、折让鼓励、借贷优惠、设备租赁鼓励等。

(1) 电价抓手

电价抓手主要考虑"电价水平"和"电价结构"两个方面。

① 电价水平

电价水平的合理性:电价水平过低会抑制用户节电的积极性和电力公司兴办电业的努力;而电价水平过高会抑制用户必要的电力需求。

② 电价结构

在电价结构方面,主要是制定一个面向电力用户可供选择的多种鼓励性电价。如容量电费、峰谷电价、分时电价、季节性电价、可中断负荷电价等。

- 容量电费,又称"基本电价",它不是电量价格,而是电力价格。以用户变压器装置容量或最大负荷需量收取电费,促使用户削峰填谷和节约用电。
- 峰谷电价,是电力公司根据电网的负荷特性,确定年内或日内高峰和低谷时段,在高峰时段和低谷时段实行峰谷两种不同电价,提供用户选择合适的用电时间和用电电价。
- 分时电价,是日内峰谷电价的进一步细化,电力公司按用电时点电价收费,激励用户更仔细安排用电时间。
- 季节性电价,是改善电力系统季节性负荷不均衡性所采取的一种鼓励性电价,有利于充分利用水力资源和选择价格相对便宜的发电燃料,降低电网的供电成本,特别在水力资源丰富的地区实行季节性电价会吸引更多的耗电大用户。
- 可中断负荷电价,是在电网高峰时段可中断或削减较大工、商业用户的负荷,电力公司按合同规定对用户在该时段内的用电按较低的电价收费。一般而言,可中断负荷电价是可中断负荷管理中供电部门给予电力用户的经济补偿。

(2) 免费安装服务

免费安装服务,是指电力企业为用户全部或部分免费安装节电设备以鼓励用户节电。由于用户不必支付费用或只需支付很少的费用,减轻了用户节电的投资风险和资金筹措的困难,很受用户的欢迎。

注意:免费安装服务适应于收入较低的家庭住宅和对需求侧管理反映不强的用户,同时节电设备的初始投资低,并且节电效果好。

(3) 折让鼓励

折让鼓励,是指给予购置特定高效节电产品的用户或推销商适当比例的折让。

作用:一方面,吸引更多的用户参与需求侧管理活动;另一方面,注重发挥推销商参与节电活动的特殊作用,同时促使制造商推出更好的新型节电产品。

(4) 借贷优惠

借贷优惠,是指向购置高效节电设备的用户,尤其是初始投资较高的用户提供低息或零息贷款,以减少用户参与需求侧管理在资金方面存在的障碍。

注意:电力企业在选择贷款对象时,应尽量选择那些"节电所带来的收益"高于"提供贷款而减少的利息收入"的用户。

(5) 设备租赁鼓励

设备租赁鼓励,是指把节电设备租赁给电力用户,以节电效益逐步偿还租金的办法来鼓励用户节电。

作用:该鼓励手段的特点在于有利于用户消除举债的心理压力,克服缺乏支付初始投资的障碍。

(三) 法律手段

电力需求侧管理的法律手段,是指通过政府颁布的有关法规、条例等来规范电力消费和电力市场行为。

注意:其一,立法属于电力领域的制度建设;其二,电力法律是能源电力战略管理的主要手段之一,其他手段还包括能源外交、能源规划、能源政策。一般性能源法律体系(图 5-18)。其中,电力领域的法律法规是该架构中的重要内容。

(四) 宣传手段

电力需求侧管理的宣传手段,是指采用宣传的方式,引导电力用户合理消费电能,达到节能的目的。

宣传手段主要采用的形式包括,普及节能知识讲座、传播节能信息、开展节能咨询服务、开办节能技术讲座、举办节能产品展示、宣传节能政策等。

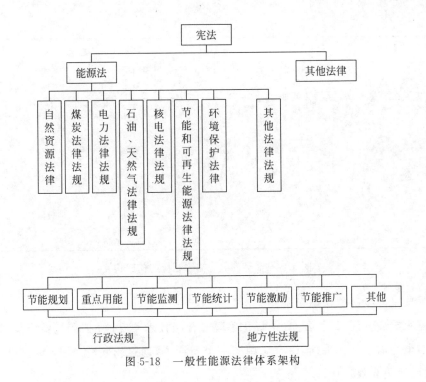

图 5-18　一般性能源法律体系架构

第五节　电力需求响应

(一) 基本概念

(1) 定义

需求响应(demand response, DR)是电力需求响应的简称。其实现过程依赖较为复杂的需求相应通讯架构(图5-19),基础设备包括智能电表、智能插座、智能温控器等;通信平台包括智能电网、家庭局域网(简称"家域网",HAN)、高级量测体系(AMI)。

【定义1】　是指当电力批发市场价格升高或电力系统可靠性受威胁时,电力用户接收到供电方发出的诱导性减少负荷的直接补偿通知或者电力价格上升信号后,改变其固有的习惯用电模式,达到减少或者推移某时段的用电负荷而响应电力供应,从而保障电网稳定,并抑制电价上升的短期行为。

【定义2】　是指电力市场价格明显升高(降低)或系统安全可靠性存在风险时,电力用户根据价格或激励措施,改变其用电行为,减少(增加)用电,从而促进电力供需平衡、保障电网稳定运行,是需求侧管理的解决方案之一。

(2) 原因

在需求响应开展以前,当电力供求矛盾突出时,更多的是靠实施有序用电、负荷控制

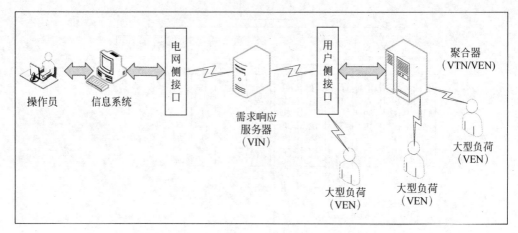

图 5-19 简易的电力需求相应通信架构

等行政手段来减少高峰用电负荷。

在需求响应开展以后,则是"市场化手段+智能技术+互联网"在大系统范围内将电力供应与电力需求优化平衡、综合应用的一个新探索,通过市场化方式给用户更多的选择权,更灵活更高效。

(3) 原则

需求侧响应的过程中,应坚持的原则包括:①安全可靠,有序实施;②公正平等,自愿参与;③创新技术,优化服务。

(4) 关系

"需求侧管理"和"需求响应"的关系:①前者的行为主体是电力企业,后者的行为主体是电力用户;②前者可能存在垄断性或指令性,后者则体现自主性、决定性以及机制性。

(二) 类型划分

按照电力用户不同的响应方式,将电力市场下的需求响应分为两类。基于价格的响应;基于激励的响应。

(1) 基于价格的响应

是指用户根据收到的价格信号,包括:分时电价(time of use pricing,TOU)、实时电价(real time pricing,RTP)和尖峰电价(critical peak pricing,CPP)等,相应地调整电力需求。

① 分时电价,是日内峰谷电价的进一步细化,电力企业按用电时点电价收费,激励用户更仔细安排用电时间。在分时电价机制中,固定电价转变为不同时段的不同价格机制,用电低谷价格下降,用电高峰价格上升,如峰谷电价、季节电价等。

② 实时电价,是在考虑运行和基本投资的情况下,在给定的极短时段(如 30min、

15min、5min)内向用户提供电能的边际成本。实时电价能反映短期的生产成本及用电量信息,能够指导用户优化用电。实时电价具有更快的电价更新周期,周期为一小时或更短。分时电价无法应对短期容量短缺等,因此实时电价更为合理。

③ 尖峰电价,是指在"电度电费"(按照电度表抄表来计算的)的大工业用电模块,每天 24 小时分为 4 个时段,即尖峰(18:00~22:00)、高峰(8:00~12:00)、低谷(0:00~8:00)、平段(12:00~18:00,22:00~24:00),各时段执行不同的差别电价,尖峰最高、高峰次之、低谷最低。实时电价对于量测基础设施和营销系统有较高要求,初期可以结合分时电价以及动态的尖峰电价。尖峰电价价格预先设定,提前一定时间通知用户,可以起到抵御突发用电高峰的效果。

(2) 基于激励的响应

是指需求响应实施机构根据电力系统供需状况制定相应政策,用户在系统需要或电力紧张时减少电力需求,以此获得直接补偿或其他时段的优惠电价。

参与用户获得的激励一般有两种方式:一是独立于现有电价政策的直接补偿;二是在现有电价基础上给予折扣优惠。

在需求响应计划实施前,通常需求响应实施机构要与参与用户提前签订合同,在合同中约定需求响应的内容(削减用电负荷大小及核算标准、响应持续时间、合同期内的最大响应次数等)、提前通知时间、补偿或电价折扣标准,以及违约的惩罚措施等。

为了让电力用户参与需求响应,电网企业可用的"工具"包括:

① 直接负荷控制:其执行机构远程控制用户设备避开高峰,提前通知。

② 可中断负荷:类似直接负荷控制,但需要得到用户同意方能控制设备开与关。

③ 需求侧竞价:用户可通过批发市场竞价或者合同订购的方式参加需求响应项目,投标时提供价格和削减负荷量,供电公司依据投标结果决定中标者。若中标者未按照要求削减相应负荷,将会受到惩罚。

④ 紧急需求响应:电力系统稳定性受到威胁时,供电方可利用紧急需求响应为用户减少负荷而提供补偿,用户则自愿选择参与或放弃。

⑤ 容量辅助服务计划:容量市场项目和辅助服务项目等。

扩展及推荐阅读

[1] 国家发改委、财政部联合发布《关于完善电力应急机制 做好电力需求侧管理城市综合试点工作的通知》(发改运行 703 号)(2015). https://news.bjx.com.cn/html/20150409/606609.shtml

[2] 罗伯特・S. 平狄克(Robert S. Pindyck),丹尼尔・L. 鲁宾费尔德(Daniel L. Rubinfeld). 微观经济学[M]. 7 版. 北京:清华大学出版社,2010.

[3] 施泉生. 电力需求侧管理[M]. 上海:上海财经大学出版社,2018.

即 练 即 测

第六章 电力交易

本章学习目标

通过对本章的学习,能够:
1. 了解电力交易类型划分的 2 个维度、电力交易的结算步骤;
2. 熟悉交易的 3 个基本属性、交易成本的定义及影响因素、3 种治理结构;
3. 理解合同交易与现货交易的区别;
4. 掌握 3 种分散交易模式、2 种集中交易模式。

第一节 交易的相关概念

(一)定义

"交易"的一般性理解:
① 交易原指以物易物,后泛指贸易或买卖;
② 交易是指双方以货币及服务为媒介的价值置换;
③ 交易是指买卖双方对有价物品及服务进行互通的行为;
④ 管理学上,交易是指企业与外部主体之间的价值交换行为;
⑤ 金融学上,交易是指机构单位之间根据签订的协议让渡所有权或使用权形成新的资产或负债产生的金融流量。

简言之,交易,即在过程中发现相对价格并实现价值的互惠交换。

(二)交易的基本属性

交易的基本属性包括:①交易频率;②资产专用性;③不确定性。

(1)交易频率

电力交易的频率是指单位时间内发电部门与购电部门(零售商和电力大用户)选择

交易所发生的次数。

频率的大小可影响：①电力单位次数交易量；②电力总交易费用；③电力单位交易成本。

由于交易分布的区间受限于其他两种属性，交易频率波动使得电力产品单位次数交易量和总交易费用是非固定的，因此交易成本的变化幅度也是不确定的。但在治理结构既定的情况下，电力交易频率的增加会使总交易成本相对平缓的增长。

(2) 资产专用性

资产专用性是指与电力交易相关的专用性资产，其形式主要有3种。

① 地点专用性：当发-输-配-售-用的布局既定，无论距离的远近，若电力交易的地点确定，则相应的资产也高度固定。

② 物质资产专用性：电力交易双方为了适应电力交易而进行的专用性机器设备投资；若机器设备挪作他用，其价值将大幅度降低。物质资产专用性与"敲竹杠"和机会主义行为之间高度相关。

③ 专项资产：当电力供给侧（主要为发电部门、输电部门和配电部门）为了增加供电能力向某一特定电力用户出售大量电力产品时，而进行的分立投资。一旦电力交易提前终止，电力供给侧会出现产能过剩而使生产力闲置。其他条件既定，专项投资对于电力交易的影响程度随合同（契约）规定的交易量相关。

(3) 不确定性

不确定性决定了交易属性的差异性，包括两种形式：①外部风险性，即"环境的不可预见性"；②内部风险性，即"个体生产率计量的困难"。电力交易不确定性的来源主要包括市场不确定性、规制不确定性、行为不确定性以及技术不确定性。

提示 6-1

"不确定性"与"风险"存在一定的差异。"不确定性"是指对于未来状况的分布范围和情况无法确知；"风险"是指当知道分布的时候面临的选择。若偏离（高于或低于）预期的部分是不确定性，则低于预期的部分才可视为风险。

（三）交易成本

交易成本（transaction costs），又称交易费用，是"所有发现相对价格的成本"，也是一种"关系成本"。从边界和范围看，"交易成本"可进行细分和解构如图6-1所示。

影响交易成本的因素包括两个方面："人性因素"和"属性因素"，如表6-1所示。

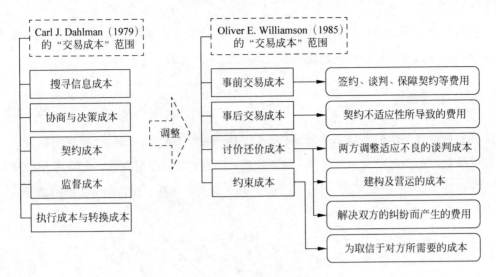

图 6-1 交易成本的解构

表 6-1 影响交易成本的主要因素

因素		经济学解释
人性因素	有限理性(bounded rationality)	在追求效益最大化时，交易主体由于身心、智力、情绪等因素所产生的限制约束。
	机会主义(opportunism)	交易主体为追求个人利益而采取了"诈欺"手法，增加了彼此的怀疑，从而导致监督成本增加。
	环境复杂性(environmental complexity)	交易主体将环境因素中不可预期性的变化纳入契约中，议价成本增加，导致交易困难度上升。
	少数交易(small numbers)	交易过程存在专属性(proprietary)，或异质性(idiosyncratic)的信息与资源无法流通，造成交易市场被少数人"控制"。
	信息不对称(information asymmetric)	由于环境的不可预期性和主体的自利行为，交易主体双方拥有信息的程度不同，使得市场先占者(First Mover)掌握较多的有利信息。
	气氛(atmosphere)	双方的互信程度和立场将影响交易关系，紧张的气氛和低效的交易形式将增加交易的困难及成本。
属性因素	交易频率(transaction frequency)	单位时间内，发电企业、电力用户和售电公司进行交易的发生次数。频率的大小可影响电力单位次数交易量、总交易费用以及单位交易成本。在治理结构既定的情况下，交易频率的增加会使总交易成本平缓增加增长。
	资产专用性(asset specificity)	由于发、配、用电而被"套牢"的资产，若移作他用，则资产价值会降低甚至毫无价值。包括：地点专用性(site specificity)、物质资产专用性(physical asset specificity)、特定资产专用性(devoted assets specificity)，有时也存在一定的人力资本专用性(human asset specificity)。
	不确定性(uncertainty)	电力交易主体间的(当期和预期)收益和成本的不确定、受制度和政策影响的不确定、对社会经济系统稳定影响的不确定，以及"讨价还价"过程复杂程度的不确定。

从新制度经济学的角度看,"成本节约"是交易成本经济学的主要问题;且交易成本的大小会由于治理结构的不同而发生改变。

(四) 治理结构

在新制度经济学的领域,"治理结构"不仅是一种契约行为,还是一种契约机制。一般性经济组织的治理结构包括3种:①市场制;②混合制;③层级制。若以专用性资产作为计量标准,一般情况下,不同治理结构中的交易成本会基本保持图6-2中的规律。

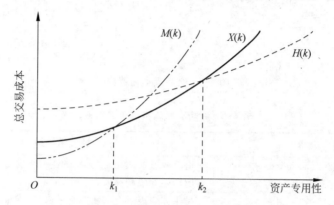

图 6-2　不同治理结构下资产专用性与交易成本的关系

其中,$M(k)$ 表示资产专用性 k 的市场制交易成本函数;$X(k)$ 表示资产专用性 k 的混合制交易成本函数;$H(k)$ 表示资产专用性 k 的层级制交易成本函数;k_1 为市场制与混合制的交点;k_2 为混合制和层级制的交点。因此,若仅考虑资产专用性(或专用性资产),合理的交易成本应为3条曲线的包络线。

(1) 市场制

若其他条件既定,当管理协调摩擦严重于市场交易摩擦时,则电力交易过程需通过电力市场实现。

当存在一种风险时,电力价格可作为有效的信号和统计工具,电力交易双方便可自发地进行调节。此时购售电双方获得各种最优利润,各方均具有较强的激励以降低成本并有效适应。市场制的激励相对高效,但其相对强烈的激励可带来相对较差的协作。

一般情况下,通过市场配置资源无法实现电力资源的最优配置,则称为"市场失灵"。若其他组织形式(治理结构)替代电力市场交易可减少电力交易成本,则也称此时的电力交易存在"市场失灵"。

综上可知：若存在某种风险，此时的电力市场价格可作为信号和统计工具，则电力交易双方可自发地进行调节。当交易双方获得各种最优利润时，各方均具备较强的激励以降低成本。

（2）层级制

若电力交易双方具有双边依赖性，可通过层级制安排协调适应性机制以及处理风险机制。"层级制"即内部组织，包括企业、规章以及公共机构等。

十类电力经济主体中的"垂直一体化公共事业部门"即为"层级制"的一种。其优点包括：①层级制可避免电力有效投资与电力有效连续性生产决策之间的矛盾；②层级制可避免购售电双方的机会主义讨价还价行为；③层级制可避免要素比例扭曲，通过合理的电力配置，恢复有效的要素组合；④层级制既可规避中间产品营业税，可放松电力交易配额限制和电力价格控制。

综上可知：若电力涉及双边依赖性，交易可通过层级制进行实现，并由此安排协调适应性机制以及风险处理机制。因此，在不考虑公平问题的条件下，"供给侧一体化"和"需求侧一体化"可促进总产出最大化。

（3）混合制

"混合制"包括长期契约（合同）、互惠贸易、管制、特许经营等模式。其比市场制更具弹性，比层级制更具规范性。在激励性、适应性以及官僚主义成本等诸多方面，均介于市场制和层级制之间。

混合制有效性的保证主要体现在3个方面。

① 避免出现由于复杂性而带来的"事后套牢"。在电力交易过程中，若受限于复杂的供需关系，长期契约将可有效地减少单方面的机会主义行为。"套牢"发生的原因有两种，要么是由于代理方（agent）行动后无法得到合理的补偿，要么是由于委托方（principal）担心代理方采取不恰当的行为。

② 存在合理的"谈判机制"和"私人冲突解决机制"。当电力交易一方出现不履约行为时，就需要有效的谈判机制和私人冲突解决机制调解双方的矛盾以保证双方的利益。由于混合制具有规范且弹性的特点，因此，其将明显促进交易双方的有效沟通。

③ 可与其他模式的同时混合、协同使用。购售电业务作为经济不可或缺的服务，其交易过程涉及面广、交易行为影响面大，因此其交易分布也应相对分散。与其他模式的协调性也是混合制适用效率的集中表现和主要优点。

（五）维度化治理

属性不同的交易可通过成本和效率不同的治理结构，以一种区别性优化交易成本的方式进行匹配。

在电力体制改革的过程中,为了改善产业的经济绩效,将"交易"与"治理结构"进行协调匹配。造成治理结构差异化的关键因素包括3个方面:①激励性;②控制性;③适应性。比较结果如表6-2所示。

表6-2 治理结构的特征比较

	市 场 制	混 合 制	层 级 制
激励强度	＋	0	－
行政控制	－	0	＋
适应性 A	＋	0	－
适应性 C	－	0	＋

说明:"－"表示弱度;"0"表示中度;"＋"表示强度。

(1) 激励性

市场制的激励结果使得自发交易者既无合法收益的索取权,又不必承担损失的责任。此时,即使是在分配收益或弥补损失的情况下,也不存在人为操作财务制度的可能性。

层级制虽然降低了激励强度、增加了官僚主义成本,但此时,不仅收益索取权和损失连带责任问题易于解决,而且可通过财务系统实现资源的重新分配。

混合制的激励性介于市场和企业之间。

(2) 控制性

交易对行政控制的依赖主要体现在两个方面:

一方面,相对于企业间的管控机制,企业内部控制的效率更高;

另一方面,较多的激励会阻碍双边适应性,则此时可通过行政控制(如监管、奖励或惩罚)弥补较弱的激励强度。

(3) 适应性

经济组织的核心问题在于适应性。界定两种适应性:

① 适应性A,将价格作为统计工具,使得社会技术系统中相应经济部门的效用或利润最大化,以此表示"自发性反应";

② 适应性C,针对协调性行为和非竞争性合作的重组需求,即在频率、重要性等诸多方面有所增加,用以说明"相互协调反应"。

第二节 电力交易的类型

电力交易,是指在购售电双方进行电力买卖的过程中,发现相对的电力价格并实现电力产品及服务价值的互惠交换行为。理论上,电力交易的类型划分可选择两个维度,即"时序"维度和"模式"维度(图6-3)。时序维度上,电力交易的类型分为:①合同交易;②现货交易。模式维度上,电力交易的类型分为:①分散交易;②集中交易。

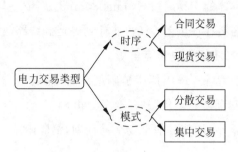

图 6-3 电力交易的类型划分

(一)时序维度

按照电力交易实际发生的时间作为参考系,电力交易可分布在一个坐标轴上,如图 6-4 所示。

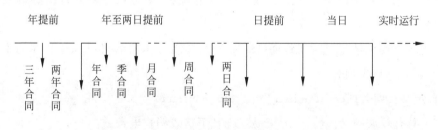

图 6-4 电力交易在时间轴上的分布

(1)合同交易

合同交易:也称(中长期)合约交易。

时间跨度:周、月、季、年或一年以上。

交易形式:既可以为多边竞价形式,也可以为双方协商签订。

选择目的:规避市场(价格、电量)风险,保证交易的安全性、连续性和有序性。

(2) 现货交易

在现货交易的过程中,可按照时间的远近进行细分。

① 日前交易

时间跨度:未来 24 小时的电力交易,分成 24 个、48 个或 96 个交易时段。

交易形式:交易日负荷曲线上,先安排合同交易的电量,剩余负荷按时段竞价上网,并进行安全校核。

② 实时交易

时间跨度:下一个具体的交易时段,15min、30min 或 1h。

存在原因:负荷预测会存在偏差;机组非计划停运和线路故障等。

相关措施:实时竞价、不平衡电力竞价等。

注意事项:发电计划管理——当负荷预测偏高时,需调整交易计划、削减发电出力;电网阻塞管理——若线路潮流达到极限时,会危及电网安全。

根据增量购电成本最小,调整日前市场交易计划,消除阻塞。

(二) 模式维度

(1) 分散交易

分散交易,也称"双边交易",属于开放式交易。电力交易主体是分散的,需要各自寻找交易对象,协商制定"交易方式""成交价格"以及"交易量"等要素,且交易信息可不公开。分散交易的特点是只有一个购买者与一个销售者,交易双方可以自由签订双边合同,无须第三方的参与、干扰或推动。

依据电力交易的数量及时间跨度(图 6-5),购买者与销售者可以选择具体的不同双边交易形式,包括以下内容。

① 自定义长期合同(customized long-term contract)

特点:具有较大的灵活性,电力交易双方私下达成购售电条款。

条件:涉及的交易电量较大(数百或数千兆瓦时),并且时间跨度较长(几个月或几年)。

注意:自定义长期合同会产生较大的交易费用。

② 场外交易(trading "over-the-counter",OTC)

又称"柜台买卖"或"店头交易"。

特点:采用标准合同形式,主要应用于中、短期数量较小的电能交易。

条件:规定了一天与一周之内各时段应交付的标准电能数量。

注意:交易费用比较少;若在实际交割即将发生前的很短时间内,购售电双方想要对交易情况进行调整,可使用此类合同。

③ 电子交易（electronic trading）

电子交易中，随着交割期限的来临，发电企业与零售商（大用户）会重新调整自身的电量与电价，在市场关闭前的几分钟或者几秒钟内，往往会发生大量的交易行为。

特点：在数字化环境里，售电方进行匿名报价（bid）、购电方进行匿名投标（offer）；交易执行程序会对报价所对应的交付时段进行扫描，寻找与之匹配的投标。

条件：若某一投标高于或等于报价时，即自动达成一笔交易，成交数量与价格会发布；若无合适的投标，该报价会被添加到未成交报价序列。三种情形下报价会被清除出该序列，①找到匹配的投标；②报价撤销；③对应时段的市场关闭而造成流标。若系统中出现新的报价，采取的做法相同。

注意：该交易形式相对便捷且成本低廉。

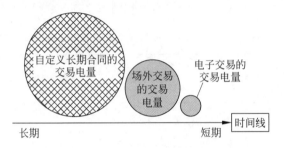

图 6-5　三种分散交易方式的数量及时间特征

在实际过程中，电力分散（双边）交易还会被附加其他的属性；如在上述三种形式的基础上，考虑"地域跨度""时间跨度""交易主体"以及"交易标的"等属性，则还可进行细分，种类包括：

- 按地域跨度划分为——跨区（省）双边交易、区域（省）内双边交易；
- 按时间跨度划分为——远期双边交易、日前双边交易；
- 按交易主体划分为——发供电商间双边交易、发供电商—售电商双边交易、发供电商—中间商双边交易、发供电商—大用户双边直购交易、售电商—用户双边交易、中间商—用户双边交易；
- 按交易标的划分为——实物双边交易和金融双边交易、电量双边交易和容量双边交易、电能双边交易和服务双边交易。

例题 6-1

西梁女儿国电力公司会在西梁电力交易所进行双边交易。

已知：西梁女儿国电力公司拥有 3 台发电机组，具体参数如表 6-A 所示。为简化分析，规定上述机组的边际成本在运行范围内恒定不变；有且仅有机组 C 的启动成本可忽略不计;机组 A 和机组 B 存在较大的启动成本,因此会尽量让机组 A 始终保持与系统相连、让机组 B 尽可能在白天多发电。

表 6-A 西梁女儿国电力公司 3 台发电机组的经济参数

机组	类型	最小出力限制(MW)	最大出力限制(MW)	边际成本(元/MWh)
A	大型火电	100	500	10.00
B	中型火电	50	200	13.00
C	燃气轮机	0	50	17.00

此时,西梁女儿国电力公司在该时段(13:00—14:00)的全部可用发电容量为 3 台机组最大出力限制之和:500+200+50=750MW。

表 6-B 汇总了某日 13:00—14:00 时段(1 个小时)所有相关的双边交易情况:

表 6-B 某日 13:00—14:00 时段西梁女儿国电力公司的双边交易情况

序号	交易类型	签订时间	购电方	售电方	电量(MWh)	电价(元/MWh)
1	自定义长期合同	1 个月前	宝象国钢铁公司	西梁女儿国电力公司	200	12.50
2	自定义长期合同	3 个月前	乌鸡国机械制造集团	西梁女儿国电力公司	250	12.80
3	场外交易	3 天前	祭赛国化肥厂	西梁女儿国电力公司	100	14.00
4	场外交易	5 天前	西梁女儿国电力公司	朱紫国电力公司	30	13.50
5	场外交易	1 周前	宝象国钢铁公司	西梁女儿国电力公司	50	13.80

注意:在第 4 笔交易中,西梁女儿国电力公司为了赚取一定的利润,将利用远期市场上的价格波动回购一部分电能。由此可知,西梁女儿国电力公司已经签订售电合同的电量总量为:200MWh+250MWh+100MWh+50MWh=600MWh;已经签订购电合同的电量总量为:30MWh。因此,在 13:00—14:00 时段西梁女儿国电力公司所签订的净交易电量为:600MWh−30MWh=570MWh。

根据已知条件,可得 13:00—14:00 时段机组 B 还拥有的空余容量为:200MW−(570MW−500MW)=130MW。

在当日中午,西梁女儿国电力公司的值班交易员国师上线,并必须决定是否需要通过基于电子交易的西梁电力交易所调整西梁女儿国电力公司的交易安排。西梁电力交易所的交易屏上显示了待交易的报价与投标,如表 6-C 所示。

表 6-C 西梁电力交易所中待交易的报价与投标

13:00—14:00	标示符	电量(MWh)	电价(元/MWh)
售电报价	Bid5	20	17.50
	Bid4	25	16.30
	Bid3	20	14.40
	Bid2	10	13.90
	Bid1	25	13.70
购电投标	Offer1	20	13.50
	Offer2	30	13.30
	Offer3	10	13.25
	Offer4	30	12.80
	Offer5	50	12.53

根据交易经验，在竞争对手未采取行动前，国师决定先赢得购电投标 Offer1、Offer2 与 Offer3；其原因为：第一，3 项投标的用电总量为 60MWh，B 机组还有 130MW 的空余容量可在该 1 小时内提高出力；第二，3 项投标的电量价格高于机组 B 的边际成本(13.00 元/MWh)，因此会带来一定的利润。

在完成上述交易后，国师需要将该时段内调整后的生产指令下达到西梁女儿国电力公司的 3 台发电机组：机组 A 需按额定功率 500MW 进行发电，机组 B 的出力水平为 130MW，而机组 C 依然处于待命状态。

在西梁电力交易所即将停止 13:00—14:00 时段的交易之前，国师接到机组 B 运行人员的通知：机组 B 突发机械故障；即使恢复发电，最多仅可提供 80MW 的出力。

国师意识到该故障会给西梁女儿国电力公司带来损失，而她可选择的解决方案包括。

【方案 1】 什么都不做，任由西梁女儿国电力公司少提供 50MW 的出力；此时西梁女儿国电力公司需要以现货市场价格进行补偿。

【方案 2】 启动机组 C，补足这一缺额。

【方案 3】 尽可能在西梁电力交易所内购买替代电力。

由于现货市场的价格变化具有不确定性，国师对【方案 1】的接受程度很有限。为此，国师决定比较【方案 2】与【方案 3】的可行性，即能否在西梁电力交易所内以低于机组 C 边际成本的价格购得替代电力。

此时，国师已是西梁电力交易所内最后一个交易者；此前的报价已经消失，同时也出现了一批新的报价，如表 6-D 所示。

表 6-D 西梁电力交易所的新交易情况

13:00—14:00	标示符	电量(MWh)	电价(元/MWh)
售电报价	Bid5	20	17.50
	Bid4	25	16.30
	Bid3	20	14.40
	Bid6	20	14.30
	Bid7	10	14.10
购电投标	Offer4	20	12.80
	Offer6	30	12.70
	Offer5	50	12.53

根据最小交易信息,国师将立即决定选择报价 Bid7、Bid6 和 Bid3；其原因为：第一、第三项报价能补足该时段内的合同不平衡电能(50MWh)；第二,所支付的购买费用低于机组 C 的发电成本(17.00 元/MWh)。

最终,当该时段(13:00—14:00)的交易结束时,西梁女儿国电力公司总计应提供出力为：500MW＋80MW＝580MW。

(2) 集中交易

购售电双方主体集中在一起进行电力买卖,买方和卖方集体报价,市场交易中心按交易剩余最大化安排交易,并确定"中标交易主体""交易量"和"结算价格"。

电力的集中交易模式,又可分为两种：①电力库模式；②集中竞价模式。大部分的电能可通过开放式交易(双边交易、电力库交易)进行实现,但开放式交易模式无法保证电力系统的可靠性。为了弥补开放式电能交易模式的不足,需要建立一个集中竞价模式管理现货市场,以解决在实际电能交割时的负荷与发电不平衡问题。

① 电力库模式

背景：既然电能在从发电机流向负荷时是"混合"在一起的,因此电能交易也可通过集中方式进行；并且全部供给侧与需求侧都必须同时参与。参考"混合商品库"的交易形式,建立了"竞争性电力库"(electricity pool)的概念。

原因：在电力行业刚引入市场竞争机制时,"双边交易"曾被视为极大地偏离了电力系统的物理实际情况。

形式："电力联营体"是在较早的时候由垄断公用事业公司联合相邻的服务区所创立的。

电力库,也称"电力联营体",属于开放式交易,是指电力买卖双方通过联营体方式进行投标、报价以及物理交易的经济行为,是一种用于处理剩余电量的集中交易模式,且最终整个"库"中形成一个统一的电力交易价格。

电力联营并非一个全能性独立经营单位；其成员关系比企业松散、比市场紧凑,属于一种组织、协调成员间联合活动的"混合制"治理结构。电力库还可进行细分为两种情况:【情况1】若所有的电力物理交易均需通过联营体实现,则称为"强制性电力库";【情况2】若允许存在不通过联营体模式实现电能物理交易,则称为"自愿性电力库"。

电力库采用了一种系统性的方法来确定交易均衡匹配。尽管可能存在某些方面的变化,但电力库的基本运营模式大致上可总结如表6-3所示。

表6-3 电力库模式的执行步骤

步　　骤	内　　容
第一步	发电公司针对交易时段提供发电报价(bid),标明其供电数量与对应价格。报价按照从低到高的顺序排列,据此得到一条表示价格与累计数量关系的函数曲线;该曲线为"库"中的供应曲线。
第二步	电力用户提交包含量价信息的投标(offer),并按照价格从高到低的顺序进行排列,可得到需求曲线。由于电力需求弹性极低,这一步有时会被省略掉;然后直接以负荷预测值作为市场的电能需求。
第三步	系统均衡匹配点即为上面所"构造"出的供应曲线与需求曲线的交点。所有价格低于或等于出清价的报价都会被接受,发电公司需按照其中标报价所对应的电能数量组织生产;所有价格高于或等于出清价的投标都会被接受,用户可依据其中标投标所对应的数量从系统中获取电能。
第四步	"系统出清价"代表新增单位电能的价格,又被称为"系统边际价"(system marginal price,SMP)。无论双方提供的投标与投标是多少,发电公司均以系统出清价出售其生产的全部电能,而电力用户则需要支付系统出清价购买所需的电量。

例题 6-2

已知:某日9:00—10:00时段,车迟国电力库已接收到的报价与投标如表6-E所示。

表6-E 车迟国电力库某日9:00—10:00时段的报价与投标

9:00—10:00	交易主体	电量(MWh)	电价(元/MWh)
报价	甲	200	12.00
	甲	50	15.00
	甲	50	20.00
	乙	150	16.00
	乙	50	17.00
	丙	100	13.00
	丙	50	18.00
投标	丁	50	13.00
	丁	100	23.00
	戊	50	11.00
	戊	150	22.00
	己	50	10.00
	己	200	25.00

问题：

① 由报价与投标，绘制车迟国电力库中的供应曲线与需求曲线。

② 由各交易主体中标的电量，求得各售电主体和各购电主体所对应的收入与费用。

解答：

① 利用报价与投标累加的方法，图 6-A 中显示了车迟国电力库中的供应曲线与需求曲线。根据两曲线交叉点位置坐标，可得到给定交易时段的系统边际价等于 16.00 元/MWh，且车迟国电力库在 9:00—10:00 时段的总成交量 450MWh。

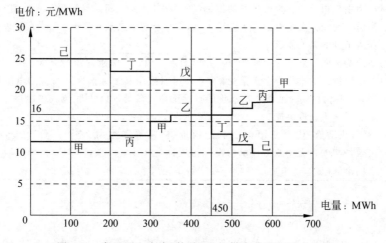

图 6-A 车迟国电力库"构造"出的供应曲线与需求曲线

② 根据均衡价格与均衡电量的结果，表 6-F 中列出了各售电主体中标的电能生产数量以及各购电主体中标的电能消费数量，同时还给出了各公司对应的收入与费用。

表 6-F 各售电主体和各购电主体所对应的收入与费用

交易主体	售电量(MWh)	购电量(MWh)	收入(元)	费用(元)
甲	250		4 000	
丙	100		1 600	
乙	100		1 600	
己		200		3 200
丁		100		16 00
戊		150		2 400
总计	450	450	7 200	7 200

以上，由此得解。

举例 6-1

　　自 1950 年以来,英国电力工业的发展可划分为两大阶段。

　　第一阶段是 1990 年实行"私有化"以前,以垂直一体化运行模式为特征。

　　第二阶段是 1990 年以后,可细分为 3 个时期:第一个时期(1990—2001 年)以电力库(Power Pool)运行模式为特征,全部电力交易均在电力库中进行,称为"Pool 时期";第二个时期(2001—2005 年)以实施"新电力交易协议"(New Electricity Trading Arrangements,NETA)为标志,以发电企业与电力用户可签订"双边合同"为特征,称为"NETA 时期";第三个时期(2005 年至今)以实施"不列颠电力交易和传输机制"(British Electricity Trading and Transmission Arrangements,BETTA)为标志,将苏格兰地区加入英国电力市场中(此前的电力市场改革仅涉及英格兰和威尔士地区),以全英国的电力系统归一个机构统一经营为特征,称为"BETTA 时期"。

　　自 NETA 模式起,英国形成了以双边交易为核心的电力"生产-交易-监管"体系。以 NETA 代替了 Pool 模式,建立了双边合同市场和平衡机制市场。与电力库模式比较,NETA 模式丰富了交易类型(如场外交易、标准产品、电力交易、期权交易、收益互换、其他金融工具以及现货市场交易)。2004 年英国的《能源法》提供了 BETTA 的法律框架,至今 BETTA 一直按计划实施。

　　由此可见,英国电力交易是一个较为松散的配置结构,大部分交易以双边交易合同的形式实现,存在于发电商和供电商之间;另外一部分的交易以现货交易形式,通过电子的独立电力交易所。

② 集中竞价模式

背景:电力交易双方的合同购买量或销售量与其实际需要量或生产量之间,总是会存在一定的差异。

问题:电力供需中,需要提供一种补偿"不平衡量"的机制。如果希望将电能当成商品进行交易,相应地就需要建立一个平台——现货市场(spot market)[①]。但是,发电与负荷不平衡必须在极短的时间内得到纠正,传统的现货市场难以满足该要求。

方案:系统运营商负责系统平衡任务,其通过运营所谓的现货市场"集中竞价"以保证系统的平衡。

注意:采用集中竞价的办法时:①平衡电力系统所用的电能来自于市场成员的自由报价,报价由参与成员自己决定,因此其可视为一种"市场机制";②又因为集中竞价模式决定了不平衡量的结算价格,因此需要现货交易,但该方式是一种集中交易,报价与投标

[①] 除了"现货市场"外,常用的还有"备用市场"、"平衡机制"等不同的叫法。

的中标情况取决于第三方(即系统运营商)而非交易双方;③在电能开放式交易市场关闭后,交易成员才会向系统运营商提交平衡服务申请。

集中竞价,是指电力现货市场上多个资源交易主体,同时通过特定系统、按照一定价格进行平衡资源交易的方式,一般按质量优先、价格优先、时间优先的原则进行,属于指令式交易。

如果市场参与者能够准确地预测出他们将要消费或者生产多少电能,并且提前预测的时间足够长,则参与者自身就可通过交易弥补电能不足或者吸收多余的量,系统运营商也就不用采取平衡措施了。实际的电能总是存在微小的不平衡,系统运营商因此必须对发电或负荷进行调整。随着时间的累积,发、用电调整转化成电能购售交易,可按照现货价格对之进行结算,因此,"电力现货价格"反映了交易成员进行电能调整的意愿程度。总之,电力集中竞价模式的核心是平衡资源的获取。

为了与自由竞争市场原理相一致,即使所有市场参与者愿意调整自身的生产或消费,其也只能在"竞争"的基础上进行调整。唯其如此,系统运营商才有可能获得最为广泛的平衡资源,平衡成本才可以被降至最低。

交易市场关闭之后,发电企业与电力用户需要将合同成交情况(即它们准备在各交易时段生产或消费的电能数量)通知给系统运营商①。系统运营商将综合各合同以及它对系统负荷的预测信息,确定系统可能会出现多少不平衡量。如果发电超过负荷,则说明系统存在"冗余"。如果情况相反,则认为系统会发生"短缺"。系统运营商须权衡平衡资源的报价与投标,用以消除系统中的电力不平衡现象。在开放式电能交易的市场关闭后,系统运营商所接收的申请中,存在两种情况。

【情况1】 发电企业提供平衡资源。此时的发电企业会存在两个方面的考量:一方面,没有满载的发电机组可提交"增出力报价"(或称"上调报价")——该方案可视为直接调用发电企业的空闲容量。另一方面,已经安排发电计划的发电机组也可给出"减出力投标"(或称"下调报价")——该方案可视为提交这样一种投标的发电机组,其实际上相当于在现货市场上购买"便宜"的电能替代自身发电;如果"减出力投标"对应的微增购电价格(支付给其他替代性发电机组的价格)低于微增发电成本(自身发电时投入的要素成本),此时对于机组而言,就可以因此而获利。

【情况2】 电力用户提供平衡资源。如果某时段的电价高于电力用户所认定的电能使用收益,则用户将选择减少电力消费。同样,在电价较低时,电力用户可决定增加其电力消费量。因此,电力需求响应的一个重要优点在于其可以在非常短的时间内实现。

---

① 若以系统运营商负责运营的"电力库"作为电力市场的建立基础,则系统平衡职能与电力市场职能之间会存在紧密的联合,难以截然分开。

值得注意的是：对于系统运营商而言，平衡资源的报价和投标是在实时运行前很短的时间内提交的，因此，系统运营商可能会担心平衡资源的获取风险，即投标所对应的"量"或"价"。为了避免发生风险，系统运营商可通过签订长期合同购买平衡资源。此类长期合同就等效于金融与商品市场上所使用的"期权合同"，其目的均为规避购买者（即系统运营商）将面临的价格上升风险，同时保证供应商（即平衡资源的提供者）能够获得一定的收入。此时，发电企业需要确保一部分发电容量的可用性。作为回报，发电企业可以按照某一固定价格（通常被称为"期权费用"）取得收益。长期合同还会规定系统运营商调用该容量电能的价格（也被称为"执行费"）。与购买相同数量的短期平衡资源花费相比，只有当合同的执行费更低时，系统运营商才会调用该资源。

综上所述，第一类不平衡问题中，虽然电能交易主体预测误差导致的不平衡量相对有限、变化比较缓慢，且可在一定程度上进行把握，但是系统故障所带来的电能不平衡通常都比较大，且往往比较突然，难以预测。尽管如此，许多发电机组可以按照一定的速率调整出力。第二类不平衡问题中，发电机组需要能够快速增减出力，同时还必须将出力变化维持一段时间；在分析系统安全时，将会涉及对"备用发电容量"问题的讨论。

此外，还应注意到实际上，电力供需双方均不可能毫厘不差地履行合同规定的电能数量，主要问题出在"预测误差"与"不确定性故障"。首先，一组电力用户的实际负荷需求总是不会恰好等于预测值；其次，发电机组经常会发生一些不可预测的故障，这会妨碍它履行合同的能力，突发的机械或电气故障会迫使机组关停或者降低其发电出力。此外，还有一些非常琐碎的问题，可能会推迟机组与系统的并网运行时间，从而影响电能的准时交付。保持系统平衡所需全部电能的价值并不一样。为了获得平衡系统所需要的单位电力，既可以稍微增加发电机组的出力，也可以切断负荷。但前一种做法的代价明显要低于后者，所以系统运营商需要比较各种平衡资源的成本，选择以最小的成本实现系统的平衡。因此，发电企业与电力用户在进行平衡资源供应报价或投标时，不能仅仅给出量与价，双方还需要说明改变功率所需要的调整时间。

第三节 电力交易的结算

商业性交易一般可以由交易双方直接进行结算。在销售者向购买者交付商品之后，购买者按照协议价格向销售者付款。如果实际交付数量少于合同量，购买者有权减少付款数量。同样，如果购买者的实际消费超过规定数量，销售者将有权收取额外的款项。

对于电力市场的结算流程而言，电力从发电企业送到电力用户时，电能商品是混合在一起的，这正是需要建立集中结算系统的原因。对于电力的"双边交易"和"电子交易",交易双方可以直接收付款,或通过作为中介的电力交易所进行结算。但问题在于,合同履行情况总是不可能那么恰好,存在两种情况。①一旦某发电企业的电能生产数量与合同规定数量不一致,其影响又不可能仅通过减少该发电企业对应电力用户的需求就能够消除。为了保证系统的稳定性,系统运营商需要在集中竞价模式的现货市场上购买替代电能。②如果大用户或零售商的消费数量少于购买量,系统运营商应当在集中式现货市场上出售多余的电能。

因此,电力交易的结算相对复杂。电力交易的结算步骤,可从两个角度进行总结。

① 原则上,从主体部门模块的角度,总结结算步骤如表 6-4 所示。

表 6-4 主体部门模块的角度总结结算步骤

步 骤	内 容
1	双边交易,发电企业与对应的电力用户直接结算。
2	电力交易所中的交易是匿名的,可以通过电力交易所进行结算。
3	系统运营商(或者它的结算部门)负责对现货市场中的集中竞价交易模式的电能(包括自愿与强迫两类)进行结算。

② 操作上,从交易业务模块的角度,总结结算步骤如表 6-5 所示。

表 6-5 交易业务模块的角度总结结算步骤

步 骤	内 容
1	确定各交易成员的"净成交量"。
2	各发电企业需向结算系统提交其在各交易时段以合同形式出售的净电能数量(包括集中式现货市场上交易的电能交易数量)。将其"实际电能生产量"减去"净电能交易量"——如果差量为正,发电企业必定已经向系统出售了该数量的多余电量;如果差量为负,发电企业则被视为从系统中购买了该差量。
3	所有大用户与零售商需要向结算系统提交其在各交易时段以合同形式购买的净电能数量(包括集中式现货市场上的电能交易数量)。将"实际电能消费量"减去"净电能数量"——根据差值的正、负号情况,大用户或零售商被视为向系统出售或购买了该不平衡量。

第四节 电力交易的管理

经过平衡管理之后,所有双边合同貌似得到了完全的执行,但平衡管理本身仍存在成本。在大多数情况下,系统运营商购买代替电能支出的费用与出售多余电能实现的收入并不相等。引起系统不平衡的市场成员应当承担平衡管理的全部成本。因此,可推知,不平衡电能结算的价格就是"现货价格"。在市场竞争合理的情况下,现货价格应当反映平衡电能的微增成本。对市场成员在提供辅助服务时所生产电能的成本是否可以计入现货价格，依然存在争议。

在电力交易模式的选择方面，应尽量做到"四个有利于"：

① 有利于电力资源优化配置和资源利用效率提高，深化体制改革和促进产业发展；

② 有利于培养多元市场购、售电主体，建立"多买多卖"的竞争格局，为构建"规范、公平、开放、高效"的电力市场奠定基础；

③ 有利于激励和支持符合国家产业政策的用电部门，保障具有产品市场竞争力的用电企业；

④ 有利于建立发、输配和售相互协调的运行交易联动机制，体现社会效益和经济效益最大化。

最后强调："交易"和"市场"是两个完全不同但高度相关的概念。虽然在分析研究时二者密不可分，但至少应在学理层面加以区分，以便厘清分析思路。

扩展及推荐阅读

[1] 国家发改委、能源局发布《关于电力交易机构组建和规范运行的实施意见》(2015), https://news.bjx.com.cn/html/20151130/686353.shtml.

[2] 埃里克·弗鲁博顿, 鲁道夫·芮切特. 新制度经济学：一个交易费用分析范式[M]. 姜建强, 罗长远, 译. 上海：格致出版社, 2022.

[3] Kirschen, D. S., Strbac, G. Fundamentals of Power System Economics[M]. 2nd ed. John Wiley and Sons Ltd, 2018.

即 练 即 测

第七章

电力市场

🎯 本章学习目标

通过对本章的学习,能够:
1. 了解市场的一般理论、市场结构、市场均衡;
2. 熟悉电力现货市场的定位与边界范围、电力市场的5种分类;
3. 理解电力市场的要素权衡、市场作用、系统构成、电力市场价格的系统风险管理;
4. 掌握电力市场价格风险管理的4种类型。

第一节 市场原理

(一) 市场相关的一般理论

在经济管理领域,"市场"的定位:①微观经济角度,资源配置的方式之一;②制度经济角度,交易治理的规则之一;③社会行为角度,商品买卖的平台之一;④企业管理角度,商品行销的区域。

"市场力"(market power),又称"市场操纵力量",表示企业改变市场价格、使之偏离市场充分竞争情况所具有的定价议价、讨价还价的能力。在电力经济与管理领域,市场力包括"水平市场力"和"垂直市场力":①水平市场力,是指企业操纵电力生产和输送某一环节所提供电力产品和服务所对应价格的能力;②垂直市场力,是指企业拥有操纵电力生产和输送各个环节所提供产品或服务所对应价格的能力。

> **提示 7-1**
> 具有市场力的市场参与者即为策略成员(strategic player),其可通过"限制数量"(物理持留)或"提高定价"(经济持留)的方式发挥其市场力。

(1) 市场结构

市场结构,也称"市场类型"。包括2大类、4小类:①完全竞争;②不完全竞争(垄断竞争、寡头垄断、完全垄断）。

- 完全竞争：a)买方和卖方的数量极多,且二者间不存在固定买卖关系；b)单一买方与卖方之间的交易量在市场全部交易量中的占比极小,不存在市场力；c)市场上的产品或服务具有同质性,即完全一样、没有差别；d)不存在不确定性和行业秘密,即市场信息完全；e)买卖双方主体可自由进出市场,即不存在进入障碍和退出壁垒；f)生产要素可以自由流动。
- 垄断竞争：a)通常情况下,买方数量极多、卖方数目若干；b)市场上的产品或服务存在一定的异质性；c)卖方对价格有一定的控制能力；d)卖方可以自由进入市场,即不存在进入壁垒。
- 寡头垄断：a)卖方数目少；b)产品或服务,要么是标准化的,要么是有差异的；c)存在准入限制,卖方受到市场进入壁垒的保护；d)卖方之间相互依存,且利益关系密切；e)市场中的需求曲线向下倾斜,相对无弹性。
- 完全垄断：a)卖方数目只有一个；b)进入市场时,受到限制或完全受阻,即其他卖方无法进入市场；c)产品或服务的独一无二,即产品或服务的差异性极强,无法被其他商品所替代；d)卖方对价格有着强大的控制,市场力极大。

> **提示 7-2**
>
> 若市场是完全竞争的结构,个体(单独的生产者或消费者)无法通过其行为改变市场价格。需要注意的是：现实中,电力市场并非完全竞争市场,部分个体可以通过自身决策影响市场价格。

(2) 市场均衡

市场均衡是指供需平衡的市场状态；所涉及的主体是生产者和消费者,所涉及的行为是供给与需求。

其他影响因素既定的条件下,市场均衡将由需求曲线 Q_d 与供给曲线 Q_s 的交点所决定(图 7-1)；此时,交点所对应的商品价格,使消费者的购买量等于生产者的供应数量。市场处于均衡状态时,价格称为"均衡价格"(equilibrium price)或"市场出清价"(market clearing price, MCP),记 pr^*,如公式(7-1)所示；与均衡价格相对应的成交数量称为"均衡数量"(equilibrium quantity)或"均衡交易量"(equilibrium trading volume),记 Q^*,若通过反需求曲线 Q_d^{-1} 与反供给曲线 Q_s^{-1} 进行定义,则公式(7-2)成立。

$$Q^* = Q_d(\text{pr}^*) = Q_s(\text{pr}^*) \tag{7-1}$$

$$\text{pr}^* = Q_d^{-1}(Q^*) = Q_s^{-1}(Q^*) \tag{7-2}$$

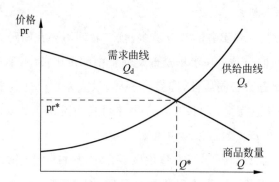

图 7-1　由供需所决定的市场均衡

(3) 均衡的分类

市场均衡分为：一般均衡(general equilibrium)和局部均衡(partial equilibrium)。

① 一般均衡，是指一个经济社会所有市场的供给和需求处于平衡的一种状态。

② 局部均衡，是指单个市场或部分市场的供给和需求处于平衡的一种状态。

均衡，是经济体系中某特定的经济单位或经济变量在一系列经济力量的相互制约下所达到的一种相对静止并保持不变的状态。因此，供求力量的相互作用使得一个市场处于均衡状态，市场价格就趋于不变。

(4) 均衡的稳定性

市场将稳定于均衡点(图 7-2)。

① 当市场价格 pr_1 大于均衡价格 pr^* 时，供给会大于需求，即"供过于求"；此时，生产者为避免商品滞销的情况发生，将减少商品产量；直至生产者能够出售的商品数量恰好等于消费者愿意购买的商品数量为止。

② 当市场价格 pr_2 小于均衡价格 pr^* 时，需求会大于供给，即"供不应求"；此时，生产者可将商品进行提价，并按提价后的水平向消费者出售商品；随着交易数量的增加，价格也会提高，直到均衡状态为止。

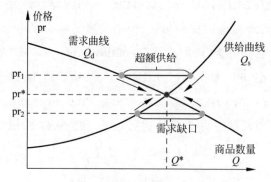

图 7-2　市场均衡的稳定性

（5）供需的变动

① 需求平移对市场均衡的影响

供给不变的情况下，需求增加，即需求曲线右移，会引起均衡价格上升、均衡产量增加；需求减少，即需求曲线左移，会引起均衡价格下降，均衡产量减少。因此，需求的平移将引起均衡价格与均衡产量同方向变动。如图 7-3 所示。

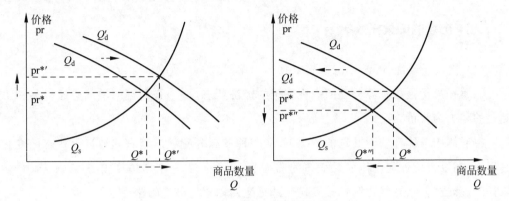

图 7-3　需求曲线的平移过程

② 供给平移对市场均衡的影响

需求不变的情况下，供给增加，即供给曲线右移，会引起均衡价格下降、均衡产量增加；供给减少，即供给曲线左移，会引起均衡价格上升、均衡产量减少。因此，供给的平移将引起均衡价格反方向变动，并引起均衡产量同方向变动。如图 7-4 所示。

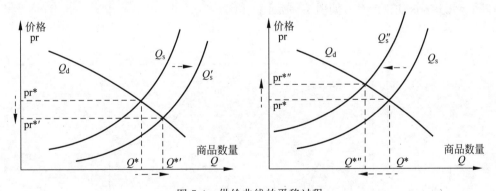

图 7-4　供给曲线的平移过程

③ 供求定理（law of supply and demand）

对于正常商品而言：

- 供给定理——供给量与商品价格之间正向变动的关系；
- 需求定理——需求量与商品价格之间反向变动的关系；
- 供求定理——供求变动对均衡的影响，即非价格因素的变动对均衡价格和均衡产量的影响。在市场机制中,供给量和需求量随着价格变动自发调整,市场趋于均衡。但市场均衡是一种相对稳定的状态,若外在因素的变动,市场需求和市场供给会保持不变,该均衡状态也将维持。若其他因素导致市场需求或供给发生变动,则原有的市场均衡将被打破,新的均衡又会在市场机制的作用下重新形成。相对于原有的均衡,新的均衡价格和均衡数量都会发生变动。

(二)市场的帕累托效率

(1) 帕累托最优(Pareto optimality)

帕累托最优是指资源分配的一种理想的经济状态,即一方利益的增加必然以另一方利益的减少为代价。

在群体中个体和资源既定的情况下,从一种资源分配状态到另一种资源状态的变化过程中,在没有使任何个体境况变坏的前提下,使得至少一个个体变得更好,则称为"帕累托改进"或"帕累托优化",且帕累托改进是达到帕累托最优的路径。

- 在非合作博弈中,"零和博弈"的所有结果均为帕累托最优;
- 在竞争市场的均衡状态下,商品交易量以及商品分配结果均为帕累托最优。

一般而言,实现帕累托效率会同时满足 3 个条件。

① 交换的最优

考虑两种既定数量的产品在两个消费者之间进行分配,利用埃奇沃斯盒状图(Edgeworth box)进行分析,如图 7-5 所示。

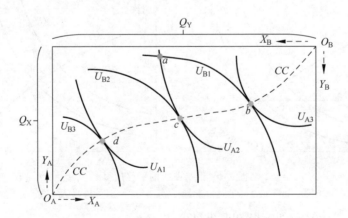

图 7-5 交换的帕累托最优实现过程

假定两种产品 X 和 Y,分别对应的既定数量为 Q_X 和 Q_Y;假定两个消费者 A 和 B。水平长度表示产品 X 的数量 Q_X,垂直高度表示产品 Y 的数量 Q_Y。O_A 为消费者 A 的原点,O_B 为消费者 B 的原点。从 O_A 水平向右为 A 对 X 的消费量 X_A,垂直向上为 A 对

Y 的消费量 Y_A；从 O_B 水平向左为 B 对 X 的消费量 X_B，垂直向下为 B 对 Y 的消费量 Y_B。且空间内任意一点均可满足：

$$\begin{cases} X_A + X_B = Q_X \\ Y_A + Y_B = Q_Y \end{cases} \tag{7-3}$$

由此，盒状图确定了产品 X 和 Y 在消费者 A 和 B 之间的所有可能的分配情况（包括外围的水平线和垂直线上的点）。

此时，加入消费者偏好（consumer preference）信息，即加入凸向各消费者原点的无差异曲线 U。选择点 z 作为 X 和 Y 在 A 和 B 之间的一个初始分配。由于效用函数是连续的，故消费者 A 和 B 必然各有一条无差异曲线经过点 z，存在两种情况。

【情况 1】A 和 B 的无差异曲线在点 z 相交，如 $z = a$。此时的点 a 不是帕累托最优状态，存在帕累托改进的余地。可通过改变初始分配状态：• 要么从点 a 变动到点 b，即在消费者 B 的效用水平 U_{B1} 不变的情况下，消费者 A 的效用水平从无差异曲线 U_{A2} 提高到 U_{A3}。• 要么从点 a 变动到点 c，即在消费者 A 的效用水平 U_{A2} 不变的情况下，消费者 B 的效用水平从无差异曲线 U_{B1} 提高到 U_{B2}。由此可知，在交换的埃奇沃斯盒状图中，若任意一点处在两个消费者的两条无差异曲线的交点上，则此时不是帕累托最优；因为此时，使至少有一个消费者状况变好的同时，没有其他消费者变坏。

【情况 2】A 和 B 的无差异曲线在点 z 相切，如 $z = d$。此时的点 d 不存在任何帕累托改进的余地，即 A 和 B 均处于帕累托最优状态。由此可知，在交换的埃奇沃斯盒状图中，若任意一点处在两个消费者的两条无差异曲线的切点上，则此时为帕累托最优状态，并称为"交换的帕累托最优状态"。在这种情况下，不存在有帕累托改进的余地。

若将所有无差异曲线的切点的轨迹连接起来构建新曲线 CC，可称为交易的"契约曲线"（contract curve）或交易的"效率曲线"。交易的契约曲线上的任意一点都是消费者 A 和 B 各自相应的无差异曲线的相切点，通过该点的切线的斜率，即为消费者 A 和 B 相应的无差异曲线的边际替代率（marginal rate of substitution，MRS）。边际替代率，是指在维持效用水平不变的前提下（即在同一条无差异曲线上），消费者增加一单位对产品 X 的消费量时，所需要放弃的另一种产品 Y 的消费量的比率；产品 X 对产品 Y 的边际替代率公式为：

$$\text{MRS}_{XY} = -\frac{\Delta Q_Y}{\Delta Q_X} = -\lim_{\Delta Q_X \to 0} \frac{\Delta Q_Y}{\Delta Q_X} = -\frac{dQ_Y}{dQ_X} \tag{7-4}$$

其中，ΔQ_X 和 ΔQ_Y 分别表示产品 X 和产品 Y 的消费微增量。

由此可知，当两个消费者对两种商品的边际替代率相等时，便实现了交换的帕累托最优状态。在交易契约曲线之外的任何一点，消费者 A 和 B 的无差异曲线的边际替代率均不相等,即 $\mathrm{MRS}_{XY}^{A} \neq \mathrm{MRS}_{XY}^{B}$,消费者 A 和 B 并未达到帕累托最优,此时继续进行交易可改善双方的境况、增加双方的福利;直到优化至交易契约曲线 CC 上,消费者 A 和 B 的无差异曲线的边际替代率相等,即 $\mathrm{MRS}_{XY}^{A} = \mathrm{MRS}_{XY}^{B}$,双方满足达到最大化,且交易达到帕累托最优状态。

② 生产的最优

同理,考虑两个生产者 F 和 G,均使用两种生产要素 K 和 R 分别对应的既定数量为 Q_K 和 Q_R,生产两种产品 X 和 Y。规定两种生产要素的数量固定不变。此时,两种商品 X 和 Y 的"等产量曲线"I。等产量曲线,是指在技术条件既定的情况下,生产相同产量的产品时,由两种生产要素投入量的所有不同组合的轨迹;线上各点代表生产要素的各种投入组合比例。其性质包括:①等产量曲线向右下方倾斜,其斜率为负;②任意两条等产量曲线不相交;③等产量曲线凸向原点,且斜率递增。利用埃奇沃斯盒状图进行分析生产最优,如图 7-6 所示。

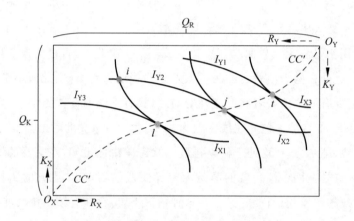

图 7-6 生产的帕累托最优实现过程

假定:生产是在完全竞争市场的条件下进行。若资源配置不在生产契约曲线 CC' 上,而在生产契约曲线以外的任何一点 i,则即使资源耗尽,也无法达到生产的最优。此时,只要生产者改变资源配置,便可提高生产效率、实现帕累托改进。

【情况 1】 若点 i 移至点 j,则可在不减少 Y 产量的前提下(等产量曲线 I_{Y2} 既定)将 X 的产量由 I_{X1} 提升至 I_{X2};

【情况 2】 若点 i 移至点 l,则可在不减少 X 产量的前提下(等产量曲线 I_{X1} 既定)将 Y 的产量由 I_{Y2} 提升至 I_{Y3}。

由此可知,效率最优的生产应该位于两条等产量曲线的切点上。生产契约曲线上所有的点均为两条等产量曲线的切点,因此生产契约曲线是既定数量的生产要素在最有效率时所能生产的不同产品最大产量组合的轨迹。

因此，对于用来生产两种产品 X 和 Y 的两种生产要素 K 和 R 而言，生产的帕累托最优条件，就是其每一组合的边际技术替代率（rate of marginal technical substitution, MRTS）相等。边际技术替代率，是指在产量保持不变的前提下，并且生产要素之间具备一定的替代性，此时增加一种生产要素的数量与可减少另一种生产要素的数量之比；随着一种生产要素数量的增加，该生产要素对另外一种生产要素的边际技术替代率是递减的。可表示为，

$$\mathrm{MRTS}_{KR} = -\frac{\Delta Q_R}{\Delta Q_K} = -\lim_{\Delta Q_K \to 0} \frac{\Delta Q_R}{\Delta Q_K} = -\frac{\mathrm{d}Q_R}{\mathrm{d}Q_K} \tag{7-5}$$

其中，MRTS_{KR} 表示生产要素 K 对生产要素 R 的边际技术替代率；ΔQ_R 和 ΔQ_K 分别表示生产要素 R 和 K 的消费微增量。

由此可知，当两个生产者对两种生产要素的边际技术替代率相等时，便实现了生产的帕累托最优状态。在生产契约曲线之外的任何一点，生产者 F 和 G 的等产量曲线的边际技术替代率均不相等，即 $\mathrm{MRTS}_{KR}^F \neq \mathrm{MRTS}_{KR}^G$，生产者 F 和 G 并未达到帕累托最优，此时继续调整要素组合、进行投入量的替代，可改善双方的境况；直到优化至生产契约曲线 CC' 上，生产者 F 和 G 的等产量曲线的边际技术替代率均相等，即 $\mathrm{MRTS}_{KR}^F = \mathrm{MRTS}_{KR}^G$，双方满足达到最大化，并且生产达到帕累托最优状态。

③ 交换和生产的最优

首先引入两个概念：

- 生产可能性边界（production-possibility frontier, PPF），也称"生产可能性曲线"（production possibility curve），用以表示经济社会在既定资源与技术条件下，所能生产的各种商品最大数量的组合；其反映了资源稀缺性与选择性的经济学特征。设定：生产者 F 和 G 均可提供两种产品 X 和 Y，O_F 和 O_G 分别代表两个生产者的原点，则生产可能性边界可由图 7-7 给出；其中，PPF_F 和 PPF_G 分别为生产者 F 和 G 的生产可能性边界，且 $F^{(X,Y)}$ 和 $G^{(X,Y)}$ 分别代表两条生产可能性边界上的产品组合。

- 边际转换率（marginal rate of transformation, MRT），全称为"产品的边际转换率"，用以表示经济社会在既定资源与技术条件下，增产一单位某类商品而所必须放弃的另一类商品的产量；其反映了这两种产品存在着"转换"关系。另外，产品的边际转换率 MRT 就是生产可能性曲线 PPF 的斜率的绝对值。若企业生产两种产品 X 和 Y，每增加一个单位产品 X 的生产需要停止对产品 Y 生产的边际转换率可表示为：

$$\mathrm{MRT}_{XY} = \left|\frac{\Delta Q_Y}{\Delta Q_X}\right| \tag{7-6}$$

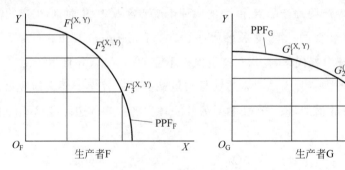

图 7-7 两个生产者对两种产品的生产可能性边界

若商品价格既定,产品的边际转换率(marginal rate of transformation)等于两种商品的价格之比,因此,生产可能性曲线任何一点的斜率的绝对值都等于两种商品的价格之比。

当整个经济社会的交换和生产同时达到帕累托最优状态时,整个系统就达到帕累托最优状态;换言之,任何两种产品 X 和 Y 对任一消费者的"边际替代率"必须等于这两种商品的"边际转换率",如公式(7-7),方可实现社会福利最大化。

$$MRS_{XY} = MRT_{XY} \tag{7-7}$$

该条件既要求在资源一定条件下生产出使消费者获得最大满足的产品,又要求被生产出的产品数量组合相等。

(2) 市场均衡的帕累托改进

为考查商品交易数量的优化情况,现假设商品的交易数量为 Q_t,且小于均衡数量 Q^*,如图 7-8 所示。此时,生产者愿意以价格 pr_1 卖出单位增量的商品,同时消费者愿意以价格 pr_2 购买单位增量的商品,且 pr_1 低于 pr_2。若买卖双方能以介于 pr_1 与 pr_2 之间的任意价格成交,则双方将获得比现在状态更大的效益。因此,若市场中商品成交数量小于均衡数量 Q^*,则此时的市场状态并非帕累托最优。同理,由于消费者愿意支付的单位增量商品价格会低于生产者能够提供的商品价格,因此,若成交数量大于均衡数量 Q^*,此时的市场状态也不是帕累托最优。为实现市场均衡,买卖双方都将进行帕累托改进。

进而,可考查商品的分配效率。在竞争性市场中,任一给定商品全部交易数量的成交价格完全一样,且该价格反映了该商品与其他商品间的边际替代率。现假设:商品 X 分配的依据并非消费者愿意支付的市场价格,而是其他因素;且消费者 A 和 B 均已获得了一定数量的商品。在已分配到的数量之外,为购买商品的单位增量 ΔQ_X,消费者 A 愿意支付的价格为 pr_A;在已分配到的数量之外,消费者 B 愿意支付单位增量商品 ΔQ_X 的价格为 pr_B;且 $pr_A > pr_B$。由于消费者 A 和 B 对单位数量的同一商品的价值认同程度存在差异,若能够在价格区间 (pr_B, pr_A) 中以任一价格进行交易,二者的收益都将增加。综上所述,在竞争性市场中,只有按照同一固定的产品边际替代率进行商品分配,商品交易才能实现帕累托最优。

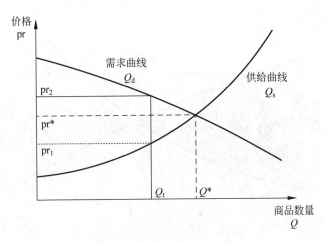

图 7-8 市场均衡的帕累托改进过程

(3) 福利与无谓损失

① 社会总福利(social welfare)

社会总福利一般是指净消费者剩余和净生产者剩余的总和;用以量化产品交易所产生的全部效益。

在自由竞争的市场里,供应曲线和需求曲线相交于市场均衡点时,社会总福利 SW 达到最大值;图 7-9 表明,当市场均衡时,净消费者剩余 CNS 等于阴影区域 S_a、S_b 与 S_e 的面积之和,净生产者剩余 PNS 等于阴影区域 S_c、S_d 与 S_f 的面积之和。即

$$\begin{cases} \text{CNS} = S_a + S_b + S_e \\ \text{PNS} = S_c + S_d + S_f \\ \text{SW} = \text{CNS} + \text{PNS} \end{cases} \tag{7-8}$$

② 价格管制(price regulation)

若对自由竞争市场进行外部干预,会阻碍商品价格达到价格均衡值。

【情况1】 为保护生产者,政府会设定一个商品最低成交价格,即"价格下限"(price floor,也称支持价格)。若设定价格下限为 pr_2 且高于竞争市场均衡价格 pr^*,消费者的购买数量将从 Q^* 减至 Q_t。此时,净消费者剩余 CNS′ 会缩减为区域面积 S_a,而净生产者剩余 PNS′ 等于区域面积 S_b、S_c 与 S_d 的总和。此时,净消费者剩余必然减少,净生产者剩余的增减具有不确定性(若 $S_b > S_f$,则净生产者剩余增加;若 $S_b < S_f$,则净生产者剩余减少;若 $S_b = S_f$,则净生产者剩余不变)。同时,存在社会福利的损失 loss,等于阴影区域 S_e 和 S_f 之和。

【情况2】 为保护消费者,政府会设定一个商品最高成交价格,即"价格上限"(price cap,也称限制价格)。若设定价格上限为 pr_1 且低于竞争市场出清价格 pr^*,生产者的供

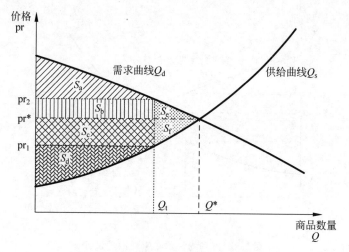

图 7-9　市场中的社会总福利与无谓损失

给数量将从 Q^* 减至 Q_t。此时，净消费者剩余 CNS'' 为阴影区域 S_a、S_b 与 S_c 的面积之和，而净生产者剩余 PNS'' 仅为区域面积 S_d。此时，净生产者剩余必然减少，净消费者剩余的增减具有不确定性（若 $S_c > S_e$，则净消费者剩余增加；若 $S_c < S_e$，则净消费者剩余减少；若 $S_c = S_e$，则净消费者剩余不变）。同时，社会福利的损失（loss）同样等于阴影区域 S_e 和 S_f 之和。

③ 税收

若政府决定对商品征税（tax）。假设：所有的税收均会转嫁给消费者。消费者的支付价格 pr_2 与生产者的销售价格 pr_1 产生差额 Δpr。若政府对每单位成交商品的征税额度恰好为 Δpr，则需求量将从 Q^* 减至 Q_t。净消费者剩余也将缩减为 S_a，而净生产者剩余也将缩减为 S_d。政府的税收总额等于阴影区域 S_b 与 S_c 的面积之和。

此时，净消费者剩余必然减少，净生产者剩余也必然减少，但税收的外部干预对总体福利的重新分配，使得政府受益。值得注意的是：在完全竞争市场中，只要存在外部干预，都会产生不良影响，即减少社会福利的总体水平，减少量等于阴影区域 S_e 和 S_f 之和。由于商品价格扭曲而导致交易数量的减少，进而造成社会总福利的减少量被称为是"无谓损失"（deadweight loss）。

第二节　电力市场的本质

（一）要素权衡

购售电双方在进行电能交易时，需要权衡并确定诸多实际问题。

优先权衡的要素包括：就电能产品的质量、数量和价格等问题取得一致性意见。

次要权衡的要素包括：①电能交付时间；②电能结算方式；③任何可能的交易附加条件。

再次要根据具体情况考虑其他要素。若电力交易双方针对上述要素的解决方式不同，则双方所签订合同类型就有所差异，且双方参与的市场类型也存在差别。

（二）市场作用

电力系统中，市场存在的本质作用表现在以下 4 个方面。

① 电力系统治理结构：其作用在于"节约交易成本"。

② 电力资源配置方式：其作用在于"发现系统出清价格及实现供需均衡"。

③ 电力交易协调工具：其作用在于"优化行为效率"。

④ 平衡资源的获取平台：其作用在于"补偿不平衡量"。

> **提示 7-3**
>
> 由此可知，在电力市场设计之初，对于市场机制和配套功能的安排，需建立在对电力市场不同作用及其不同目的的基础之上。

（三）系统构成

从业务功能上看，电力市场子系统主要包括：①运营系统；②结算系统。

（1）运营系统

考虑到不同市场模式下电力市场运营系统功能规范差异较大，按照市场模式分别编制"分散式运营系统功能规范"和"集中式运营系统功能规范"（图 7-10）。①分散式运营系统，是主要以中长期实物合同为基础，发、用电双方在日以前的阶段，自行确定日发、用

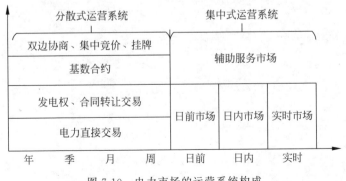

图 7-10　电力市场的运营系统构成

电曲线(偏差电量通过日前、实时平衡交易进行调节)的电力市场模式。②集中式运营系统,是主要以中长期差价合同管理市场风险,配合现货交易采用全电量集中竞价的电力市场模式。

(2)结算系统

考虑到不同市场模式下电力市场结算系统功能规范差异较小,不区分市场模式,统一编制结算系统功能规范。

提示 7-4

与电力合同结算类似,电力市场结算也是服务于电力交易;因此,电力市场结算系统功能可视为电力市场交易系统的一种必备技能。

再次强调:"交易"和"市场"是两个完全不同但高度相关的概念;电力市场只是实现电力交易的方式之一。应该重视电力市场的建设,但切莫将之神化。如美国由于加州过分信任并依赖电力市场,同时冻结了电力用户的零售价格,致使中间环节的电力公司价格倒挂,最终在 2000 年出现了"加州电力危机"。

第三节 电力市场的界定

(一)电力市场的分类

按照时间、成本、集散、功能以及物理金融等属性,从学理层面可对电力市场进行初步分类(图 7-11)。

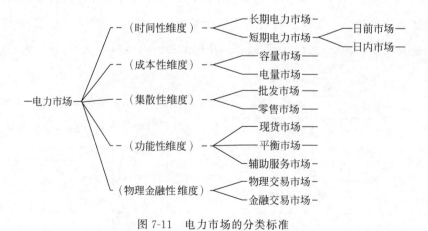

图 7-11 电力市场的分类标准

值得注意的是：理论层面进行 5 个角度的划分，是为了便于针对性进行市场设计及制度安排；生产实践中，仅从一个维度对电力市场进行描述往往无法解决经济管理问题，其原因源于电力的属性以及电力部门的特殊性。

（二）电力市场化

"市场化"将电力市场分为两种配置模式：批发市场和零售市场。

① 电力批发市场，是指在无歧视开放输电网和配电网的基础上，发电企业与大用户、售电公司开展直接交易、现货交易以及期货等电力衍生品交易的市场，配电部门仍在其专营区内经营售电业务和垄断经营配电业务，其主要特点是电能交易量大。

② 电力零售市场，是指在批发市场的基础上，进一步放开配电服务，允许电力零售商进入市场，中小电力用户有权自主选择供电商的售电侧市场形态，其特点是购电主体的用电量小、电压等级低。

举例 7-1

早在 1971 年，挪威便成立了电力交易所；但当时市场主体仅限于发电企业，市场建设的主要目的是为优化挪威国内的水电资源。1991 年挪威颁布了能源法，率先进行了电力市场化改革。1992 年，挪威电力工业进行"厂网分开"，国家电力公司分为发电公司和电网公司(Statnett)。1993 年，挪威成立真正的电力商品交易所，此即为北欧电力库的前身。

自 1990 年以来，北欧四国（挪威、瑞典、芬兰和丹麦）通过开放供发电和零售竞争，将各个市场合并为一个共同的北欧电力市场，称为"Nord Pool"。在"两个放开"的市场结构下（竞争市场和非竞争市场分开、零售市场与批发市场分开），北欧电力市场主要在发电侧实行竞价上网、在配电侧实现零售竞争（北欧四国的全部电力用户均已放开选择权，能够自由选择供应商）。

从电力产品的配置模式看，北欧电力市场分为电力批发市场与电力零售市场。

批发市场与零售市场的联系：两个配置模式息息相关、紧密相连，零售商在批发市场里买电，又在零售市场里卖电。没有电力市场化的批发市场，就难形成竞争的零售市场；只有批发市场开动起来，才能推动零售市场的正常运行。

批发市场与零售市场的区别：批发市场需要有集中交易平台以保障电力系统的实时电力平衡和安全稳定运行，并且市场集中度较高，需要系统的设计和严格的监管，采用统一平台方式进行集中交易，因此通常以"现货市场"为标志。而零售市场通常不需要统一平台和集中交易。

第四节 电力现货市场

(一) 基本定位

(1) 概念及定义

"现货"是电力市场实现功能的载体;"电力现货市场"是电力批发市场的重要标准。

在电力现货市场中,隐含着两条"规矩":①售电方应立即交电,并且购电方应当场付钱,即"一手交钱、一手交货";②电能交付时没有附加条件,买卖双方绝不能反悔,即"买定离手、概不退换"。表面上看,现货市场的交易规则很不正规,但实际上隐藏在其背后的是沿袭了几个世纪的惯例。

电力现货市场,是指开展日前及更短时间内的、以短时和即时电力交易为主的市场。

(2) 来源分析

电力系统特征要求电力生产与电力消费的实时平衡,虽然理论上,电力现货的交易、交割、生产、消费都在用电的瞬间同时发生,但实际上,矛盾体现于不可能实现瞬时交易。因此,交易与交割分离,电力现货需要提前"一定时间"进行交易。

电力市场的交易最早都是物理性质的;但随后为了增加市场的活性、稳定市场价格波动、降低成员收益风险等原因,在物理性交易的基础上引入了金融性交易。物理性交易与金融性交易的差别:物理性交易需要进行实物交割;金融性交易则不需要立即交付。

(二) 边界范围

电力市场中的现货市场是保障电力市场稳定运行的必要条件,现货市场根据时间先后可以进一步划分为:①日前市场;②日内市场;③实时(平衡)市场。

(1) 日前市场

日前市场,是现货市场中的主要交易平台,以"日"作为一个合适的提前量组织市场,市场成员能够比较准确地预测自身的发电能力或用电需求,从而形成与电力系统运行情况相适应的、可执行的交易计划。日前市场往往采用"集中竞价"的交易方式,有利于促进市场的充分竞争,并发挥市场机制的价格形成功能。

电力日前交易,是指相对于实时运行提前一天进行的第二日 24 小时的电能交易。由于确切的开机组合通常是提前 24 小时才能确定,相应电网安全约束及其他特殊机组出力的约束也才能同时确定,电力系统的发配输用电同时完成的特性和电力需求随时间变化而变化的特性无法改变。其形成过程如图 7-12 所示。

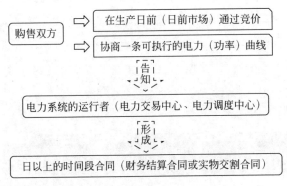

图 7-12 电力日前交易的形成过程

（2）日内市场

日内市场，其主要作用在于为市场成员提供一个在日前市场关闭后对其发用电计划进行微调的交易平台，以应对日内的各种预测偏差及非计划状况，其交易规模往往较小。而随着更多间歇性新能源的大量接入，其在日内发电出力的不确定性会大大增强。此时，日内市场则可以为新能源参与市场竞争提供机制上的支持。

（3）实时（平衡）市场

实时（平衡）市场，则往往在小时前由调度中心组织实施，非常接近系统的实时运行，因而其主要作用并不在于电量交易，而在于为电力系统的阻塞管理和辅助服务提供调节手段与经济信号，真实反映电力系统超短期的资源稀缺程度与阻塞程度，并形成与电力系统实际运行切合度高的发用电计划，保证电力系统安全运行。

电力实时（平衡）市场，是为了使得电网调度可以按照收到的增减出力进行报价；对发电出力做出科学调整，使系统能量平衡以及安全运行得到保障。市场环境中一样要为会随时出现的临时不平衡进行调整，对"不平衡电价"和"不平衡电量"进行相应的结算。

（三）作用及功能

电力现货市场能够实现必要的管理目的（图 7-13），并且通过发现相对完整的电力价格信号，引导市场主体开展中长期电力交易、输电权交易和电力期货交易。在电力现货交易平台中，若是"日前市场实现全电量竞价"，则电力交易的竞争空间将变为图 7-14 中的全部柱状图区域。

举例 7-2

在第一次电力体制改革时，主要推荐了"统一市场"和"共同市场"两种模式；在同一区域内，都应该按照统一规划、统一规则的原则进行设计和管理。竞争模式有两种：

> 一是采用"全电量竞价加差价合约"方式；二是采用"部分电量竞价加物理合同"方式。
>
> 为了探索符合中国国情的电力市场设计与制度安排，2003—2006年建立了"华东电力市场"，2004—2005年建立了"东北区域电力市场"。此时的华东电力市场采取"电力双边交易、部分竞价上网"，其中，日前市场竞价，10%的年度发电量参与竞争。但东北区域电力市场则选择了"两部制电价、全电量竞争"。

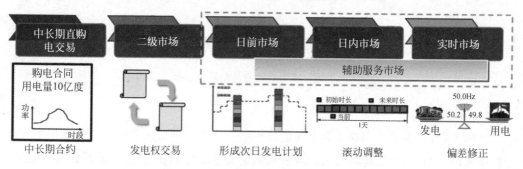

图 7-13　电力现货市场的管理目的实现

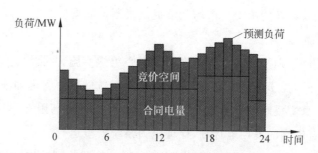

图 7-14　日负荷曲线下的电力现货市场

因此，总结电力现货市场的主要作用包括：①优化配置已有电力资源，降低电力生产成本；②安全经济相容，提升系统安全运行水平；③引导电力投资，促进电力行业有序发展。

（四）优点与缺点

电力现货市场的最大优点：直接性，电力供给者可以出售其拥有的全部电能商品，电力消费者可以按照自身的需求数量购买电能商品。

电力现货市场的最大缺点：风险性，现货市场的价格变化较快；由于可以立即交付的电能商品数量有限，需求的突增（或生产的突减）将会使电力价格剧增；同理，电能产品的供给过剩或需求不足都将导致价格降低。若现货价格的变化可预测，则市场参与者将充分利用该变化并从中获利，这反过来又会反馈改变预测结果，因此从本质上看，电力现货价格变化是不可预测的。同时,现货市场的电量变化也存在波动。

第五节 电力市场的风险管理

风险管理的目的有 4 个:风险规避、风险减轻、风险均摊、风险转移。

电力现货市场中的风险主要有两种:①由价格波动而引起的"价格风险";②由电量波动而引起的"系统风险"。

(一) 价格风险管理

由于现货市场的价格经常会发生无序波动;为了避免"价格风险",通常会引入一些其他类型的交易形式:①远期合同与远期市场;②期货合同与期货市场;③期权;④差价合约(也称"差价合同")。

(1) 远期合同与远期市场

从购售电双方的交易意愿分析,总存在图 7-15 的理性决策过程。

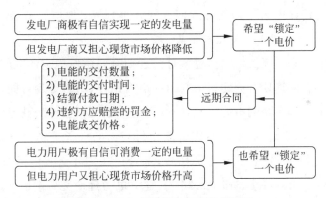

图 7-15 电力远期合同存在的原因

从购售电双方的操作流程看,涉及电力价格的执行规范总存在图 7-16 的理性决策过程。其中,风险贴水(risk premium,也称"风险溢价"),是指为规避风险而付的货币数额,且风险越大、贴水越高。电力远期的风险贴水可代表了交易一方为控制价格风险而愿意支付的额外费用。若双方对未来的现货价格预测准确,则从长期看,平均现货价格与平均远期价格之差应当就等于平均风险贴水。接受风险贴水的一方同时也就必须承担价格波动风险。

如果交付时的现货价格高于协议价格,远期合同对卖方(售电方)来说就意味着受损,而买方(购电方)则会因此受益;反之,如果交货时现货价格低于协议价格,远期合同会让买方(购电方)受损,同时让卖方(售电方)受益。"损失"与"受益"反映出了一种情

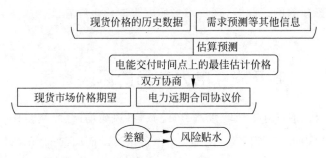

图 7-16 电力远期合同中价格的权衡过程

况：一方通过现货市场能取得更好收益，而另外一方则会变得更差，因此购售电双方只是"账面损失"和"账面利润"。此时，电力远期合同提供了一种让买卖双方共同承担价格风险的方法。

若电力用户每年都与发电企业签订一笔远期合同，且协议价低于电能交货当天的预期现货价格。①从长期看，电力用户会因为愿意承担风险而获利。②从短期看，如果现货价格朝相反的方向变化，用户将面临一系列的巨大损失；为了承受该损失，电力用户必须要有大量的财务储备或索要较高的风险贴水；但如果电力用户索要的风险贴水过高，发电企业就会觉得跟该电力用户签订远期合同并不划算；发电企业会考虑其他电力用户；同样，电力用户也将寻求其他发电企业。

当电力用户意识到其无法"消化"已签订的远期合同中所规定的电能数量，此时该用户就可以将所持有的远期合同转售给其他的电力用户，不必等到合同规定的交付日期后再在现货市场上出售多余的电能。同理，电力用户也可以选择从其他电力用户购买远期合同，以补充电量的不足，而不是坐等电能交付当天的现货市场价格朝向其有利的方向发展。若存在较多的发电企业和电力用户，都希望在实际交割前进行交易，则就会出现一个电力交易远期市场（forward market）。建立电力远期交易市场可以使所有参与者接触到大量潜在的交易对象，并帮助其判断交易方所给价格的合理性。

注意：①为了避免交易成本过大，许多电力远期合同会使用标准化的条款和规定；②远期合同的标准化为转售远期合同创造了条件；③远期合同的交易价格将是具有相同交付日期的远期合同的当前市场价格。

随着对现货价格变化趋势的不同认识，远期合同的转售价格可能高于、也可能低于合同初始交易双方的协议价格。

（2）期货合同与期货市场

标准的远期合同是通过二级市场（secondary market）进行买卖的，但二级市场的参与者并不局限于发电企业或电力用户；某些不能交付电能商品的交易者可能也想参加该市场，此时便会出现一些"投机者"心态：一方面，这些潜在的参与者希望购进一笔在未来进行交付的合同,等待日后以高价抛售出去;另一方面,这些潜在的参与者也可以先卖出一笔合同,并且期待在日后以更低的价格买入另一笔合同。由于上述合同无须进行实物交割,因此被称作是期货合同(future contract),此类合同的交易市场即为期货市场(future market)。其过程实质:厌恶风险的电能交易主体为了规避风险而付钱给愿意承担风险的投机商。

电力期货合同的优点有3个。

① 电力现货市场中,发电企业和电力用户能够花钱找个第三方帮助克服经营风险;物理参与者(physical participant,即发电企业和电力用户)能够更容易地找到交易对象。

② 投机商只面临价格风险,可通过在不同种类商品市场进行分散投资,增强自身的风险抵御能力。

③ 尽管投机商会从交易中获得"中间商的差价"——利润,但其存在也同时增加了市场参与者的数量和多样性。

(3) 期权

从无条件交付的角度讲,远期合同和期货合同均属于固定合同(firm contract)。但是:①若发电企业无法按合同规定交付电能产品,则需在电力现货市场购买相应数量的电能进行补充;②若电力用户无法按合同消纳电能产品,则需在电力现货市场出售相应数量的电能进行让渡。因此,电能产品的不平衡量将以交付当天的现货价格进行清算。此时,市场参与者更希望签订有条件交货合同,这也就意味着只有在合同持有者觉得履行合同有利可图时,该合同才会得到实际执行。这样的合同被称为期权(option)。

期权可以划分为两种类型:

- 买入期权(call)——赋予持有者按照行权价格(exercise price)买入规定数量电能的权利;
- 卖出期权(put)——赋予持有者以行权价格卖出规定数量电能的权利。

期权的持有者是否决定执行合同赋予的权利,这取决于电能商品的现货市场价格。当交易者达成期权合同时,期权的卖主会从期权的买方(持有者)手中得到一笔不可退还的"期权费"(option fee),也称"期权保险费",其为期权的价格。

例题 7-1

已知在 6 月 1 日,电力用户九头虫向祭赛国发电公司购买 100MWh 电能的买入期权(call);到期日为 9 月 1 日,行权价格是 500 元/MWh;在 9 月 1 日当日,电力现货价格为 600 元/MWh。

若九头虫在祭赛国电力现货市场上购买电能,则将以比期权行权价格高 100 元的价格买入电能,此时该买入期权的价值为:100 元/MWh×100MWh =10 000 元。

由此可知,买入期权的执行方式为:祭赛国发电公司交付100MWh的电能,九头虫向祭赛国发电公司支付:100MWh×500元/MWh＝50 000元。

　　反之,若9月1日的电力现货价格低于买入期权的行权价格(500元/MWh),此时期权没有价值,九头虫可直接通过祭赛国电力现货市场购买更便宜的电能,进而期权失效。

例题 7-2

　　已知在6月2日,祭赛国发电公司从朱紫国电力交易公司购买100MWh电能的卖出期权(put);到期时间为9月2日,行权价格是550元/MWh。

　　情况1:若9月2日当日,电力现货价格是600元/MWh,祭赛国发电公司将不会执行该期权,且会直接在电力现货市场上出售电能。

　　情况2:若9月2日当日,电力现货价格为500元/MWh,祭赛国发电公司发现电力现货价格低于卖出期权的行权价格,则意味着祭赛国发电公司是时候行使真正的权力了;此时,该卖出期权的价值为:(550元/MWh－500元/MWh)×100MWh＝5 000元。

　　作为期权的持有者,一方面,能够规避以低于现货价格的价格进行交易商品的风险,另一方面,还可以以高于行权价格的价格进行自由交易。作为期权的卖主,将代替持有者承担价格风险,且期权费可视为作为其承担风险的补偿。"期权费"是期权持有者的一种沉没成本,其并不影响未来期权的执行与否。

　　需要注意的是,电能的期权合同交易还没有得到广泛应用。当然也需要看到,电能备用容量供应长期合同则常常同时包含期权费用和行权价格,在形式上比较接近于期权合同。

　　(4) 电力差价合约

　　大部分情况下,发电企业和电力用户(售电商)只能通过集中市场进行交易。由于不允许进行双边协商,交易双方无法选用远期合同、期货合同或期权合同避开交易风险。此时,交易双方经常会借助于一种可以与集中市场并存的差价合约(contract for difference)机制。在差价合同中,买卖双方可以商定电能的履约价格(strike price)和交易数量。签订差价合同后,双方就可与其他市场参与者一样参与集中市场。

举例 7-3

　　美国宾夕法尼亚、新泽西和马里兰所组建的PJM电力市场具有纵向一体化的特征,其中的交易形式属于电力联营体。PJM电力市场最大特点是:将电网作为电能交易中心,电力交易均在电力联营体中进行,用户可签订金融性差价合约,从而保证电力联营体中的各个主体之间能够自主协商,有效地开展电力双边交易,同提供结算服务。

差价合约,也称"差价合同",是金融期货合同的一种;其实质是将市场参与者的一部分利益通过金融合同形式予以保障,从而调整合同双方利益,降低市场成员由于现货市场价格大幅度波动造成的风险。一般性理解:首先,对每个上网电厂分别确定一个合同电量和合同电价;其次,电厂的上网电量在合同电量以内的按合约电价计算;最后,实际上网电量超出合约电量的部分按市场实时电价结算。

因此,其存在意义在于:对某个电厂设定了一个保护范围,超出该范围的部分才直接参与市场竞争,从而既在电厂间引入了竞争机制又适当兼顾了电厂生存的稳定性,解决了发电侧电力市场存在的主要问题。

若 R 表示发电企业收入,Q_r 表示实际电量,P_r 表示实际电价,Q_c 表示合同电量,P_c 表示合同电价,则

① 基本公式——基于全电量竞价上网

$$R = Q_r P_r + Q_c (P_c - P_r) \tag{7-9}$$

公式(7-9)表明,发电企业收入 R 由两个部分组成,即 Q_r 按 P_r 计算的现货收入部分,以及 Q_c 按 $(P_c - P_r)$ 计算的价差收入部分。由此可知:实际电量 Q_r 等于 0 时,发电企业的总收入等于价差收入。此时,实际电价越低,发电企业总收入越高。

② 分段公式——基于净电量竞价上网

$$R = P_c Q_c + P_r (Q_r - Q_c) \tag{7-10}$$

公式(7-10)表明,发电厂 R 是由 Q_c 按 P_c 计算的合约收入部分,加上 $(Q_r - Q_c)$ 按 Pr 计算的量差收入部分。由此可知:①当现货市场电价为正值且实际电量大于合同电量时,发电企业总收入大于合约收入;②当现货市场电价为正值并且实际电量小于合同电量时,发电企业总收入小于合约收入;③当现货市场电价等于零时,发电企业总收入等于合约收入,而与实际电量无关;④当实际电量等于合同电量时,发电企业的总收入也等于合约收入,而与现货市场电价无关。

在单一购买者阶段,每个发电企业只有一个差价合约;到多个购买者阶段,一个发电企业一个差价合约变成多个差价合约,同时重新分配。从合同的基础条件来看,差价合约可分为:①政府的"授权差价合同";②双方协商一致达成的"双边差价合同"。

- 授权差价合同是市场刚被设立时最初的差价合约。合约电量由授权部门根据预测的报告年统调用电量作为基数,按预先设定的合约比例来确定;合约电价由合同双方商议确定。
- 双边差价合同是当市场由单一购买者发展为多购买者阶段引入。合约电量和合约电价由任何两个市场参与者协商达成,在"定量"和"定价"中不涉及市场及系统操作员,可以与授权差价合约同时使用。

主要作用：在电力市场交易中，差价合约主要是为了实现市场参与者由发电领域统一向市场竞争的过渡，并不断调控竞争力度，逐步形成上网电价的约束机制，体现电力市场的公平性、公正性。

适用范围：电力差价合约一般适用于"电力库"交易模式，分为"单向差价合同"和"双向差价合同"。①"单向差价合同"分为2种形式。一种是"买方差价合同"，买方以实时电价与联营体进行买电结算，但当合同交割时的实时电价高于合同电价（strike price）时，卖方需要把实时电价与合同电价间的价格补偿给买方；另一种是"卖方差价合同"，卖方以实时电价与联营体进行卖电结算，但当合同交割时的实时电价低于合同电价格时，买方需要把合同电价与实时电价间的价格补偿给卖方。②买方差价合同与卖方差价合同的结合就形成了"双向差价合同"，它等同于一个合同价格为敲定价固定的远期合同。

注意：电力差价合约就可以使电力交易双方既能够参加集中市场交易，又能规避对应的交易风险。差价合约可以被认为是具有相同行权价格的买入期权和卖出期权的组合；除非现货市场价格恰好等于履约价格，否则这两种期权中必定有一种期权被执行。

例题 7-3

由于体制规定，宝象国化工厂被要求参与宝象国集中竞价的电力市场进行电能交易；且宝象国电力市场中的电力价格不稳定。

为规避或减轻价格风险，宝象国化工厂与宝象国电力公司签订了一笔双向差价合同。该双向差价合同规定：在未来1年内每个小时的电能交易需保证500MW，对应的成交价格为200元/MWh。

假设：在某一特定的小时交易时段，电力市场价格为220元/MWh。

若宝象国化工厂在此时段购买了500MW的电能，则其需在集中电力市场上支付的金额为：220元/MWh×500MW×1h＝110 000元。

若此时宝象国电力公司向集中竞价的电力市场中提供了500MWh的电能，则其可取得的收入为：220元/MWh×500MWh＝110 000元。

为了结算双方之间的差价合同，宝象国电力公司需要向宝象国化工厂支付：(220元/MWh－200元/MWh)×500MWh＝10 000元。

此时，宝象国化工厂与宝象国电力公司就以200元/MWh的价格完成了500MWh的有效电能交易。若市场价格低于200元/MWh，为了结算其间的差价合同，宝象国化工厂将付钱给宝象国电力公司。

(二) 系统风险管理

由于现货市场的电能电量也会发生波动；为了避免"系统风险"，通常会引入一些其他类型的调节形式：①电力容量市场；②电力辅助服务市场。

(1) 电力容量市场

为了保证在电力市场环境下，发电能力和输电能力能够满足社会经济发展需要。为了防止一旦出现输电能力和发电能力的不足，就会对社会稳定和国民经济发展造成困难的现象。于是，当发电容量充裕度低于一定水平时，就要建立一个"电力容量市场"。

电力容量市场，可以优化电力发展的速度和质量，降低电力投资的成本和风险，杜绝电力项目的违规建设，为电力市场竞争奠定基础。在政府宏观控制之下，通过统一组织规划、统一开展项目可行性研究论证、统一竞争获取开发权、统一差别化获得容量电价和目标市场或电量消纳省市场成员资格许可，实现电力项目的可持续开发，降低投资风险，以保持电力供给和需求的合理比例，满足经济对电力发展的需要。

后面章节会进行详细分析，此处不做赘述。

(2) 电力辅助服务市场

为保持电力实时平衡，需要保留一部分旋转备用或可中断负荷；为保证频率和电压的稳定，需要预留调频调压资源；同时，为了避免电力系统这台"大机器"本身可能会出现"停机"的风险，必须预留重新启动这台机器所需要的黑启动资源。这些都是电力市场主体需要承担的辅助服务义务，这些义务同样需要建立"电力辅助服务市场"。

电力辅助服务市场，是为满足电力系统运行调节要求，由市场主体提供的不以单纯发电为目标的服务。辅助服务是有偿的，实行"统购统销"，由所有电力市场用户按电量分摊。电力辅助服务费用由电力交易中心负责组织核算由监管机构审定后交取。

后面章节会进行详细分析，此处不做赘述。

扩展及推荐阅读

[1] 国家发展改革委 国家能源局《关于加快建设全国统一电力市场体系的指导意见》（发改体改〔2022〕118号），http://www.gov.cn/zhengce/zhengceku/2022-01/30/content_5671296.htm.

[2] Mohammad Shahidehpour, Hatim Yamin, Zuyi Li. Market Operations in Electric Power Systems [M]. John Wiley & SonsInc, 2020.

[3] 达里尔·R.比格，穆罕默德·礼萨·赫萨姆扎德. 电力市场经济学[M]. 冯永晟，译，史丹，编. 北京：经济管理出版社，2018.

即 练 即 测

第八章

电 力 价 格

🎯 本章学习目标

通过对本章的学习,能够:

1. 了解电力价格的本质、2种电价体系;
2. 熟悉3种电价制度;
3. 理解3种价格规制、电力价格调节的3种情况;
4. 掌握电价结构与分类中4种电价的定义以及主要定价方法。

第一节　电　价　体　系

(一)电力价格

"价格"的本质是,商品或服务的交换价值在流通过程中所取得的转化形式。具体包括:①价值是价格形成的基础,价值规律是价格运动的基础,且价值规律发挥着对价格运动的内在支配作用;②价格是商品(服务)价值与货币价值的交换比例指数;③价格体现了交换关系。

价格,是一项以货币为表现形式,为商品、服务及资产所订立的价值数字;资源在需求和供应之间重新分配的过程中,价格是重要的变数之一。因此,作为一种计量或一种信号,"价格"很难进行独立研究;但在学理层面,可讨论其形成的方式,即"定价机制"。

因此,"电力价格"可理解为:电力产品与服务的货币计量,也称"电费"(electricity fee)。

(二)基于"统购统销"的电价体系

在电力系统垂直一体化的"统购统销"模式下,电网部门是发电部门所生产电能的唯一买方,且是电力用户所购买电能的唯一卖方。电网部门从发电部门买电的价格,以及电网部门向电力用户售电的价格均是受到政府严格制定和监管。此时,电网部门的利润主要来源于购销价差。

在发电端,各发电厂卖电给电网部门的电价是"一厂一核",甚至是"一机一核";核价的原则基本上是"合理成本加合理收益",此类单独核定的发电价格即为"上网电价"。上网电价的弊端是缺少激励,因此逐步被"标杆上网电价"(简称"标杆电价")所取代。标杆上网电价不再基于各发电厂或发电机组的实际成本核定,而是依据同类型机组的平均成本制定。标杆上网电价为发电设施投资提供了明确的经济信号,同时也促进了发电部门之间的效率竞争。

提示 8-1

在开展市场竞争之前,独立核算的发电企业按照"一厂一价"的原则,单独核算"上网电价"或执行"标杆电价"。所谓"标杆电价",是为推进电价市场化改革,国家在经营期电价的基础上,对新建发电项目实行按区域或省平均成本统一定价的电价政策。在竞争性电力市场中,上网电价通过竞价或交易双方协商形成,由发电成本、发电利润和价内税构成。

在供电环节,根据电压等级、用户类别,制定了"销售电价"(有时也称"目录电价");部分地区的销售电价还考虑了分季节的"丰枯电价"和分时段的"峰谷电价"。销售电价是一个"捆绑"的价格,其包含了购电成本、输配电成本、输配电损耗、政府性基金及附加等。销售电价的定价原则是以公平负担为基础、兼顾公共政策目标;为此,销售电价中包含了交叉补贴(主要是工商业用电补贴农业和居民用电)。

此外,由于历史的原因,部分地区存在"地方电网"或"趸售区域"。电网部门向此类地方电网或趸售区域供电的价格采用"趸售电价"。趸售电价也由政府核定,也属于捆绑价格,但其价格水平较低。

(三)基于"放松管控"的电价体系

在电力市场化改革(电力市场自由化改革)的过程中,逐渐形成"放开两端、管住中间"的体制架构。在电价形成机制方面,将原来"捆绑"的上网电价和销售电价进行"解绑";其中,电能价格由放开的市场决定,而输配电费则由政府核定并严格监管。

针对电能价格,由于部分发用电量已经放开,发电企业和电力用户(或零售商)可通过双边协商、集中竞价、挂牌等方式批发交易部分电量,交易价格即为市场交易电价。零售商和其代理的电力用户之间的电力零售交易价格也属于市场交易价格。

针对输配电费,输电部门与配电部门应在首个监管周期内对其输电成本与配电成本进行全面核定,一方面考虑可收回资产投资成本、另一方面考虑一部分合理收益,根据科学的定价机制各自形成输电服务对应价格与配电服务对应价格,再上报监管机构进行审批。根据实际情况,输配电费中可包含原来销售电价中的交叉补贴,还可包含线损的补偿。此外,还存在两种特殊情况:•区域电网(相邻省份之间的骨干电网)包含线损的输电价、跨省跨区专项工程输电价也需完成核定或调整;地方电网和增量配电网同样需要单独核定配电费用;•在省级电网或配电网络内部,尚处于起步阶段的分布式发电,其市场化交易的"过网费"价格适用于分布式发电在电网局部消纳的情况;"过网费"价格不分摊该分布式发电交易未涉及的电网资产相关成本,也不参与分摊所在配电网络接入省级电网的输配电费;"过网费"也需政府进行核定。值得注意的是,输配电费依赖于用户所在的位置以及电源所在的位置,可能仅为分布式发电市场化交易"过网费"价格,也可能只是配电服务费用与省级电网输配电费之和,还可能需要加上区域电网输电费用,甚至加上跨省跨区专项工程输电价。

针对用户终端电价,则是由市场交易电价、输配电费、政府性基金及附加等要素构成。

第二节 电价的结构与分类

(一)上网电价

(1)定义

上网电价(feed-in tariff)的内涵有3层含义。

- 在业务垄断模式下,上网电价是电网公司"统购统销"模式的一个重要计量;其代表了电网企业从发电企业购买电力产品的"单位成本",也代表了发电企业向电网企业出售电力产品的"单位收入"。因此,有时也被称为"并网费"(connection charge)。

- 发电侧放开后,在市场竞争模式下,上网电价是发电企业进行电力交易的"底牌";其可反映发电企业的"生产效率"和"战略决心",也可体现发电企业的"市场势力"和"竞争优势"。因此,有时也称为"竞标的底价"(floor of bidding price)。

- 无论电力市场的价格如何变化,针对可再生能源发电,均按照该"固定的管制电价"进行支付;区别于"上网补贴","上网电价"不会在市场基准电价上下浮动,因此降低了可再生能源发电的价格风险。因此,有时也称为"接入价"(grid-access tariff)。

> **提示 8-2**
>
> 电力属性分类中的"政策性"主要体现于电价方面。目前学术界和政府部门一直沿用"上网电价"的原因之一便是用以分析常规能源发电和新能源发电的电价政策。

(2) 主要定价方法

市场一般会按"边际定价规律"(价格满足下一个需求增量)运行；但由于存在限制，价格通常会偏离边际定价实践，导致供电服务的价格不得不高于边际价格。

① 边际定价法

基于边际定价规律，买方准备支付的最高价格与卖方准备卖出的最低价格进行匹配运行。买方出价和卖方报价的匹配，确定了交易的"执行价格"。

至于电力市场，边际定价代表了"选择用于满足需求的、定价最高的发电机组生产的边际成本"。价格设定时间通常与测量能源集中抄表系统时间相一致(如：以 30min 为周期)；结果为该时间内交易的所有能源设定了价格(不希望限制其需求价格的用户，会有其他选择)，且该时间的价格依据该时间的需求水平制定。边际定价概念的本质是：确保在发电能力短缺时，价格可以在一定范围内上涨，以此鼓励新的竞争者进入供电环节——这与私有化的价格安排恰好相反(在私有化模式下，价格的设定是基于平均生产成本)。由于新的发电机组可由集中规划，因此价格没有必要上涨到让新进入者收入抵补成本的水平。

在实践中，由于发电受到爬坡速率、动态限制(使得评估发电厂的边际价格变得复杂的断断续续的最低发电能力)等诸多因素的影响，因此，在定价时有必要权衡各种约束可能运行的时间与发电厂设定的有效生产单位成本等变量。

【优点】 计算方法简便易行，成本信息容易取得，应用相对广泛；可保证企业的成本得到补偿，并获得正常利润；有利于保持价格稳定，对买、卖双方较为公平；可在一定程度上减少或避免价格的恶性竞争。

【缺点】 具有卖方定价导向，忽视了产品或服务的需求弹性变化(无法适应迅速变化的市场要求)；忽略了产品或服务寿命周期的变化，缺乏应有的竞争能力，不利于企业参与竞争；不利于企业降低产品成本，容易掩盖企业经营非正常费用的支出，不利于企业提高效益。

> **提示 8-3**
>
> 边际定价法，有时也称为"边际贡献定价法"。以变动成本作为定价基础，只要定价高于变动成本，发电企业便可获得边际收益，用以抵补固定成本。因此，在计算过程中，边际定价法可理解为，在电力系统优化规划和优化运行的基础上，增加单位电能

供应而使系统成本增加的成本,具体如下。

发电容量电价,等于发电容量成本 c_w 对负荷容量 w 的微增率: $\lambda_w = \dfrac{\partial c_w}{\partial w}$。

发电电量电价,等于发电电量成本 c_q 对负荷用电量 q 的微增率: $\lambda_q = \dfrac{\partial c_q}{\partial q}$。

② 事前定价法

对于边际价格进行提前设定,通常是基于调度算法的结果提前 1 天设定。

按此安排,利用最优算法为出价的发电机组进行排序和选择,以在成本最小化的同时满足各时段的需求。事前定价法可为发电机组产生成本方案,但不一定会导致基于边际价格支付的消费者实现成本最小化。

大部分的电力交易合同与所公布的市场价格相关,因此,双边交易的电力价格在本质上就是事前设定价格。

【缺点】 既然发电量因调度的预测形势而存在差异,则有必要在结算时确立调整该差异的流程。

③ 事后定价法

该价格为基于边际发电机组边际价格的结算价格。

电力交易价格将以用来竞价和平衡的发电机组的平均价格为根据;平衡市场通常基于该基础进行运行。在交易前,市场模拟提供参考价格来确定任何即将到来的短缺。

【优点】 支付的价格可完全反映当天的实际情况。

【缺点】 不平衡存在于任何计划与实际之间的转移能源;但事后定价法不会留下清算不平衡部分的需要。

④ 投标定价法

发电企业将根据其投标价格进行收费,而不考虑边际价格。该方法适用于本质上囿于输电限制而运营发电厂(即使其价格高于其他发电厂的边际价格)。

由于市场选择过程受到成本、技术、位置等因素的影响,因此在辅助服务市场中,通常会基于"按照投标价格支付"的方式进行定价运行。"按照投标价格支付"原则的普遍应用将会导致所有发电厂的投标价格稍微低于预期的边际成本,以便在没有损失的情况下可以运营。

【缺点】 投标定价通常是围绕边际价格的"集群价格";由于集群价格会因机组的频繁变化使得选择过程变得不稳定,因此,投标定价法也不会实现成本最小化。

(二) 输电费用

(1) 定义

输电费用(transmission charge),也称"输电服务的电价"。正常情况下,输电费用能够回收输电部门的输电成本(transmission cost)。

使用输电网络的费用通常是基于资产的利用率,同时考虑传输过程的电力损失;因此,收费,既包括与用户安装容量相关的费用(由于必须及时满足用户在消费高峰期的需求,因此会影响输电资产的利用率),也包括与能源传输相关的费用(即抵补网络损耗的部分与系统服务的部分)。

电力商品是否"包邮"?若"包邮",则输配费用由发电企业承担;若"不包邮",则输配费用由电力用户承担。通常情况下,输电费用是由电力用户所承担[①]。

举例 8-1

欧盟输电成本通常包括投资建设、运行、系统服务、调度、网损、专项费用等;但有的国家需要由用户承担,有的国家需要发电企业全部或者部分承担,不同国家差异很大。

根据 ENTSO-E(欧洲电网)2017 年发布的报告中显示,ENTSO-E 的 34 个成员国中,有 19 个国家输电费用全部由用户承担;把电源和负荷接入位置因素计入输电费用的国家有 4 个(英国、挪威、瑞典、罗马尼亚);仅把电源接入位置计入输电费用的国家有 1 个(爱尔兰)。大部分国家输电费用均包括网损和系统服务费。

输电收费方法包括 2 大类,即"单一制电价收费"和"两部制电价收费"。若对单一制电价再进行细分,又可分为 2 小类,即"一部制容量收费"和"一部制电量收费"。需要明确的一点是,"单一制电价收费"和"两部制电价收费"属于一种电价制度,后文将进行详细讨论。

举例 8-2

在中国现有的电价体系中,"单一制电价"通常是以电力用户安装的电能表所示出的每月实际用电量为计费依据。在单一制电价收费中,电力用户每月应付电费与其设备容量和用电时间均不发生任何关系,即"无论用电量多少,都是一个单价"。

---

① 在大多数国家,实际上所有的输电费用是向用户端(而不是发电端)收取。发电企业无疑会将该成本转嫁出去,但其促进了无差别地区收费的实施。

> "两部制电价"将电价分成两部分:一部分称为"基本电价",其反映电力工业企业成本中的容量成本,即"固定费用部分";计算基本电价时,以用户设备容量或用户最大需量计算基本电费,用户每月所支付的基本电费仅与其容量或最大需量有关,而与其实际使用电量无关。另一部分称为"电度电价",其反映电力工业企业成本中的电能成本,即"变动费用部分";计算电度电价时,以用户计费表所计量的电量来计算电费。基本电价与电度电价分别计算后之和即为电力用户应付的全部电费。

通常意义上,输电费用主要包括 2 个部分:"输电容量电费"(capacity payment)和"输电电量电费"(energy price,也称为"商品电价",即 commodity payment);此外,也有其他主要按月或按年计算的费用。

提示 8-4

若输电费用是"游乐园的套票",则简单理解为:

- 输电容量电费,又称"基本电费",是输电部门根据电力用户变压器容量或最大需量而核算的价格;只要用户(尤其是电力大用户)接入电网(无论是否实际用电),均需支付一种补偿;输电容量电费类似于"游乐园的门票"。
- 输电电量电费,主要是指电力用户承担电力输送成本中变动成本部分的电费;根据电力用户对电力产品与服务的实际输送量而进行核算;输电电量电费类似于"游乐园的项目票"。

尽管输电费用的结构不同,但对于有较高利用率的电力用户而言,输电费用相对较小。输电费用与装机容量或最高负荷相关,且固定资本成本的回收须在更少的使用单位中进行分摊;电力用户消费能力越高,从高压电网输出的电力越多,因此可使用更少的网络传输设备,导致系统损耗较低;在不考虑社会性、仅从经济性角度看,应对利用率较低的电力用户收费较高。

(2) 主要定价方法

由于存在自然垄断,输电费用需经过监管机构的评估和审批;但在评估审批之前,输电部门需对其费用进行初步核算定价。

① 邮票法

为取得网络使用权,全部网络使用者都必须向其所在地区的输电部门支付一笔"系统使用费"(use-of-system charge)。

- 一般情况下,在核算费用时,分摊依据主要包括 2 组:【依据 1】发电企业所拥有机组的额定发电容量(kW),或电力用户在高峰时段的需求(kW);【依据 2】每年所生产或消费的电能(kWh)。

- 特殊情况下,与输电网络直接相连的使用者并不使用次级输电网和配电网络;为区别该事实,电网使用费还可以是关于使用者与接网点电压水平的函数;类似邮票,该费用一般总与电能的来源与去向无关,只与使用者是否在本地输电系统中有关。

因此,在采用邮票法(Postage Stamp Method)时,各使用者支付的费用反映了其对整个网络的平均使用程度,而非对特定输电设施的使用程度;为确保输电部门能够回收其全部允许收入,此系统使用费可按一定的比例进行调整。

【优点】 简单、易普及。

【缺点】

- 缺少可信的经济理论支持。
- 使用者所支付的费用无法反映其对网络的实际使用程度,也与其从网络使用中所能取得的收益无关;一方面,一部分使用者会对另外一部分使用者形成"交叉补贴";另一方面,从经济效率角度看,邮票法会"扭曲竞争"(如不同发电企业分别向"较近"的负荷中心与"较远"的偏远地区进行输电过程中,会在意"长距离且昂贵"的输电线路)。
- 只能回收地区性输电网络的使用成本。当某一发电企业希望向邻近系统售电时,为获得邻近系统的使用权,其会支付额外的邮票费。若两个交易对象不在相邻系统中,每个中间输电部门可能都会要求支付不同的邮票费,多个邮票费相叠加的结果可能会相当巨大,该现象被称为"重复收费"(pancaking of rate),该费用可能远超电力传输的实际成本,由此造成经济(交易)不合理。

② 合同路径法

在垂直一体化公用事业阶段,若电力用户希望从所在地区公用事业之外的发电企业购电,依然需要使用本地公用事业的输电网络,因此也就必须按一定的比例承担该网络的嵌入成本。

为固定该制度设计,交易者需与本地公用事业签订"转运合同"(wheeling contract)。采用合同路径法(Contract Path Method)时,合同会规定一条连续的电气路径(即合同路径,contract path),并假定电能在发电企业与送达点之间会按该路径流动。在合同有效期内,发电企业与电力用户同意支付一定的"转运费"(wheeling charge),且转运费与电能输送数量成正比。通过转运费,公用事业可回收合同路径内输电资产的部分成本。

【优点】

- 发电企业与电力用户只需支付使用特定网络设施的费用,而非支付全部网络平均成本的一部分。
- 与邮票法相比,在保持简单、可操作的同时,合同路径法更能反映实际的使用成本。

【缺点】
- 缺少可信的经济理论支持。
- 根据基尔霍夫定律(Kirchhoff's laws)，被交易的电能并不会只在合同路径中流动；因此，该方法在真实反映使用成本的问题上仍然存疑。

③ 兆瓦-公里法

就使用系统收费的来源而言，计算收费的方法一般是针对确定发电机组或电力负荷在系统的各节点输入或输出对输电网络的使用比例；通常通过直流潮流(direct current load flow, DCLF)分析模式进行估计。该计算方法也被称为"投资成本相关定价法"(investment cost related pricing, ICRT)。

首先，为确定电能在网络中的实际流经路径，该方法会进行潮流计算；每笔交易所对应的兆瓦-公里数量会通过计算给出。然后，兆瓦-公里数量乘以单位输电容量的协议成本，所得数值即为转运费。实际上，某些电力交易会减少一些线路上的潮流；为有效处理该情况，需对兆瓦-公里法(MW-km method)进行一定的改进。

该使用系统的收费来源会导致系统的各节点收费不同，实际上会让管理变得更为复杂。具有类似价格和对网络影响的节点，通常会按照既定的地区分组，从而使价格在地理上存在差异；且使用该机制鼓励新的发电部门会选择在装机容量短缺的地区。

【缺点】
- 缺少可信的经济理论支持。
- 若输电网络是线性系统，则该方法是严格的；但输电网络并非线性，交易评估时采用的基础潮流假设以及交易被计算的顺序等因素，均会对最终的计算结果产生不可预知影响。

(三) 配电费用

(1) 定义

配电费用(distribution charge)，也称"配电服务的电价"，因此有时也称为"配电电价"(distribution price)。正常情况下，配电费用能够回收配电部门的配电成本(distribution cost)。

电力商品是否需要向"配送员"支付"劳务费"？若不支付，则输配电费由发电企业承担；若支付，则输配电费由电力用户承担。通常情况下，由电力用户承担配电费用。

(2) 主要定价方法

配电费用，与输电费用类似，需经过监管机构的评估和审批；且在评估审批之前，配电部门需对其费用进行初步核算定价。

① 招标定价法

"招标定价法"适用于采用招标方式确定投资主体的配电网络项目。

【优点】

- 就合理性而言,该方法是通过市场竞争发现价格,只不过是将"运营阶段"的竞争提前到了"准入阶段";
- 就简单性而言,该方法直接确定了配电价格,无须经过复杂的核定过程。

【缺点】

- 在较长的经营期内(经营期必须长,否则多次准入竞争带来的成本会超过监管带来的成本),成本和价格会逐渐脱节,由此导致经营者和消费者中某一方的利益受到损失,最终影响监管合同执行的效率和能力。
- 该方法会导致投标者的机会主义,即在获得特许经营权后,投标者可能会挟持大量用户来进行漫长的法律程序;相对顺利的招标定价,基本均结合了"不完整合同",即招标确定的价格不是运营期实际执行的价格,而是"影子价格",且该"影子价格"会随着一些条件的变化按预定的规则进行调整。

② 准许收入法

在核定配电费用时,需要核定的项目包括配电部门监管周期内的准许成本、准许收益、价内税金,确定监管周期内的年度准许收入,并根据配电网络预测电量核定监管周期的独立配电价格。因此,该方法也就是核定"准许成本加合理收益"的配电价格。

提示 8-5

在计算时,准许收入法也称"成本加成法";准许收入为准许成本、准许收益和税金之和。通常情况下,计算过程包括:

准许成本＝折旧费＋运行维护费;

准许收益＝有效资产×加权平均资金成本;

加权平均资本成本＝权益资本成本×(1－资产负债率)＋债务资本成本×资产负债率;

税金则需根据国家有关规定执行。

【优点】 由于是事前定价,因此,准许收入法适用于所有配电项目,甚至包括新增加的、尚未实际运行的配电项目。其监管理念是:配电部门有公允的机会回收"准许成本加合理收益",从而较好地平衡了配电部门和电力用户的利益。在"准许成本加合理收益"监管方式下,配电部门的收益和配电量无关,不会影响配电部门节能降耗的积极性。正是因为上述优点,准许收入法在全世界范围内得到了广泛应用。

【缺点】 其对成本监管的严重依赖。为此,配电部门需要严格记录并汇报其成本;监管机构则需严格审查配电部门的成本。配电部门和监管机构的工作本身都需要耗费大量成本。

③ 最高限价法

参照其他具有可比性的配电网络服务价格,结合供电可靠性、服务质量等绩效考核指标,可确定既定配电网络的配电最高限价。

"最高限价法"通常是基于不同级别电网输配电价在电压等级间的价差进行定价的方式。既然很多下一级配电网络都会以上一级电网输配电价的差值作为配电价格的计准,那可否直接将此类"差值"作为最高限价法的价格上限?操作中,该定价方法仍值得商榷。

【缺点】

- 该方法并未建立合理的配电费用定价机制。直接用差值作为配电费用,会使得部分配电网络难以收回投资,也会使得部分条件较好的存量配电网络获得过多的收益;换言之,要么损害投资者的利益,要么损害电力用户的利益。
- 该方法并未建立下一级配电网络和上一级电网之间的合理结算机制。在输电费用和配电费用尚未分开的情况下,用电压等级之间的差值作为配电费用会引出一系列问题,如:交叉补贴与损耗补偿、输电与配电网的结算电量还需权衡关口计量的电量与用户电表计量的总量、政府性基金和附加的处理问题等。
- 该方法可能不适用于配电网络内的一般工商业用电。若地区内的一般工商业用电没有110kV和220kV的输配费用,则对于一个220kV的配电网络而言,一般工商业的配电费用无法搜索到不同电压等级之间的差值。
- 该方法无法支撑配电部门制定更合理的配电价格套餐。在竞争市场中,配电部门可探索结合负荷率等因素制定"配电价格套餐",并由电力用户选择执行。但若采用差值定价,则对于两部制电价,配电网络内的基本电价就必须与上一级电网的保持一致,从而导致"配电价格套餐"无法实现。
- 该方法难以激励配电网络降低损耗。在实际运行中,大部分地区的电网输配电费中已经包含损耗,且为综合损耗。若将差值作为配电费用,则配电网络将缺少降低损耗的动机。

综上,"差值"应是一个价格水平限制,不是一个科学的定价基础。配电费用的定价,重点是建立定价机制,而并非确定具体价格。

④ 标尺竞价法

标尺竞价法的操作大致可分为两步:首先,按照"准许成本加合理收益"的方法测算配电网络的配电费用；其次，按测算的该配电网络服务费用与既定区域内其他配电网络服务费用的加权平均来最终确定该配电网的配电价格（在首个监管周期内，可给予该配电网络以较高权重）。此外，配电网络差异较小的地区，也可以同类型配电网络社会平均先进水平为基准，按区域分类制定标杆配电价格。

标尺竞争法，与最高限价法类似，均适用于同一区域内具有较多类似配电业务的情况。对于该方法，配电网络的配电费用不仅依赖于自身成本，还依赖于当地其他配电网络的平均价格水平或平均先进价格水平。

【优点】 其属于激励性较强的定价方法，且能诱导配电部门降低成本、提高服务质量。

【缺点】 由于限制的是价格，因此配电部门会反对节能降耗、需求侧管理等会降低配电量的政策，从而背离生态环境保护等目标。

（四）销售电价

销售电价（retail price），也称"用电电价"。由于发电、输电、配电和售电均会引发成本，各个环节的成本也会归集，形成"成本链"，最终得到终端电力用户所支付的价格。终端的销售电价通常由5部分组成：上网电价（发电价格或批发价格）、输电费用、配电费用、售电费用、税费及其他费用。

> **提示 8-6**
>
> "销售电价"与一般商品的"零售价格"内涵接近——直接面向用户的信号。
>
> 从费用去向的角度看，销售电价的5组成部分也可整合为"销售成本""销售利润"和"价内税"构成。

由于输电费用和配电费用受监管机构的管制，零售商无法对二者进行影响，通常会直接转嫁给电力用户。若交易成本最终会转嫁给电力用户，则销售电价就是狭义的"电力产品的交易价格"。

能源成本转嫁到特定消费者类型上的程度取决于其消费能力。电力系统的边际能源成本在规定时间内会变化一次，这取决于当时以边际水平运营的发电机组，也受到发电机组类型、燃料和总利用程度的影响。电力大用户一般有时间每天计量，促使其收费可准确反映系统的边际价格；电力小用户将累计计量其消费水平，这种计量只能给出两次读数之间所消费的电量，并因此产生一个单独的能源费用，该能源费用可能与能源块价格（energy block prices）存在差异。在一些情况下，可通过独立的电表计量非高峰期的晚间能源消费，由此征收不同的电费。

市场将依据"基本负荷"和"峰值负荷"卖出能源;且电力产品会通过交易来获得最大的流动性。其中,基本负荷价格是合约期间(1月或1年)的固定能源价格水平;峰值负荷价格是工作日内12个小时所消耗能源的价格水平。

第三节　电价制度与价格规制

(一)基本电价制度

"制度"就是"游戏规则"或"博弈规则"。电价制度,并非"定价机制",而是"收费规则"。

与电价相关的制度,主要有3类。

(1) 单一制电价与两部制电价制度

① 单一制电价

- 在上网电价中,"单一制电价"为仅按上网电量计价的电价;是根据发电总成本(包括固定成本和变动成本)形成的一个综合上网电量电价,因此发电成本全部通过按上网电量和上网电价结算的电费回收。

- 在销售电价中,"单一制电价"包括"定额电价制度"和"电度电价制度"。定额电价制度——按负荷容量定价和计费结算;主要考虑用户的需求量而不是用户的实际用电量。电度电价制度——按表计量的用电量数来计费结算;计量结算简便,易于为用户所了解和接受;适用于小用户和负荷不易调整的用户。

> **提示 8-7**
>
> 　　定额电价制度的缺点:用户用电量的多少和电费无关,在需量相同而实际用电量不同的用户之间会产生不公平,从而导致不节约、不合理的用电现象。
>
> 　　电度电价制度的缺点:由于电费与最大负荷或用电容量无关,因此不能鼓励用户改变用电负荷特性以提高电力设备利用率。
>
> 　　总体而言,单一制电价是采用按容量/需量或电量结算的单一计费方式,计量结算方面简便易行,用户易于理解和接受;但是,没有考虑电力成本的特点,其中固定成本与最大负荷近似成正比,而变动成本与电量近似成正比。因此,单一制电价无法鼓励用户节约用电,一般情况下,电力大用户不采用这种电价制度。

② 两部制电价

电费可分成"按电量收费"和"按容量或需量收费"两个部分计费结算。

- 在上网电价中,两部制将其分为"发电容量电价"和"发电电量电价"两部分进行计费。其中发电容量电价,主要反映发电部门的固定成本,与发电厂类型、投资费用、还贷利率和折旧方式等密切相关。发电电量电价,主要反映发电部门的变动成本,与燃料费用、材料费用等密切相关。

- 在销售电价中,两部制将其分成"基本电价"(约等于"发电容量电价+输电容量电费+其他")和"电度电价"(约等于"发电电量电价+输电电量电费+其他")两部分进行计费。其中:基本电价,用以分摊电力成本中的部分固定成本(针对小用户,类似于接网费,可按接网容量分档收费;针对大用户,按容量或按最大需量进行计费,即按变压器装接容量或按 15min 或 30min 平均负荷的月最大需量计算)。电度电价,用以分摊电力成本中的变动成本和其余的固定成本。

> **提示 8-8**
>
> 在电力市场化改革的过程中,发电、输电、配电和售电环节分开后,又出现了独立的发电上网电价、输电价格和配电价格,上述电价也同样可采取单一制或两部制的制度形式。其定价规则,本文不做重点讨论。

(2) 分时电价与实时电价制度

① 峰谷分时电价制度

峰谷分时电价(time-of-use,TOU)制度,是指在一天中对于用电高峰时段和用电低谷时段分别计费的一种电价制度。根据电网的负荷变化情况,将每天 24 小时划分为高峰、平段、低谷等多个时段,对各时段分别制定不同的电价水平。

> **提示 8-9**
>
> 世界上大多国家都在实行峰谷分时电价制度,有的地区峰谷之间电价之差甚至达 8 倍。

② 季节电价制度

季节电价制度,也称"丰枯电价制度",即在一年中对于不同季节按照不同价格水平计费的一种电价制度。主要解决以下 2 类问题。

- 针对不同季节的气候差异较大,导致不同季节的电力需求出现较大差异的电力系统,在不同季节分别按照不同的电价水平计电费。
- 针对水电比重较大的电力系统,枯水季节与丰水季节相比,可用发电容量少、发电成本高,在丰水和枯水季节分别按照不同的电价水平计电费。这种季节电价也称为丰枯电价。

③ 实时电价制度

实时电价制度,是一种动态的电价形式,即每时段(可为 1h、30min 或 15min)的价格

水平是不断变化。主要包括 2 步:

第一步,构建现货电价(spot price)制度——在电力批发市场中,市场出清价格应近似反映系统边际供电成本,如"节点边际价格";

第二步,构建实时销售电价(real time pricing,RTP)制度——通过电力零售市场,将电力批发市场中现货电价的特性引入到销售环节的竞争之中。

> **提示 8-10**
>
> 传统习惯上,销售电价总会采用峰谷电价"平均的"价格形式,其只反映系统供电成本的"日周期"变化规律,而无法反映时变的系统供电成本。因此,希望通过电力零售市场的竞争,以提高销售环节的经济效率与公平性。
>
> RTP 制度是一种动态的售电价格形式。每时段(可为 1h、30min 或 15min)的价格水平是不断变化,该变化与日前或实时批发电力交易竞争市场价格密切相关;换言之,价格水平与边际供电成本的预期以及市场供需形势有关。一般情况下,实时价格水平在一天前或一小时前发布。
>
> RTP 制度也可嵌套单一制电价与两部制电价制度,如一部制 RTP 或两部制 RTP。
>
> 需要注意的是:RTP 制度会给电力用户带来较大的价格风险,因此通常允许签订金融合同进行风险管理。

(3) 阶梯电价与梯级电价制度

① 阶梯电价制度

阶梯电价,是一种非线性电价形式,是指把用户用电量设置为若干个阶梯,分段或分档次定价和结算电费的电价制度;换言之,每个用户可能处在不同的电价阶梯上,因此每个阶段的用电量价格不一致。包括两种形式。

- 阶梯递减电价制度,其表现为:用电越多,单位电价越低,目的是"增供促销";当"电力供大于求"或"促进零售竞争市场",需要"增供促销"。
- 阶梯递增电价制度,其表现为:用电越多,单位电价越高,目的是"节约用电",提高用电能效;该制度多出于缓解电力供不应求或节约能源的目的;目前许多国家对居民生活用电执行递增式阶梯电价。

② 梯级电价制度

梯级电价制度,是根据用户用电度数多少分成若干梯级,且各级电价不同。当用户在该月用电度数适合某一梯级时,则该用户本月全部电按照这一梯级的电价计算;换言之,每个用户的用电量会处在某一用电范围,据此将该用户置于对应的梯级水平,此时该用户的全部用电量的价格是一致的。该制度类似于市场细分后的"价格歧视";若实施,其主要目的包括：

- 对于"限制其用电"或"鼓励其节约用电"的用户，可置于高电价的梯级，此时用户的全部用电量均按照高电价进行收费；
- 对于"鼓励其用电"的用户，可置于低电价的梯级，此时用户的全部用电量均按照低电价进行收费。

（二）电力的价格规制

价格规制，是在自然垄断和存在信息不对称的领域中，政府为了保证资源的有效配置和服务的公平供给，对价格水平和价格结构进行必要干预，以限制垄断企业制定垄断价格的行为。

在电力经济与管理领域，政府管制的电力价格形成机制主要包括3类。

① 优化价格规制

优化价格规制的核心机制包括2个方案：

- 最优定价机制（first-best pricing）——边际成本定价法，不做赘述；
- 次优定价机制（second-best pricing）——拉姆齐定价法（Ramsey Pricing），即当按边际成本定价不可行时，在保证对资源配置的消极影响最小（福利损失最小）的同时，允许企业至少不亏不盈。

但是值得注意的是：最优定价机制（边际成本定价法）无法有效地补偿成本，而次优定价机制（拉姆齐定价法）又不具实践性。

例题 8-1

已知：凤仙郡发电企业生产两种电力产品——风电 X 与火电 Y。风电 X 的需求弹性比火电 Y，即 $E_X > E_Y$；且 X 和 Y 的边际成本均常数，MC_X 和 MC_Y。若 X 和 Y 都按边际成本定价（分别为 pr_X 和 pr_Y），且 X 的需求量为 Q_X，Y 的需求量为 Q_Y。

但由于凤仙郡发电企业的固定成本未包括在边际成本中，则存在 TR＜TC。为了使凤仙郡发电企业的总成本得到补偿，至少有 1 种电力产品的定价要高于其边际成本。"拉姆齐定价"的条件是：电力产品价格 pr 偏离其边际成本 MC 的距离与其需求弹性 E 成反比，且满足零利润条件，即总收入 TR＝总成本 TC。

因此，对需求弹性大的风电 X，其价格 pr_X 应定得与其边际成本 MC_X 较接近；反之，对需求弹性相对较小的火电 Y，其价格 pr_Y 应定得距离其边际成本 MC_Y 较远。

---

② 回报率规制

为了补偿成本，一些国家或地区对电力等公共事业选择采用"回报率规制"方法。投资回报率,是指达产期正常年度利润或年均利润占投资总额的百分比。即:投资回报率＝年利润/投资总额×100%。

投资回报率规制,其优点是,以一种"公平的"(一般为社会平均水平)投资回报来确定受管制电力企业的收入或价格水平。其缺点是,缺少对电力企业的激励,会导致电力工业生产的低效问题;甚至趋向于过度投资。

③ 激励性价格规制

激励性价格规制的根源可总结为:通过经济激励,促使受管制的电力企业真实上报信息,以提高经济效率。目前,比较常用的激励性规制方法包括,价格上限法、收入上限法、变尺度法(也称"利益共享或责任分担法")、菜单法、成本折扣法、标尺法、业绩目标法等。上述激励监管方法并不相互排斥,在一个监管方案中可同时采用两种或两种以上的方法,也可通过在上述某种激励性监管方法中一定程度地嵌套传统的回报率监管方法而得到一种混合监管模型。

第四节 电力的价格调节

"价格"应是"交易"的标签;而相对于"市场","价格"更倾向于描述"定价机制",有时也作为"一种计量或一种信号"。

由于电力产品交易双方对未来的电力价格趋势各有预期,因此双方均不会签订一次性长期契约。为了实现价格的"自动调节",交易主体间会签订一些协议以规定协议期间的价格,如"标定指数机制"或"寻求外部报价"等。协议期间价格本质即要求契约价格与外部市场环境自发"联动"起来。

因此,通常情况下,电力的价格调节可分为3种情况。

【情况1】 适用于市场制的"边际成本定价策略"。边际成本与变动成本的定价机制是市场价格形成的一般性机理。根据一般性经济学原理,当电力产品的价格与其边际成本相等时,将实现帕累托最优配置。

【情况2】 适用于层级制的"两部定价策略"。两部定价法(Two-part Tariff)是一种公共定价法,其将价格分为"固定费"和"从量费"两部分。该策略中,会制定一份在电力交易有效期内的价格清单,包括两部定价、数量折扣和现金折扣等复杂性条款。两部定价法体现于层级制治理结构中的委托方预先支付能源生产代理方一部分设备安装费用。通过引入特殊的第三方,减少电力生产代理方交易的预付款风险;此时层级制治理结构的职能类似一个"管制委员会"。

【情况3】 适用于混合制的"弹性定价策略"。弹性定价法为电力交易主体规定"浮动价格"的契约条款——不提前规定未来电价,只规定一个合理的价格决定过程。因此,弹性定价法是风险转移的重要手段之一,且价格的灵活性不仅可保留主体应对变化环境的调整能力,而且可提供长期契约中做出短期资源配置决策的机会。此时的电价可根据3种方式进行调节:①政府或企业间的某项规则进行制定;②可参考电力现货市场的外部价格制定;③依据企业总收入水平,对价格进行函数化处理。

扩展及推荐阅读

[1] 国家发展改革委印发《关于贯彻中发[2015]9号文件精神 加快推进输配电价改革的通知》(发改价格742号)(2015),https://news.bjx.com.cn/html/20150417/609205.shtml.
[2] 国家发展改革委印发《关于完善跨省跨区电能交易价格形成机制有关问题的通知》(发改价格962号)(2015),https://news.bjx.com.cn/html/20150508/616232.shtml.
[3] 李才华.电价管理实务[M].北京:中国电力出版社,2014.
[4] 叶泽等.我国电价体系建设与电力发展战略转型研究[M].北京:科学出版社,2021.

即 练 即 测

第九章

辅助服务

本章学习目标

通过对本章的学习,能够:

1. 了解电力辅助服务的 3 大种类;
2. 熟悉调频相关的 3 类辅助服务、调压相关的 1 类辅助服务、系统恢复相关的 2 类辅助服务;
3. 理解辅助服务供给在发电端响应的 2 种方式;
4. 掌握可靠性资源购买时的联合优化与成本分摊、可靠性资源出售时的产品与服务相互影响。

第一节 辅助服务的需求

电力辅助服务与系统运行的安全可靠性直接相关。系统的发电与负荷之间不平衡会引发安全风险;在很多情况下,系统平衡与网络问题之间的相互关联性必须得到高度重视。

> **提示 9-1**
>
> 中国在第二轮电力体制改革的过程中,也在积极探索电力辅助服务品种优化以及辅助服务市场的建设。同时,在国际范围内,也有一些比较典型的经验。
>
> 一是电力辅助服务的采购与交易组织通常由系统调度运行机构负责。辅助服务的基本目的是保障电力系统安全稳定运行和电能质量,与系统调度运行部门的职责一致;且系统调度运行部门能够详细掌握各类辅助服务的需求信息。如:英国电力市场的辅助服务由英国国家电网公司(National Grid Company,NGC)负责管理;北欧电力市场中辅助服务由各国输电运行机构(Transmission System Operator,TSO)管理;美国加州电力市场的辅助服务由加州独立系统运营商(California Independent System Operator,CAISO)负责管理。

二是电力辅助服务的提供方式通常为"义务提供"和"有偿提供"相结合。针对一次调节、功率因数范围内的无功调节等品种,多数国家和地区采用义务提供方式,将提供此类辅助服务作为发电企业参与电力市场的基本条件之一;针对自动发电控制、旋转备用、非旋转备用等品种,通常采用有偿提供方式,对提供服务的市场成员进行合理的经济补偿,以提高市场成员提供系统辅助服务的积极性。

三是电力辅助服务市场组织方式可采用"集中竞争"或"长期合同"等多种方式。竞争程度较强的辅助服务品种一般采用集中竞价或招标方式采购,而其余品种可通过长期合约形式购买。如:在欧洲和美国电力市场中,备用一般通过竞争性市场采购,部分国家自动发电控制和调频也作为交易品种;而对于无功调节和黑启动,由于具有依赖地理位置或特殊装置的特性,欧洲和美国一般采用双边长期合同。

四是多数国家将电力辅助服务成本按照一定机制分摊给终端电力用户。如:欧洲部分国家通过"输电费用"或"系统调度专项费用"将辅助服务成本传导给用户;美国 PJM 市场规定所有负荷服务商(Load Serving Entity,LSE)需按照一定比例承担调频和备用义务。

五是在市场建设中考虑适应能源结构调整不断优化的辅助服务机制。随着可再生能源比例的不断提升,电力系统运行呈现新的特点,各国电力市场正在积极探索引入"爬坡类产品""系统惯性"等新型辅助服务交易品种,满足系统中对于具有快速爬坡能力、调节性能良好的电源需求,并通过市场化定价方式对此类机组进行经济补偿,进一步促进可再生能源消纳。如:美国加州电力市场已引入系统爬坡辅助服务品种,以应对光伏发电给系统调节带来的挑战;美国得州、澳大利亚电力市场也在积极讨论将系统惯性纳入辅助服务品种的可能性。

值得注意的是:电力辅助服务品种优化以及辅助服务市场的建设并非一蹴而就,也不能对其他国家的模式进行"生搬硬套"。理性的做法需要先从机制原理层面进行研判,进而基于本国国情推荐电力辅助服务的相关工作。

(一)平衡问题:频率

(1) 不平衡的时间特性

为便于讨论系统范围内发电与负荷的平衡问题,假设所有的发电机组与电力用户都连接在同一条母线上;此时,仅需考虑发电、负荷、频率[①]以及电能交换量等系统变量。

[①] "频率"是一种"实时信息",反映了电力转换成动力的效率。当频率下降时,负荷吸取的有功功率随着下降;当频率升高时,负荷吸取的有功功率随着增高。

若满足条件"生产=消费",则系统频率及跨区域电能交换量就将稳定不变;但发电与负荷的平衡经常会受到多种因素的干扰(如负荷变化、发电机组出力控制失准、发电机组或互联系统故障停运等)。根据图 9-1 的波动趋势进行总结,理论上,负荷与发电的不平衡有 3 种时间特性不同的形式:①快速的随机性波动;②缓慢的周期性波动;③偶发性的较大偏差。

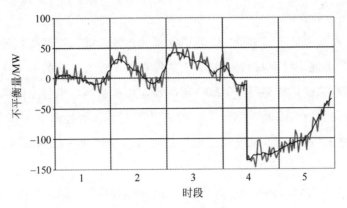

图 9-1　不同交易时段中与波动对应的电能不平衡量

(2) 系统状态的分类

按系统状态可分为两种情况。

① 孤立系统中,发电过剩将导致系统频率上升,发电短缺将导致系统频率下降。频率变化程度取决于系统内所有发电机组与旋转负荷所具有的转动惯量①(moment of inertia,也称"惯性矩")。孤立电力系统中容易发生发电与负荷的不平衡问题:从发电机组看,由于出力调整受到爬坡速率的限制,机组可能无法迅速达到市场交易所要求的理想出力水平,因此,不仅在各时段内发电与负荷会存在微小差异,而且在相邻时段间也同样会存在失衡;从电力负荷看,负荷整体会呈随机波动,且会发生较缓慢的周期性变化;但在市场运营中,负荷预测总是会存在一定的误差,电能市场上的电能成交量也就不会恰好等于实际负荷的平均值。

② 互联系统中,局部性不平衡将影响与相邻区域连接的联络线以及系统其余线路上的潮流;但对互联系统而言,其转动惯量通常较大、可承受较小的变化,因此频率偏差尚属可控。

此外,值得注意的是,由于发电机组的设计运行范围仅有一段很窄的频率空间,因此当频率偏差较大时,系统可能会崩溃。

---

① 转动惯量是刚体绕轴转动时惯性(回转物体保持其匀速圆周运动或静止的特性)的量度。转动惯量在旋转动力学中的角色相当于线性动力学中的质量,可形式地理解为一个物体对于旋转运动的惯性,用于建立角动量、角速度、力矩和角加速度等数个量之间的关系。本书不做讨论重点。

- 若系统频繁下降的偏差较大,为避免机组受损,保护装置会自动将其与系统其他部分解列;而发电机组解列势必会加剧发电与负荷的不平衡,导致频率下降得更多,并引发其他发电机组解列。
- 若系统频繁上升的偏差较大,为防止机组超过安全运行速率,保护装置同样将发生动作,也会造成发电机组缺失并导致供电不足,进而系统发生频率崩溃。

(3) 调频服务的界定

若"系统运行频率低于正常值"或"联络线偶然出现过载",则系统抵御下一时间可能发生的重大事故的能力将会减弱。因此,为确保在发生较大程度的不平衡时可在最短的时间内解决问题,系统运行部门需采取一定的预防性措施。由于各原因所引起的不平衡具有不同的"时间特性",因此对每种不平衡将采用差异化的处理方法。由此可知,为解决总体不平衡中的特定分量,系统运行部门必须有针对性地获得相应的"辅助服务",主要包括。

① 自动发电控制(automatic generation control,AGC):也称"二次调频控制"或"负荷频率控制"(在技术上属于一种设备装置;在管理上属于一种管控资源),用于解决快速的负荷波动与难以预测的较小程度发电变化(针对不平衡的第一种时间特性),基本属于"实时的预防性安全措施"且"动作相对较小";可使系统频率稳定在正常值或接近正常值的水平(使控制区内"负荷与发电的偏差"最小化),减少与其他电力系统之间的不当交换(使控制区之间的交换功率"实际值与计划值的偏差"最小化);通常主要由可快速增减出力的机组(与电网相连、装设调速器)提供。

② 负荷跟踪(load-following):当负荷缓慢波动时(针对不平衡的第二种时间特性),尤其是电力市场未考虑到的各交易时段内的负荷波动,则可通过发电机组(与系统相连,且具备及时响应负荷波动的能力)处理较小的负荷与发电的不匹配,以维持系统频率。提供负荷跟踪服务的发电机组需发生一定程度的连续动作,且负荷跟踪动作比较容易预测。与 AGC 相似,负荷跟踪也可将系统不平衡限制在接近于零的很小范围内,使系统频率接近正常值,因此也可被用作预防性安全措施。

③ 备用服务(reserve):主要用以消除可能危害系统稳定且难以预测的较大电能偏差(针对不平衡的第三种时间特性)。备用服务常可视为"校正措施",但其获取则是一种预防性安全措施。一般可分为两类:一是旋转备用(spinning reserve)——也称"可靠性备用"和"快速启动机组";当负荷与发电发生较大偏差时,提供旋转备用的机组需立即对频率变化作出响应,拟定提供的全部备用容量必须在很短时间内实现供应(如 10min 内可提供急需的发电量的增减);旋转备用可有助于恢复频率控制和负荷跟踪的服务水平。二是非旋转备用(non-spinning reserve)——也称"补充性备用(supplemental reserve)"

"二级备用"或"运行备用";当负荷与发电发生较大偏差时,提供补充备用的机组无须马上作出响应(如 30min 内可满发的发电备用容量),且某些形式的补充备用可由先前未开启但可在较短时间内带上出力的机组提供;非旋转备用可提高恢复旋转备用的服务水平。

此外,值得注意的是:

其一,平衡电力产品与平衡辅助服务都会通过电力现货市场进行交易。理想情况是可在平衡电力产品与平衡辅助服务之间划定一个清晰的界限;然而各电力市场的规则设计存在相当大的差异,使得对二者的界定存在"暧昧"。•若市场关闭时点距离实时运行的时间较短,系统运营商将可通过现货市场购得大部分的平衡资源;•若只存在日前市场,则需建立一套复杂的平衡服务获取机制。

其二,在考察机组的平衡服务供应能力时,其出力调整速度显然是最重要的因素;但通常情况下,机组在电网中的位置也会影响其平衡辅助服务的供应能力。若机组通过某一输电线路与系统主网架相连,若该输电线路常发生阻塞,机组的出力调整程度将受到输电线路的限制,此时该机组就不是一个合适的平衡辅助服务备选机组。

(二)网络问题:电压

(1)潮流传输容量限制

在电力系统中,随着负荷与发电的变化,网络各支路上的潮流和各节点上的"电压"也会发生波动。基于电力系统的不同状态,扰动会表现为 3 种形式。

【形式 1】 网络中某条支路停运后所承载的潮流会在网络其他部分重新分配。此时,由于潮流超过热容量限值,网络中可能会有一条或多条支路发生过载;在缺少校正措施的情况下,过载线路将会松弛,引发事故并与系统解列。为避免因过热而发生损坏,过载变压器也有可能停运。此类继发性停运会进一步危害网络安全,随着越来越多的支路发生过载,最终可能导致整个系统完全崩溃。

【形式 2】 在发电机组或无功补偿设备突然停运时,系统会缺少足够的无功支持。同样,重要线路的停运可能会导致网络无功损耗增加,达到超过系统所能提供的水平。此时,部分地区甚至整个网络可能会发生电压崩溃。

【形式 3】 过载十分严重的线路发生故障可能会导致部分发电机组的转角增加,可能引发局部网络与系统其他部分动态分离,进而出现发电与负荷不平衡,最终使部分或整个区域发生系统崩溃。

因此,系统调度运行部门必须采取一定的预防性措施:①常规性检查设备是否运行在安全极限内;②定期通过计算进行事故分析(考察发生危及系统稳定的可能性);③通过调整设备(变压器抽头位置、发电机组电压设定)提高电压稳定边界;④通过使用移相变压器改变系统中的有功潮流分布,避免系统在故障后出现过载。

尽管上述预防性措施的实施成本相对较低,但对系统安全所做的贡献依然有限。随着系统负荷的增加,一旦到达某临界点,唯一能保证系统安全运行的手段只能是限制某些支路上的有功潮流。

由于存在有功潮流约束的限制(真实存在且有时会非常高),一部分处于关键支路上游位置的发电机组可能会受到一定的出力限制(即使能够在电力市场出售更多电能,但也会由于线路约束而无法实现供应)。

(2) 电压控制与无功支持服务

为增加电网的潮流传输容量,系统调度运行部门会调用两类"无功资源":【第一类】部分资源与无功控制设备(如:机械投切式电容器与电抗器、静止无功补偿器、调压变压器等),通常由系统调度运行部门直接控制并任意使用;【第二类】发电机组是实现电压控制的最佳选择,系统调度运行部门需要定义一种"电压控制服务"或引入一项"专门服务业务"(出售"无功支持"或"电压控制"),以调用发电部门的资源(提供电压控制服务的机组可能发出或吸收无功,并为此相应调整有功出力)。

- 在正常运行状态下,系统调度运行部门通过调用无功资源,可将各母线上的电压控制在接近正常值的较小范围内:一方面,是便于在配电网中进行电压调整;另一方面,是为了输电系统的运行安全(电压上限是为了减少绝缘失败风险;电压下限保证了较高的电压水平,有利于避免系统在出现突发性停运时而发生电压崩溃)。

- 在系统停运事故后,所需要的无功数量要大得多(即使电压水平正常,如无法及时补充无功,系统会发生电压崩溃;若某一重载输电线路停运,就会增加系统其他线路上的无功损耗)。因此,电压控制服务反映的不仅是正常运行状态下的电压调整能力,同时还需要能在紧急状态下提供足够的无功。因此,电压控制服务常被称为"无功支持服务"。无功支持服务的真实价值,不在于实际生产了多少无功电能,而在于其具有的"无功出力供应能力"以及"在事故停运后阻止电压崩溃的能力"。

电压控制(voltage control):也称"无功备用(reactive power reserve)""无功调节"或"无功优化";通过发电机组或输电系统中的其他无功源向系统注入或从系统吸收无功,以维持输电系统的电压在允许范围内。无功备用服务主要包括:提供无功能源的供应;提供无功的事故备用;保证系统的电压水平;利用无功优化以降低网络损耗。系统中的无功功率控制能够引起电压的变化(与频率的全系统统一性不同,电压的分布是与当地的无功供应和需求相关),因此必须保证系统中无功的平衡,尤其在输电网重负荷的情况下,无功功率控制格外重要;电力市场中除了要保证电能的有效供应外,还需保证良好的电压水平和稳定性。

(3) 稳定服务

系统运营商还需要通过发电机组获得其他网络安全服务。

连锁跳闸方案(intertrip scheme)可解决"暂态稳定问题"。这些方案不会影响电力系统的当前状态,但是在系统发生故障时,可以自动实现一些发电机组与电力负荷的解列,从而确保系统的安全稳定。

电力系统稳定器(power system stabilizer)可对发电机组出力进行微调,抑制电力网络中可能出现的振荡;此类稳定器的动作可增加系统中传输的潮流数量。

(三) 系统恢复

即使对"平衡问题"和"网络问题"均有相应的控制手段,仍会出现极个别扰动脱离系统调度运行部门的控制,最终导致整个电力系统崩溃。重启大型火力发电机组需要相当数量的电能,而在整个系统崩溃时很难实现该要求。但某些水力发电机组以及一些小型柴油发电机组,可手工启动或通过储能中的电力启动。为保证系统在任何情况下都可快速恢复运行,系统调度运行部门需要保证有足够的系统恢复(system restoration)资源可供调用。相应的辅助服务通常还包括两种。

① 发电再计划(re-schedule):也称"发电再分配"(re-dispatch);是针对"发电-负荷"的较大偏差时,系统调度运行部门将重新安排各发电机组出力。

② 黑启动(black-start):也称"重大事故恢复服务"(restoration service);是整个系统因故障停运后、系统全部停电(不排除孤立小电网仍维持运行)时,不依赖于其他电力网络的帮助,而是通过系统中"具有自启动能力"的发电机组启动带动"无自启动能力"的发电机组,逐渐扩大系统恢复范围,最终实现整个系统的恢复。

(四) 辅助服务的范围

综上所述:①平衡问题(调频相关)的 3 类辅助服务为"自动发电控制""负荷跟踪"及"备用服务";②系统问题(调压相关)的 1 类辅助服务为"电压控制";③系统恢复的 2 类辅助服务为"发电再计划"和"黑启动"。

举例 9-1

以调频类辅助服务品种为例,目前,中国、美国、欧盟的电力辅助服务品种各有不同。

> - 中国电力辅助服务品种主要包括：一次调频、自动发电控制、备用、调峰。
> - 美国电力辅助服务品种主要包括：频率响应、调频、旋转备用、非旋转备用、补充备用、实时市场。
> - 欧盟电力辅助服务品种主要包括：一次调频、二次调频、三次调频、平衡机制、日内市场。
>
> 需要注意的是，调峰的本质是通过短时电力调节使发电出力跟踪负荷的变化，实现电力电量的平衡。目前，国外电力辅助服务中并没有调峰的品种，而是一般通过现货市场中的实时市场或平衡机制实现。

随着电力系统日趋复杂，还会出现其他形式的辅助服务，此处不做赘述。

值得注意的是，从辅助服务的补偿机制属性和市场机制属性看，还可以分为：• 基本辅助服务——为保障系统安全稳定运行、保证电能质量，发电机组"必须提供"的辅助服务且"不进行补偿"，包括一次调频、基本调峰、基本无功调节等。• 有偿辅助服务——并网发电机组在基本辅助服务之外所提供的辅助服务，且"应予以补偿"，包括自动发电控制、有偿调峰、备用服务、有偿无功调节、黑启动等。

第二节 辅助服务的供给

（一）发电端的响应

系统调度运行部门获取辅助服务的方式主要有 2 种。第一种是强制要求发电部门提供一部分辅助服务；第二种是将辅助服务的供应市场化，由市场指导并保证资源的提供。

（1）强制供应

采用"强制供应"方式时，一部分电力部门（如发电部门）会被强制要求提供特定类型的辅助服务，这是其能够接入电力系统的"先决条件"[①]。

> **举例 9-2**
>
> "强制供应"可理解为：为保证系统安全，在发电机组接入时规定必须提供一定范围内的辅助服务，如一次调频、一定范围的无功调节等。

---

① 如：某些接网规则为确保所有发电机组均会对频率调整起到相同作用从而规定了调速器的装置调差系数；某些接网规则为确保系统电压稳定从而规定了功率因数在既定范围内正常运行且应当安装自动电压调节器。

> 目前,在法国、意大利、西班牙等欧洲国家,发电机组需提供欧洲的输电系统运营商(Transmission System Operator,TSO)所规定的一次调频备用容量。但强制提供辅助服务不一定代表免费提供,系统调度运行机构需要合理确定机组辅助服务成本,以固定价格对其进行补偿。

辅助服务强制供应方式,与"垂直一体化公用事业管控"的特点极为相似。

【优点】 ①方法简单、直接,集中控制能力明显;②能够保证系统可获得维持稳定运行所必须的充足资源。

【缺点】 经济性较差,且操作性较难。

① 强制规定可能会引发不必要的投资(并不需要所有机组都参与频率,也不需要全部机组都安装电力系统稳定器),从而造成辅助服务的资源供给超过实际需要。

② 由于规定了所需技术,因此很难实现技术进步或商业革新,且系统调度运行部门也没有动力去寻找更为有效的辅助服务供应方法。

③ 造成供应者的成本无法回收(发电部门生产无功出力会增加同步发电机组的损耗,且会减少其所能生产与销售的有功电量),因此电力部门的接受程度较低。

④ 部分电源技术难以提供系统所需的辅助服务(核电机组就无法迅速调整有功出力适应负荷的快速变化)或无法以经济的方式提供服务(强制要求高效率的机组只带部分负荷)。

⑤ 若只对部分发电部门免除辅助服务义务,则可能会"扭曲竞争"。

(2) 市场供应

值得注意的是,"市场供应"的实现形式与辅助服务的特性有关。

【形式1】 可采用"长期合同"的情境有两个:①对于需求量长期基本不变或变化较小的辅助服务;②对于服务供应能力主要取决于设备参数的辅助服务。一般可通过长期合同购买获取的辅助服务包括黑启动能力、连锁跳闸计划、电力系统稳定器与频率调整。

举例 9-3

"长期合同"可被理解为:针对黑启动、无功调节等对机组有特殊能力要求或具有一定本地化特征的辅助服务品种,适宜采用长期合约方式进行采购,由系统调度运行机构确定需求后,通过双边协商或招标方式确定辅助服务提供商并与其签订长期合约,期限通常包括年度、半年、季度、月度等。如:美国得州电力可靠性委员会(Electric Reliability Council of Texas,ERCOT)负责得克萨斯州电力市场的管理;ERCOT作为州域范围内的独立系统调度机构(independent system operator,ISO),既辅助管理竞争性电力批发市场、又负责其范围内电网运行。目前得州辅助服务产品

> 主要包括上调频(regulation up, Reg-Up)、下调频(regulation down, Reg-Down)、响应备用(responsive reserve service, RRS)、非旋转备用(non-spin reserve, Non-Spin)、电压支持(voltage support service, VSS)、黑启动(black start service, BSS)和可靠性保障运行服务(reliability must run service, RMRS)。其中,电压支持、黑启动、可靠性保障运行服务等3种产品不参与辅助服务市场,而是通过长期合同获得。

【形式2】 应通过"现货市场"的情境有2个:①对于一天之内会产生较大波动的辅助服务;②报价数量与电力市场存在紧密关联的辅助服务。如至少有一部分必需的备用服务会通过现货市场进行买卖;但为了减少"备用容量不足"或"购买费用过高"所带来的风险,即使市场成熟,系统运营商也希望签订一定数量的长期备用供应合同,辅助服务提供者也愿意混合使用长期合同与短期市场。

> **举例9-4**
> "现货市场",在电力辅助服务环节也称为"有组织的竞争性市场";一般适用于调频、备用等市场供应相对充足、需求随时间变化的辅助服务品种,由系统调度运行机构开设短期集中竞争市场进行采购。如在美国大部分的州、澳大利亚等集中式电力市场中,调频、备用等辅助服务通常与电力现货市场联合优化出清。

由此总结市场供应的优、缺点:

【优点】 与强制供应相比,市场供应更具有灵活性和经济性;

【缺点】 当只有很少的辅助服务提供者能够实际参与特定服务时,辅助服务提供者可能会行使"市场力"破坏辅助服务市场的公平竞争。此时,对监管部门的能力要求较高。

(二)用户端的响应

用户端的响应,即"电力用户对辅助服务的需求响应"。

在电力系统引入竞争前,垂直一体化公用事业拥有的发电机组承担了全部辅助服务的供应任务。事实上,许多电力市场上的辅助服务定义依然保留了垄断时期的痕迹。但在一个竞争性电力市场中,若其他供应者(电力用户)也可提供同样质量的服务,系统运营商将没有义务、没有必要、没有动力只选择发电企业作为辅助服务的供应者。

电力用户提供辅助服务具有一定的优点:

① 提供者数目的增多会促进辅助服务市场的竞争;

② 从宏观经济角度看,电力用户提供辅助服务会增加资源的利用效率(避免非必要

备用预留或非必要容量投资,且发电机组可将更多容量投入发电);

③ 有利于大型固定机组与可再生发电的技术组合;

④ 与大型发电机组相比,需求侧辅助服务由数量众多的小负荷用户分摊,所有小负荷同时出现故障的概率极低;

⑤ 在不同类型的备用服务供应中,若电力用户安装了变速电动机的大型抽水负荷,需求响应方式更具竞争性(竞争性的调频服务)。

第三节 可靠性资源的购买

"安全"是一个"系统性"概念,需要进行集中化管理。若采用"市场机制"获取辅助服务,则系统运营商将必须向提供者支付服务费用并将成本分摊到系统用户身上。

(一)需求量化

为确定合理的安全水平与辅助服务数量,系统运营商必须进行严格的"成本-效益分析"(cost-benefit analysis)。

当"新增安全服务的边际成本=新增安全服务的边际价值"时,电力系统安全对辅助服务的经济性要求即处于最佳状态。其中,新增安全服务的边际成本的测算相对容易,但新增安全服务的边际价值(其反映了由于系统安全服务而避免的"负荷中断带给电力用户的损失")的测算却比较麻烦。由于无法在所有时刻都进行成本-效益分析,因此通常会建立一套比较接近最优情况的安全标准(一般会规定系统可抵御事故的类型)以及一系列相对复杂的模型工具与计算技术,此处不做展开讨论。

值得注意的是:若系统运营成本可全部转嫁给电力用户,则系统运营商为了减少运营的难度与压力,所购买的辅助服务数量势必会超过系统的实际需要。

因此,既为了使系统运营商实现辅助服务的购买成本最小化,又能够限制其对辅助服务购买量从而避免造成浪费,需根据实际运行情况建立一种有效的"激励机制"。

(二)联合优化

(1) 基本原理

由于某些辅助服务与电能交易或其他服务之间存在密切的耦合关系,因此很难合理地给出购买价格。目前电力经济与管理领域存在一个广泛共识:"电能"与"备用"应当在联合市场上进行报价交易,"商品"与"服务"应当进行"联合优化"并"同时出清",从而实现电能与备用的供应总成本最小化。

"联合优化"的直接影响包括。

① 与以前相比,部分载荷机组出售的电能数量会减少。

② 为满足负荷需求,通常需要调用成本更高的机组提供更多的电能。

③ 由于不能满载发电,提供旋转备用的机组效率会降低,因此需要获得收入补偿。

因此,为满足备用要求,电能价格可能会增加;联合优化,一方面要保证电能产品供给与辅助服务供应的总成本最小化,另一方面又要保证发电机组提供辅助服务与生产电能之间不存在获利差别。

(2) 优化求解

在一个小规模的电力市场中,设定:其电力需求量为 Q_d,且在 $Q_d^{\min}$ 到 $Q_d^{\max}$ 之间波动变化;系统只需要一种备用,且该备用的需求量为 R;系统连有 m 台发电机组,其中第 i 台的电力边际生产成本为 cost_i,最小出力为 $P_i^{\min}$、最大出力为 $P_i^{\max}$,最大备用容量为 $R_i^{\max}$。

假设:①发电机组具有恒定的边际成本,且可按照从小到大的顺序排列;②可忽略机组最小稳定发电约束的影响与限制;③市场采用了集中运营模式,发电企业的"电力生产报价"等于其"边际生产成本",且市场规则不要求单独对备用供应进行报价。

目的:求解 m 台发电机组各自的发电量 $(Q_1, Q_2, \cdots, Q_i, \cdots, Q_m)$ 以及其所对应的备用供应量 $(R_1, R_2, \cdots, R_i, \cdots, R_m)$。

由此,设定目标函数为发电总成本最小化:

$$\min \sum_{i=1}^{m} (\text{cost}_i \cdot Q_i) \tag{9-1}$$

同时,需要满足以下约束:

① 电力市场的供需平衡约束为

$$\sum_{i=1}^{m} Q_i = Q_d \tag{9-2}$$

② 最小备用的要求为

$$\sum_{i=1}^{m} R_i \geqslant R \tag{9-3}$$

③ 机组发电出力的限制为(其中 $i \in [1, 2, \cdots, m]$)

$$P_i^{\min} \leqslant Q_i \leqslant P_i^{\max} \tag{9-4}$$

④ 发电机组备用能力的约束为(其中 $i \in [1, 2, \cdots, m]$)

$$0 \leqslant R_i \leqslant R_i^{\max} \tag{9-5}$$

⑤ 发电机组的容量约束为(其中 $i \in [1, 2, \cdots, m]$)

$$Q_i + R_i \leqslant P_i^{\max} \tag{9-6}$$

由此，在电力需求量 Q_d 波动变化的不同情况下，均可得到最优调度方案。

因此，通常可建立一种有效的电能与备用市场同步出清方法，既可在满足安全约束的前提下实现最小化购电成本，又可公平对待电能与备用的对应提供者。

（三）成本分摊

电力系统安全对不同用户具有差异化价值，如大用户与小用户对"供电可靠性"的要求或接受程度存在差异。因此，基于供电可靠性的定价是一种比较具有经济效率的机制。

囿于现有的技术水平，系统运营商很难提供多样化的安全性服务；因此，系统调度运行部门所制定的安全标准必须反映平均安全水平，从而获取电力用户的认同。此时，出现 2 个现实问题。

【问题 1】 由于对所有电力用户的供电服务安全性相同，为合理分摊全部辅助服务成本，通常会将"电力消费量"或"电力生产量"作为量度电力用户对系统使用程度的指标。

【问题 2】 部分电力用户的行为对电力系统安全会产生较大的影响；若对其进行适当"惩罚"会改变其自身行为，则系统所需的辅助服务数量会因此而减少，从而也降低了系统达到期望安全水平的成本。

（1）发电部门的分摊

若不平衡是由"发电部门"导致，发电机组出现突发性故障或连接相邻系统的互联线路突然断开，均会造成系统的不平衡。此时，电网部门会在某些时候拒绝某些电力用户的电力需求，称为"甩负荷"（shedding-load，也称"滚动停电"）。

为了将甩负荷的概率降至可接受水平，会利用发电机组故障和互联线路故障的相关数据，计算所需要的备用数量。概率计算证实：①与可靠性较高的系统相比，发电机组故障较多的系统需要更多备用容量；②与由许多小容量发电机组供电的系统相比，仅由少数大容量发电机组供电的系统需要更多备用容量。

市场优化目标是在不影响系统安全水平的情况下，实现备用服务的供应成本最小化；因此，应当给予发电企业一定的激励，促使其降低机组发生故障的概率。在向各发电机组分摊备用服务费用时，较为公平的"激励机制"是：①可利用"机组对系统备用需求的影响程度"作为分摊指标；②发电部门可提高电能产品的"报价"，并将备用成本转移给电力用户。因此，与易发生故障的大容量发电机组相比，可靠性更高的小容量发电机组更具竞争优势。

（2）电力用户的分摊

若不平衡是由"电力用户"导致，面对电力系统的负荷跟踪和自动发电控制服务需求时，成本则需要在"工业用户"与"非工业用户"之间进行公平分摊。

一般情况下,工业负荷和非工业负荷在系统负荷中的占比没有明确的大小关系。但针对特定的电力系统,尽管工业负荷的占比会小于非工业负荷的占比,但极大概率的自动发电控制服务与负荷跟踪服务均是由工业负荷的频率波动而引起的。

在不受干预的市场环境下,①由于自动发电控制与负荷跟踪服务的成本仅按各电力用户所消耗的电能数量直接进行分摊,因此实际上,小用户对大用户进行了"交叉补贴"。②即使同是工业用户,不同种类的大用户对系统的影响程度也存在较大的差别。

第四节 可靠性资源的出售

(一) 产品与服务的相互依存

辅助服务的出售为发电部门带来了一种不同于电能销售的业务机会。

由于技术约束与成本影响,辅助服务出售与电能销售无法截然分开。如:当发电企业试图出售旋转备用或无功支持时,其必须开机并且至少提供超过最小发电出力约束的电力;相反,当发电机组已经处于最大出力极限值时,此时其已经没有更多发电空间,更无法出售备用容量。若该机组决定增加备用容量的出售而减少发电出力,则其出售的电能会相应地减少;由于减少发电出力的机会成本可能较大,因此发电部门有必要对电能产品与备用服务进行联合优化。

提示 9-2

电力辅助服务产品与电力系统运行紧密相关;与一般的电力商品相比,电力辅助服务产品具有一定特殊性,要求对辅助服务的价格和交易机制进行科学合理的设计。

第一,电力辅助服务属于"公共产品"。电力辅助服务应用于整个电力系统,为保障系统安全稳定运行和可靠供电发挥着重要作用,所有接入主体均是"受益者"。因此,辅助服务具有一定公共产品属性。公共产品的成本可通过"受益者"或"肇事者"两方面回收。辅助服务成本可由终端用户分摊,或是由造成系统偏差的主体承担。

第二,电力辅助服务成本构成复杂、差异较大。辅助服务成本包括固定成本、变动成本和机会成本。不同辅助服务品种的成本间,以及不同主体提供同一种辅助服务的成本间,均存在一定差异。

第三,不同辅助服务品种之间具有一定的替代性。以系统备用为例,不同类型的备用对系统价值不同,响应时间越短的备用价值越高。高质量的备用价格一般不低于低质量的备用,而低质量的备用可以被高质量的备用替代。

（二）产品与服务的相互影响

设定竞争性电力市场中有一台发电机组，既能销售电能产品，又能出售备用服务（假设只出售旋转备用，同时忽略出售其他辅助服务的可能）。

对该发电机组在某一交易时段内的运行情况进行分析，假设：①电能市场与备用市场均为完全竞争，该机组是价格的被动接受者，即其报价对电能与备用的价格均不会产生影响，且可选择向任何一个市场出售任意数量的电能或备用。②该机组在此交易时段的起点即处于运行状态，即无须考虑机组的启动成本、最小运行时间与最小停机时间等问题。

同时，给出符号表达如下。

pr_E 表示电能产品市场上单位电能的价格。pr_R 表示备用服务市场上单位容量的价格（1kWh 对应于持续 1h 的 1kW 备用容量）。

Q_E 表示发电企业在电力市场销售的电能数量。Q_R 表示发电企业在备用市场出售的备用数量。

P_{min} 表示发电机组的最小发电出力约束（最小稳定出力）。P_{max} 表示发电机组的最大发电出力约束。

R_{max} 表示发电机组所能提供的备用容量上限（取决于机组爬坡速率与备用服务定义，如：机组最大爬坡速率为 120MW 每小时且备用必须在 10min 内实现响应，则该机组所能提供备用不会超过 20MW）。

$cost_E(Q_E)$ 表示电能产品的生产成本（包括燃料成本、维修成本，但不包括投资成本）；且该函数必须是凸函数。

$cost_R(Q_R)$ 表示备用服务的生产成本（不包括出售电能的机会成本或者投资成本）；且该函数也必须是凸函数；规定：发电企业能够预测其有多少备用容量会被实际调用，且该数量电能的生产成本需计入此成本。

利用运筹方法构造一个有约束的优化问题。

发电企业的经营目标，通过出售电能与备用，实现利润最大化。据此给出优化问题的目标函数：

$$\max \pi(Q_E, Q_R) = \max[pr_E \cdot Q_E + pr_R \cdot Q_R - cost_E(Q_E) - cost_R(Q_R)] \quad (9-7)$$

在技术因素既定的情况下，发电机组的电能生产与备用供应会受到约束。

第一，电能报价与备用报价的数量之和不能超过发电机组的最大出力范围。

$$Q_E + Q_R \leqslant P_{max} \quad (9-8)$$

第二，由于机组不能运行在最小发电出力约束以下，因此电能数量应不小于最小稳定发电。

$$Q_E \geqslant P_{\min} \tag{9-9}$$

第三,在备用服务规定所允许的时间范围内,机组的备用服务申报量不能超过其实际供应能力。

$$Q_R \leqslant R_{\max} \tag{9-10}$$

- 若 $R_{\max} \geqslant P_{\max} - P_{\min}$,则此时机组的备用申报量不受爬坡速率的约束,公式(9-10)的约束条件是多余的;
- 若 $R_{\max} < P_{\max} - P_{\min}$,则意味着约束公式(9-8)和公式(9-9)无法同时发挥作用。通常不会直接考虑备用为负的情况;但对于有些发电企业而言,提供备用服务有时难以带来价值,因此可能会决定在此类时段不提供备用服务。

在给定优化目标与约束条件时,可得到优化问题的拉格朗日函数:

$$\begin{aligned} l(Q_E, Q_R, \mu_1, \mu_2, \mu_3) = &\text{pr}_E \cdot Q_E + \text{pr}_R \cdot Q_R - \text{cost}_E(Q_E) - \text{cost}_R(Q_R) + \mu_1 \cdot \\ &(P_{\max} - Q_E - Q_R) + \mu_2 \cdot (Q_E - P_{\min}) + \mu_3 \cdot (R_{\max} - Q_R) \end{aligned} \tag{9-11}$$

将拉格朗日函数对决策变量求偏导,并令其等于零,可得到最优化条件:

$$\begin{cases} \dfrac{\partial l}{\partial Q_E} \equiv \text{pr}_E - \dfrac{\text{dcost}_E}{\text{d}Q_E} - \mu_1 + \mu_2 = 0 \\ \dfrac{\partial l}{\partial Q_R} \equiv \text{pr}_R - \dfrac{\text{dcost}_R}{\text{d}Q_R} - \mu_1 - \mu_3 = 0 \end{cases} \tag{9-12}$$

此外,最优解还必须满足不等式约束,

$$\begin{cases} \dfrac{\partial l}{\partial \mu_1} \equiv P_{\max} - Q_E - Q_R \geqslant 0 \\ \dfrac{\partial l}{\partial \mu_2} \equiv Q_E - P_{\min} \geqslant 0 \\ \dfrac{\partial l}{\partial \mu_3} \equiv R_{\max} - Q_R \geqslant 0 \end{cases} \tag{9-13}$$

同时,也应当满足公式(9-14)所示的补充松弛条件,

$$\begin{cases} \mu_1(P_{\max} - Q_E - Q_R) = 0 \\ \mu_2(Q_E - P_{\min}) = 0 \\ \mu_3(R_{\max} - Q_R) = 0 \\ \mu_1 \geqslant 0; \mu_2 \geqslant 0; \mu_3 \geqslant 0 \end{cases} \tag{9-14}$$

针对不等式约束,均应当满足补充松弛条件,且有 2 种情况可以讨论。

- 若不等式约束产生作用,则不等式约束便可转化为等式约束,此时其所对应的拉

格朗日乘子 μ_1 即为该约束的"边际成本"或"影子价格";此外,由于产生作用的约束总是会使优化问题求解出的生产成本增加,因此产生作用的不等式约束对应的拉格朗日乘子必定为正数。

- 若不等式约束不产生作用,则未能发挥作用的不等式约束不会对与最优解对应的生产成本产生任何影响,因此,其拉格朗日乘子为 0。

由于公式(9-12)到公式(9-14)求最优解的充要条件无法直接判断不等式约束是否产生作用,因此需要针对各种可能的组合分析电能与备用之间的特定关系。该问题涉及 3 个不等式约束,因此可探索 8 种可能的组合。

【组合 1】 $\mu_1=0;\mu_2=0;\mu_3=0$

此时,所有的拉格朗日乘子均为 0,没有约束发挥作用;因此公式(9-12)可简化为

$$\begin{cases}\dfrac{\mathrm{dcost}_E}{\mathrm{d}Q_E}=\mathrm{pr}_E\\\dfrac{\mathrm{dcost}_R}{\mathrm{d}Q_R}=\mathrm{pr}_R\end{cases} \tag{9-15}$$

据此可知,发电机组的电能供应量与备用供应量会处于"恰好使产品与服务各自的边际成本等于市场价格"的点上;此时电能市场与备用市场不存在联系,相当于在完全竞争的市场上进行电能产品销售与备用服务出售。

【组合 2】 $\mu_1>0;\mu_2=0;\mu_3=0$

此时,电能与备用的总供应量恰好到达发电容量上限,即 Q_E 与 Q_R 之和等于 $P_{\max}$;将拉格朗日乘子代入公式(9-12)可得

$$\begin{cases}\mathrm{pr}_E-\dfrac{\mathrm{dcost}_E}{\mathrm{d}Q_E}=\mu_1>0\\\mathrm{pr}_R-\dfrac{\mathrm{dcost}_R}{\mathrm{d}Q_R}=\mu_1>0\end{cases} \tag{9-16}$$

其中,拉格朗日乘子 μ_1 表示当机组出力约束上限增加时,其所能实现的额外边际利润。

据此可知,电能与备用的出售均可取得一定的利润,且当电能市场的边际收益恰好等于备用市场的边际收益时,该发电机组会实现自身利润最大化。

【组合 3】 $\mu_1=0;\mu_2>0;\mu_3=0$

此时,发电机组的电能生产受到最小稳定发电约束的限制,即 Q_E 等于 $P_{\min}$;将拉格朗日乘子代入公式(9-12)可得

$$\begin{cases}\dfrac{\mathrm{dcost}_E}{\mathrm{d}Q_E}-\mathrm{pr}_E=\mu_2>0\\\dfrac{\mathrm{dcost}_R}{\mathrm{d}Q_R}=\mathrm{pr}_R\end{cases} \tag{9-17}$$

据此可知,一方面,为提供备用服务,发电机组必须启动并至少运行在最小稳定发电极限上;此时,机组会持续提供备用服务,直到备用服务的边际成本恰好等于备用的市场价格。另一方面,由于发挥作用的约束所对应的拉格朗日乘子为正,电能生产的边际收益为负值;此时,发电企业会选择减少电能的生产。

值得注意的是充要条件决定的运行点会使发电企业的利润最大化,但并不能保证其利润值一定为正(在该乘子组合下,电能销售的损失可能会超过备用出售的收益;要检验运行点是否盈利,需要将 Q_E 和 Q_R 代入目标函数中,用以判断最终结果的符号)。若处在最优运行点却无法盈利,则发电企业会选择在该时段停止发电。但若对机组在多个时段内的运行进行优化,由于存在启动成本与最小运行时间约束,得出的最优解可能会导致某些时段的运营收益为负,且此时的备用出售可减少机组在该时段的损失。

【组合4】 $\mu_1=0$;$\mu_2=0$;$\mu_3>0$

此时,唯一发挥作用的条件是发电机组爬坡速率对备用容量的约束,即 Q_R 等于 $R_{\max}$;因此可得

$$\begin{cases} \dfrac{\mathrm{d cost}_E}{\mathrm{d}Q_E} = \mathrm{pr}_E \\ \mathrm{pr}_R - \dfrac{\mathrm{d cost}_R}{\mathrm{d}Q_R} = \mu_3 > 0 \end{cases} \tag{9-18}$$

据此可知,售电已实现利润最大化,但若放松爬坡速率约束,备用出售的利润还会增加。

【组合5】 $\mu_1>0$;$\mu_2>0$;$\mu_3=0$

由于假设中规定了较小的爬坡速率,发电机组的备用容量小于机组的运行区间,因此该组合在实际运行中不存在,不做深究。

【组合6】 $\mu_1>0$;$\mu_2=0$;$\mu_3>0$

此时,最大容量与爬坡速率约束同时发挥作用,即 Q_E 与 Q_R 之和等于 $P_{\max}$,且 Q_R 又等于 $R_{\max}$;因此可得

$$\begin{cases} \mathrm{pr}_E - \dfrac{\mathrm{d cost}_E}{\mathrm{d}Q_E} = \mu_1 > 0 \\ \mathrm{pr}_R - \dfrac{\mathrm{d cost}_R}{\mathrm{d}Q_R} = \mu_1 + \mu_3 > 0 \end{cases} \tag{9-19}$$

据此可知,电能与备用的出售量越大,发电机组的收益越多。但由于出售备用容量能够实现大于电能销售的收益,因此机组不会将全部容量都用于电能生产;由于存在爬坡速率约束,机组也无法进一步减少发电容量以提供更多备用。

【组合7】 $\mu_1=0$;$\mu_2>0$;$\mu_3>0$

此时,最小稳定发电约束的发挥作用,即 Q_E 等于 $P_{\min}$,且机组爬坡速率对备用容量产生约束,即 Q_R 等于 $R_{\max}$;由此可根据最优解条件求出两类交易的边际收益,

$$\begin{cases} \dfrac{\mathrm{dcost}_E}{\mathrm{d}Q_E} - \mathrm{pr}_E = \mu_2 > 0 \\ \mathrm{pr}_R - \dfrac{\mathrm{dcost}_R}{\mathrm{d}Q_R} = \mu_3 > 0 \end{cases} \tag{9-20}$$

据此可知,备用出售可实现收益(若放松爬坡速率约束,备用出售的利润还会增加),但电能销售无法盈利(若不存在最小稳定发电约束,机组还会面临较大亏损);因此,需要利用目标函数对实际运行点的收益情况进行检验。

【组合8】 $\mu_1 > 0$;$\mu_2 > 0$;$\mu_3 > 0$

由于假设中规定了较小的爬坡速率,发电机组的备用容量小于机组的运行区间,该组合在实际运行中不存在,因此不做深究。

扩展及推荐阅读

[1] 国家能源局关于印发《电力辅助服务管理办法》的通知(国能发监管规[2021]61号)(2021),http://zfxxgk.nea.gov.cn/2021-12/21/c_1310391161.htm.
[2] 曾鸣,赵庆波.电力市场中的辅助服务理论及其应用[M].北京:中国电力出版社,2010.
[3] Kirschen,D.S.,Strbac,G. Fundamentals of Power System Economics[M]. 2nd ed. John Wiley and Sons Ltd,2018.

即 练 即 测

第十章

电力投资

本章学习目标

通过对本章的学习,能够:
1. 了解配电投资的两方面影响、电力项目管理;
2. 熟悉基于出资的发电容量、基于用户的发电容量、基于可再生能源的发电容量;
3. 理解两种集中式输电扩容方式、一种分散式输电扩容方式。

第一节 发电投资

(一) 概念及边界

发电投资,也称"电源投资"。

> **举例 10-1**
>
> "十三五"规划期间(2016—2020 年),中国年电源投资分别达到 3 408 亿元、2 900 亿元、2 787 亿元、3 283 亿元和 5 292 亿元,分别比上年增长 -13.4%、-14.9%、-3.9%、17.8% 和 61.2%。

在完全竞争的电力市场上,现有的发电企业没有投资新建电厂的责任。投资者需要基于自身对收益情况的判断做出投资决策;因此,在完全竞争的市场结构中,"单个投资决策累加所得"即为用于满足用户电力需求的发电总容量。

发电容量所面临的增减问题会涉及投资决策,其基本视角包括:①以单个发电企业为对象;②以潜在投资者为对象;③以"因获利能力不足而退役"的发电企业为对象。

为了简化问题,一般会假设发电企业全部收入均源于其电力交易(电能销售)所得(忽略通过出售辅助服务的其他收入)。

(二) 基于出资的发电容量

(1) 新建发电容量

无论是传统体制,抑或是竞争性电力市场,资本所有者投资建设新生产设备时会注意以下两种情况。

① 理性前提——发电企业在生命周期内(发电设备的设计使用寿命具有一定的年数限制,如 20~50 年)能够带来可观利润(收入必须足够回收发电厂的建设与运行成本),即与其他具有相同风险的领域相比,电能生产的利润更大。

② 前期准备——投资者必须计算发电厂的"长期边际成本"及"期望报酬率"(expected rate of return),并测算发电出力可能面临的"价格预测值"(当且仅当价格预测值超过发电厂的长期边际成本时,新建决策才具有经济合理性)。其中,

- 期望报酬率,也称"预期收益率"或"期望回报率",是指各种可能的报酬率按概率计算的加权平均报酬率,表示在一定的风险条件下期望得到的平均报酬率:

$$\text{err} = \sum_{i=1}^{n} (\text{prob}_i \cdot \text{irr}_i) \tag{10-1}$$

其中,err 表示期望报酬率;prob_i 表示第 i 种结果发生的概率;irr_i 表示第 i 种结果的(财务)内部收益率;$i \in [1, n]$,且 n 为所有可能结果的个数。

- 内部收益率,也称"内部报酬率"或"内含报酬率",是指在整个项目计算期内各期净现值(净现金流量的现值,NPV)之和等于 0 时的折现率,反映项目实际收益情况的一个动态指标,当其取值大于等于基准收益率时项目可行。

$$\sum_{t=1}^{m} \left[\frac{\text{ic}_t - \text{oc}_t}{(1+\text{irr})^t} \right] = 0 \tag{10-2}$$

式中,irr 为内部收益率;ic_t 表示第 t 期的现金流入,oc_t 表示第 t 期的现金流出,则 $(\text{ic}_t - \text{oc}_t)$ 表示第 t 期的净现金流;m 表示项目计算期(周期内单位时段的个数)。

在该类型的投资决策方式中,可建立"商业性发电扩容机制"(merchant generation expansion)。实际情况下,发电企业投资决策过程相对复杂。一方面,诸多不确定性(如建设工期延长、燃料价格波动等)会影响长期边际成本与价格预测值;另一方面,市场中的发电竞争者(如数量、效率等)和负荷需求(如总量、强度等)也会发生变化。

从发电投资者所面临风险的自身控制能力看,基本归为两大类。

① "不可控"的价格风险——投资者只会在与产业上、下游节点签订合同的情况下进行商业性发电厂的投资建设。·上游合同可"套牢"燃料供应的固定价格;·下游合同则可"巩固"电能产品的销售价格。

② "可控"的运营风险——投资者在后期唯一承担的只有电厂运营风险(如设备故障、未完成合同等),此类风险可通过经济管理优化进行合理管控。

(2) 退役发电容量

发电设备的实际使用寿命可能会与其预计值之间存在较大偏离(一旦发电厂投产运行,设计使用寿命只具有理论参考意义),真实的市场状况也可能出现较大变化,因此,发

电厂收入有可能难以回收其运行成本。此时,除非市场的预期转好,否则该发电厂将不得不选择发电容量的"退役"。

值得注意的是:在竞争性环境中,容量退役决策只需考虑发电厂的未来"收入预期"与"成本"即可,而无须过多考虑发电部门的"技术可用性"或"沉没成本"。但在进行退役决策时,发电企业应当考虑其他"可回收成本"(如厂址所占用土地的价值),并将其转变为一种"可实现收入"。

(三)基于用户的发电容量

(1)用户的可靠性要求

从用户的角度出发,为确保发电容量的充足性,可建立一种电能可靠供给的"保障机制"——无论是需求波动、抑或是部分发电部门停工停产,电力用户既能得到供应保障,又能承受供电价格。然而在实际的电力市场中,电能产品销售的利润空间有限、市场总发电量充足性难以得到保证;为促使发电公司提供必须的发电容量,需建立一套更为有效的"补充激励机制"。

在进行发电容量投资决策时,若只考虑发电端的收益而忽略用户端的效用,则可能导致电力系统出现"市场失灵"。电力系统只有在用户需要用电时才向其供电,而无法随意安排供电。由于存在机组故障或安排检修的可能性,因此为保证供电可靠性,系统中的总发电量总是需要超过高峰负荷数量,即"提高发电容量边界将会提高系统可靠性"。为能满足用户的用电需求,应建立某种"集中式调控机制"作为市场机制的补充,从而确保或促进可用发电容量的协调增长。此类集中式调控机制又包含 4 种不同的实现方式:①市场调节;②容量电费;③容量市场;④可靠性合同。

(2)市场调节方式

若电力商品被视为一般商品,且只要电力市场具备自由竞争性,则在控制或激励发电容量投资的过程中就无须引入集中式调控机制。不受干预时,根据电力用户需求,市场可自动调节发电容量达到最优水平;受到干预时,市场会造成价格或激励信号的扭曲。此时,集中式调控机制(规划)或其他辅助措施只会引起效率低下(投资过剩或不足)。

因此,"市场调节方式"可发挥的作用包括以下内容。

① 对市场而言,电力商品的需求上涨或供应减少,电力价格会随之上升;这将刺激投资新建更多的发电容量,最终达到一个新的长期均衡点。由于电力需求表现出一定的周期性,同时缺乏价格弹性,电力市场的价格通常不会平滑、缓慢上涨。因此,当需求负荷接近总装机容量时,电价可能出现"价格尖峰"(price spike)(且实际中的电能价格尖峰可能远高于预计)。虽然单位周期(一年)内价格尖峰出现频率较低,但也能导致电能的

平均价格出现显著上升。在发电容量无法满足需求负荷时,价格尖峰可提供清晰的价格信号,且可实现相当数量的"额外"收入;"额外"收入将激励发电公司投资新建发电容量或者继续维持原有机组的可用性。

② 对用户而言,一方面,价格尖峰是"昂贵的"不确定性,因此会促使用户对价格信号做出更灵敏的响应(即使发电容量与高峰负荷之间依然存在差距,随着需求价格弹性增加,尖峰的高度也将降低);另一方面,价格尖峰可有效地激励电力用户与发电企业签订长期合同,从而促进发电企业投资新建发电容量。理论上,电力市场终会达到均衡;且在均衡点上,发电容量投资与负荷控制设备投资之间最优平衡,从而实现社会福利最大化。然而,实际情况会受到其他因素(如社会阻碍)的影响,从而市场均衡可能难以实现。在一定范围内,为保护电力消费者权益或减少"社会阻碍"(如用户不接受价格尖峰而引起严重的社会影响),通常电力市场会设置一个"价格上限"(price cap),其目的就是防止价格尖峰过高。值得注意的是:价格上限会削弱价格尖峰,从而减少对新建或保留发电容量的激励作用。

③ 对投资者而言,仅依靠电能价格尖峰提供激励并促进发电容量投资的电力市场未必"理想"。如果其他因素产生影响效果(如季节因素或气候因素),此时价格尖峰未必会出现,且平均电价会相对较低。若基于该价格信号进行投资决定,则投资者将面临相当大的风险。

由于发电厂获得规划许可以及实际建设所耗时间均难以确定,因此市场风险也将增加。发电容量通常不会随着负荷增长而逐渐上升,而是具有一定的周期性(有时会剩余,而隔段时间又会短缺):发电容量短缺会使电价升高,从而引发电厂建设"热潮";"热潮"反过来又会导致发电容量过剩,从而平抑价格、阻碍投资者建设电厂,直到剩余容量消失为止。无论是生产者、抑或是用户,发电容量出现周期性"繁荣-衰退"循环均不符合其长期利益诉求。

因此,总结如下:

- "市场调节方式"的本质是:在发电容量短缺时,"偶发性"依据价格尖峰向发电企业支付大笔费用;由此抬高电价,以引导投资行为。
- "市场调节方式"的前提是:用户只会购买电能,且该交易与普通商品一样。
- 但实际上,用户所购买的不仅是电能,而且包括服务,即在一定的可靠性范围内提供电能。因此,为保证发电容量的充裕性,不能仅依赖电力市场及其价格尖峰信号。

(3) 发电装机的容量电费方式

仅由电能市场调节发电容量余缺的风险极大,因此,出现另一个解决思路:用户可

"周期性"向发电企业支付小笔费用;此时的发电企业所得,应与其各自的可用发电容量成正比。

独立于电能市场上的售电收入,无论机组调用频率的多少,发电装机的容量电费(capacity payment of generation)均会为发电企业带来一部分收入(至少需涵盖新建机组的部分资金成本),以促使发电公司保持机组的可用性。随着总可用容量的增加,容量电费会降低容量发生短缺的可能性,但不会使该可能性完全消失。发电容量的增加反过来也会促进电能市场竞争,形成合理的电能价格。

因此,容量电费可实现"高峰电能成本的社会化",进而减少一部分市场风险,并将风险转由对应用户共同承担(该风险分摊并未考虑不同用户电力需求的时间差异)。从短期看,无论是电力用户、抑或是电力生产者,"高峰电能成本的社会化"对于厌恶风险型主体是有利的;从长期看,"高峰电能成本的社会化"会抑制市场主体采取经济有效性行为(如:大量资金涌入发电容量投资业务,而少量资金投入到用户控制自身需求所需要的装置)。

值得注意的是,"发电容量电费方式"在操作上存在难点:第一,对于发电容量电费"总额"以及"单位装机所得"的核定方法尚未统一定论;第二,由于不同能源技术的发电机组存在可靠性贡献的差异(如:干旱会限制水电机组的出力,因此火电厂与水电厂的可靠性贡献不同),因此在各机组应支付电费的问题上仍存在争议;第三,容量电费不与任何的绩效指标挂钩,并无充分的证据表明发电容量电费可实质性地提高系统的可靠性。

为了避免上述3个难点,电力市场中的电力库交易模式采用了一种"替代方案"。

在各时间段以集中交易方式所产生的电能价格附加一个与容量相关的费用(容量价格因子 CE_t),

$$CE_t = VoLL \cdot LoLP_t \tag{10-3}$$

其中,VoLL 为失负荷价值,是指由于缺电而造成的损失(通过用户调查确定,且考虑通货膨胀的影响需每年进行一次更新);$LoLP_t$ 表示时段 t 的失负荷概率(loss of load probability,LoLP),其取决于多种因素(如:负荷与可用容量之差、机组停运比例等)。所谓"失负荷",即由于发电容量短缺或其他原因导致系统无法满足负荷供应。

因此,容量价格因子 CE_t 会在不同时段发生波动,偶尔还会诱发明显的价格尖峰。且作为引入容量价格因子的辅助条件,此时的电能价格上限规定为失负荷价值 VoLL。每 0.5h 内,容量价格因子 CE_t 将会带来一定数量的收入,且将由所有提供报价的机组共同分享(与这些机组是否已经被安排发电无关)。

因此总结出如下结论。

- 采用"容量价格因子"的方法,倾向于为电力用户提供短期信号;而采用"发电容量电费"的方法则是为了向发电企业提供长期激励。
- 尽管容量价格因子能为发电企业带来明显的收入,且有助于保持发电容量水平,但容量价格因子取决于失负荷概率,而失负荷概率又会发生短期变化;此时存在一种极大的可能性,大型发电公司会对失负荷概率进行操纵。

(4) 发电装机的容量市场方式

部分监管机构会预先设定一个发电充裕度目标,并给出满足规定目标所需要的发电容量数目。所有电能零售商与大用户(即可直接购电的组织)必须通过集中交易式的容量市场(capacity market)购买一定比例的容量份额。尽管容量市场上售出的容量数目是通过行政方式确定的,但是市场价格将取决于待出售的容量数额,且该价格可能会剧烈波动。

建立一个能实现既定目标的容量市场,需至少考虑两个重点问题。

【问题 1】 如何确定容量市场的时间跨度,即计算零售商容量义务所采用的时间周期(该问题是最根本的一个问题)。一方面,由于在负荷较低的时段必须购买的容量数额将会减少,因此零售商会倾向于采用较短的时间跨度(如 1 个月甚至更短);且短时间跨度还会增加容量市场的流动性。另一方面,较长的时间跨度会对发电企业比较有利,进而促进投资新建发电容量。但在一个互联系统中,长时间跨度会阻碍现有发电企业在相邻市场上出售其发电容量。由于监管机构对系统进行可靠性评估的时间跨度也会比较长,因此容量市场采用较长的时间跨度会更为合适。

【问题 2】 如何选择合适的方法评估发电机组的绩效,进而据此获得回报。由于发电机组随时都可能出现故障,发电装机容量应当高于高峰负荷需求;低可靠性的发电机组会增加发电容量需求的边界值,从而给整个系统带来附加成本。合理的评估方法应尽可能反映系统的可靠性水平,奖励可靠性高的电厂,并加速低可靠性电厂的退役。发电机组可按照其历史迫停水平对其在容量市场上所提供的容量数额进行折算;此时,发电企业便有动力去保证或提高其自身机组的可用性。理想情况下,此类绩效指标不仅可激励发电企业建设或维持发电容量,还可促使其确保发电机组在某些关键时段的可用性。

尽管部分电能购买者未能购买相应比例的目标发电容量,但其也将从其他市场成员所承担的边界装机容量中受益,且还将在电能市场上取得一定的成本优势。因此,在"效率优先、兼顾公平"的原则下,对没有履行规定义务的市场成员,需加收补充费用或罚金;补充费用水平与征收规则的设定应当合理——有利于引导正确的市场行为,避免出现"搭便车"的现象。

(5) 可靠性合同方式

最理想的容量解决方案是,各电力用户可"自由且独立"地决定自身愿意支付的可靠性费用。通过一个"成熟"的电力市场,一方面,电力用户可与发电企业签订长期合同,确保电能供应满足所需要的可靠性要求;另一方面,该长期合同可向发电企业提供激励,促使其新建发电容量,实现用户期望的供电可靠性目标。

在电力市场还未发展到足够"成熟"时,可选取的折衷方案是,可由某一集中性组织(central authority,如监管部门或系统运营商)代表用户进行可靠性购买决策。与在容量市场中预先设定装机容量目标的做法不同,集中性组织可按一定的流程和方法组织可靠性合同(reliability contract)的拍卖。可靠性合同的本质可视为"长期购买期权",若最终未能实际交付,则必须支付相当数额的罚金。

根据可靠性标准,集中性组织能够给定待出售的可靠性合同的"总量",并设定合同的"成交价"(其数值一般比预计调用的最高成本机组的变动成本多25%上下),此外,还需设定合同的"有效期"。按照发电企业所要求"风险贴水"费用的大小,对所有报价进行排序,恰好实现市场出清结果为"总量"的贴水即为所有合同可得收入。

若某一发电企业以贴水为 rp 出售了数量为 qo(MW) 的期权,则在每个合同有效期内,发电企业可取得的收入为(rp·qo)。若在某些时段,现货市场电力价格 pr_E 大于可靠性合同的成交价格 ps,发电企业须向电力用户返还数量为 $[(pr_E-ps) \cdot qo]$ 的金额。若发电企业在该时段仅提供 qg(MW) 的出力,就须在规定的罚金额度 pena 下,支付大小等于 [pena·(qo-qg)] 的额外罚金。

因此,"可靠性合同方式"的优点如下。

① 由于价格尖峰的存在,边际机组会面临收入波动剧烈且不确定的风险;可靠性合同可使边际机组获得稳定的期权合同收入,由此降低价格风险。

② 集中性组织可设定较为合理的拍卖合同数量,比较有利于实现期望的可靠性目标。

③ 由于发电容量短缺所对应的高价时段不再利润丰厚,发电企业将不得不提高其机组的发电可用性;同时,由于在电价高峰时段无法保证供电要支付罚金,这也会促使发电企业避免用低可靠性机组参与可靠性合同报价。

④ 与"容量电费方式"或"容量市场方式"相比,虽然电力用户必须支付高于电能成本的价格,但也因此避免了出现极高价格时的风险;此外,通过竞争性拍卖程序给出的期权费用,可在一定程度上减少用户的担心。

⑤ 由于成交价格明显高于竞争性价格,只有当整个机制运行非常合理时,期权合同交易才会变得活跃,因此,其对普通电能市场的干预会降至最低水平。

(四) 基于可再生能源的发电容量

(1) 出资的视角

一般情况下,可再生能源发电机组的运行成本相对较低;但由于其单位装机容量的投资成本通常显著高于传统发电机组（火电、大水电等）的投资成本，因此，可再生能源发电机组的盈利能力往往取决于其发电量。尤其在"能源安全"与"气候变迁"的背景下，多国政府鼓励开发可再生能源，并建立了配套机制以降低相关的财务风险。

(2) 用户的视角

当系统运营商和监管机构评估已安装发电机组的充裕性时，会考虑计划或强制停运的情况，因此默认了一个事实，发电机组的可用容量"占比"无法达到100%。由于可再生能源的波动性及不可控性，导致可再生能源发电机组在需求高峰时段可能不可用，因此还须进一步降低该"占比"的期望值。若能源具有季节性，且系统负荷在一年中不同时段达到峰值，评估可再生能源发电机组对充裕性的实际贡献可能会存在争议。随着风电和太阳能发电比例的不断提高，其间歇性和随机性增加了一种新的"需求"——可调用的资源能够迅速补偿负荷/发电平衡的重大变化。可满足负荷峰值需求的发电容量只是最基本的要求；此外，为应对不确定性，发电机组和其他资源（如需求响应和储能）还必须具备灵活性。在评估发电资源与其他资源（如需求侧资源应具有可靠性）组合是否能满足未来的电力需求时，由于负荷持续时间曲线无法反映负荷的时域变化，因此不能根据预计的负荷持续时间曲线来考虑灵活性的需要。

第二节 输 电 投 资

(一) 概念与基础理论

输电投资，也是"狭义的电网投资"。

举例 10-2

"十三五"规划期间(2016—2020年)，中国年电网投资分别达到5 431亿元、5 339亿元、5 340亿元、5 012亿元、4 896亿元，分别比上年增长17.2%、−1.7%、0、−6.1%、−2.3%。

输电网络扩容的实现手段主要有两种：①新建线路；②对现有设施进行升级改造。

在不影响系统安全的情况下，扩容后的输电网络可增加电力交易量，让更多的发电企业与电力用户参与电力市场，从而促进竞争。然而，新建的输电设备需要大量的资金；若不考虑社会公平问题，只有当投资的收益大于成本时，建设才能真正进行。

为实现全社会经济福利的最大化以及电力产业长期发展目标，应遵循成本最小化的原则；此时，需建立一种"协调机制"——综合优化发电环节与输电环节的建设和运营。

在引入竞争前,通常的认识是,电力公用事业必须实现垂直一体化管理,才可保证电力系统各环节的运营与发展具有足够的协调性。由于对运营与投资活动中的效率低下问题的担心,电力产业会引入"竞争机制"。一般认为:为实现电力市场的公平(无歧视)开放,厂网分离(发电环节与输电环节的分离)必不可少且为电力市场化改革的一个重要方向。此时,输电定价极为关键,其可极大影响整个电力系统的有效运营,也可决定以最小成本实现电力系统发展的能力。发电投资与输电投资由不同的部门负责,但若可以建立有效的"输电网络定价机制",二者之间便可实现充分的协调。

早期,"短期运行效率"和"输电阻塞管理"是输电网络定价的主要着眼点;为了能够合理分配稀缺网络资源,可采用区分位置的短期边际成本定价法。典型的电力市场会通过基于报价的安全约束经济调度,计算相应的"区位边际价格"(locational marginal price),进而引入与之配套的金融输电权。

此后,随着重建输电网络投资机制的必要性得到重视,投资机制的重建存在 2 种互补的方向方法:"基于商业运营的输电投资"与"基于监管激励的输电投资"。

① "基于商业运营的输电投资"的理论依据。市场力是推动输电投资与扩容的关键因素。在一个位置以低价买入、在另一个位置以高价格出售,这是所有"运输"业务最根本的意义所在。若两个不同市场间产品或服务的价差大于其运输成本,则该业务可实现商业运营;原则上,该逻辑也适用于电力输配。需要注意的是,尽管区位边际价格与金融输电权为商业输电投资的发展提供了基础框架,但依然需要考虑其他规律与实践问题。

② "基于监管激励的输电投资"的理论依据。输电网络本质上具有自然垄断性,因此需要实施监管。监管机构将预设输电建设方的总收入,并提供合理的激励措施、促进有效的输电扩容;尤其是针对可提高经济效率的决策,监管激励应可保证对应主体的合理经济回报;同时,监管激励还应具有惩罚低效决策的能力。但该方法面临的最大问题有 2 点:一是如何设定能够量度运营效率的绩效目标;二是如何在所有网络使用者之间分配输电扩容的成本与收益。

(二) 集中式输电扩容——基于成本的输电扩容

(1) 输电容量投资水平的设定

在传统的监管体制下,需保证资本所有者在回收投资成本的基础上还可实现一定的投资回报率。因此,事先应确定两个问题,一是应当提供多少输电容量;二是如何在输电网络使用者之间分摊输电成本。

采用传统方法时,输电设施的投资一般按照既定的程序实施:

① 基于人口与经济的趋势评估,输电部门对输电容量需求进行预测;

② 在预测的基础上,输电部门制定扩容规划,并提交给监管机构进行审批;

③ 监管机构对规划进行审查,并决定对设施进行建设或升级的具体要求;

④ 输电部门通过一定的投融资渠道,利用所提供的资金建设新输电设施;

⑤ 新设施投运后,输电部门将通过向电网使用者收取输电费用的方式回收投资成本。

此外,还会权衡 3 个问题。

【问题 1】 理论上,由于输电容量过多或过少都将减少社会总福利,因此监管机构应当尽可能准确地设定输电容量;由于负荷需求与发电发展存在不确定性,要实现精准设定并非易事。实际上,建设规模超过实际需要的输电容量会更为合理;因为即使输电容量的短缺数量很少,也会对电力价格产生重大影响。换言之,虽然过度建设的成本数量巨大,但容量不足所引发的损失更大。

【问题 2】 用户支付的输电费用与输电网络容量存在函数关系。一方面,若监管机构允许输电部门建设的输电容量超过实际需要,则使用者必须为未使用的容量买单。另一方面,若建设的输电容量无法满足实际需要,则网络阻塞将减少电能交易机会,增加部分地区的购电价格,又降低另一些地区的购电价格。

【问题 3】 当输电设施建设得越多时,输电部门向网络使用者回收的允许收入也就越大。此时,若监管机构无法准确合理地对输电部门所提供的扩容计划进行合理评估,则基于回报率进行收入回收也会助长输电部门夸大输电容量需求。

综上,采用基于成本的方式回收输电投资:

【优点】 一方面,可保证输电部门的持续经营,并成为确保各相关利益主体的有利方式;另一方面,还可确保电力输送成本具有一定程度的可预见性。

【缺点】 无法保证输电容量投资水平的经济最优。

(2)输电成本分摊

为帮助输电部门回收投资运营成本,首先,监管机构需要确定其允许收入;其次,在使用输电网络的发电企业与电力用户之间分摊该"嵌入成本"(embedded cost);最后,还需根据实际需要,对具体的分摊方法进行筛选:①邮票法;②合同路径法;③兆瓦-公里法。

值得注意的是:目前的 3 种方法均缺少可信的经济理论支持;尤其是 3 种方法对应的输电费用,是与网络平均成本成比例,而并非与微增成本成比例。由此表明,上述方法虽然简单且易操作,却无法提供正确的经济信号。

(三)集中式输电扩容——基于价值的输电扩容

处在输电网络不同位置的发电机组的边际成本(或价格)之间存在差异;基于此,可估计输电的价值,且该价值也可为制定网络使用费提供一定的参考标准。

假设 2 个地区(市场)X 和 Y,在给定的 X-Y 互联系统模型中(图 10-1)需确定该互联系统的最优容量;且模型中互联系统的容量不固定。

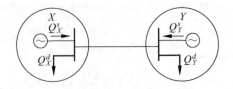

图 10-1　X-Y 互联系统模型

首先,分析两个市场独立运行时各自的经济特性。假设 X 电力市场与 Y 电力市场具有不同的供给函数,其具体形式分别为

$$\mathrm{pr}_X = \mathrm{MC}_X = \alpha_X + \beta_X \cdot Q_X^s \tag{10-4}$$

$$\mathrm{pr}_Y = \mathrm{MC}_Y = \alpha_Y + \beta_Y \cdot Q_Y^s \tag{10-5}$$

其中,pr_X 和 pr_Y 分别表示 X 和 Y 市场的电价;MC_X 和 MC_Y 分别表示 X 和 Y 地区发电机组的边际成本;α 和 β 均为经济参数。设定 X 和 Y 的电力需求分别是 Q_X^d 和 Q_Y^d;假定需求不会随时间变化,且完全缺乏弹性(需求价格弹性为 0)。在未实现互联之前,两个地区的电力市场处于孤立运行状态;X 和 Y 的电力价格分别是 pr_X^* 和 pr_Y^*,则独立运行的均衡价格可表示为

$$\begin{cases} \mathrm{pr}_X^* = \alpha_X + \beta_X \cdot Q_X^d \\ \mathrm{pr}_Y^* = \alpha_Y + \beta_Y \cdot Q_Y^d \end{cases} \tag{10-6}$$

若 $\mathrm{pr}_Y^* > \mathrm{pr}_X^*$,则从 X 到 Y 最初的单位兆瓦电能价值 iniva 等于两个地区之间的电价差,即

$$\mathrm{iniva} = \mathrm{pr}_Y^* - \mathrm{pr}_X^* \tag{10-7}$$

若在正常运行情况下,X 与 Y 的互联线路可输送电能 $Q_{\mathrm{trans}}^{\max}$,即使 Y 地区发电机组全部停运,X 地区仍可通过互联线路满足 Y 地区的负荷需求,即规定 $Q_{\mathrm{trans}}^{\max} > Q_Y^d$。此时,从经济性角度看,若 iniva$>0$,则可利用 X 地区发电机组同时向 X 和 Y 地区进行供电(即 X 地区承担了两个地区的总电力需求量 Q_{XY}^d),则 2 个市场中新的电力供给量可表示为

$$\begin{cases} Q_X^{s,\mathrm{new}} = Q_X^d + Q_Y^d = Q_{XY}^d \\ Q_Y^{s,\mathrm{new}} = 0 \end{cases} \tag{10-8}$$

代入公式(10-4)和公式(10-5)中,得到 2 个系统的电力生产边际为

$$\begin{cases} MC_X = \alpha_X + \beta_X \cdot Q_X^{s,new} = \alpha_X + \beta_X \cdot (Q_X^d + Q_Y^d) \\ MC_Y = \alpha_Y + \beta_Y \cdot Q_Y^{s,new} = \alpha_Y \end{cases} \quad (10\text{-}9)$$

但是,当出现 $MC_X > MC_Y$ 的情况,即 Y 地区的售电价格会低于 X 地区的售电价格,因此,公式(10-8)无法成立。在 2 个联通的市场中,电力价格会逐渐趋同;因此,X 地区的发电企业无法占领全部市场。X 与 Y 的全部电能会按同一市场价格进行结算,即

$$\overline{pr} = pr_X = pr_Y \quad (10\text{-}10)$$

且由于供需均衡且均为总负荷 Q^d,即

$$Q_X^s + Q_Y^s = Q_X^d + Q_Y^d = Q^d \quad (10\text{-}11)$$

由此得到均衡条件 $MC_X = MC_Y$ 的对应结果

$$\begin{cases} \overline{Q_X^s} = \dfrac{\alpha_Y - \alpha_X + \beta_Y \cdot Q^d}{\beta_X + \beta_Y} \\ \overline{Q_Y^s} = \dfrac{\alpha_X - \alpha_Y + \beta_X \cdot Q^d}{\beta_X + \beta_Y} \\ \overline{pr} = \dfrac{\alpha_X \cdot \beta_Y + \alpha_Y \cdot \beta_X + \beta_X \cdot \beta_Y \cdot Q^d}{\beta_X + \beta_Y} \end{cases} \quad (10\text{-}12)$$

进而计算具有经济性的互联线路潮流数量:

$$flow_{XY} = \overline{Q_X^s} - Q_X^d = Q_Y^d - \overline{Q_Y^s} \quad (10\text{-}13)$$

(1) 输电需求函数

引入输电需求函数(transmission demand function),给出输电价值相对于 X 与 Y 之间潮流输送数量 flow 的关系:

$$pr_{trans}(flow) = pr_Y(flow) - pr_X(flow) \quad (10\text{-}14)$$

其中,$pr_{trans}(flow)$ 表示输电价值;$pr_X(flow)$ 和 $pr_Y(flow)$ 分别为 X 和 Y 电能价格关于潮流输送数量的函数。并将公式(10-4)和公式(10-5)代入公式(10-14),得到

$$pr_{trans}(flow) = [\alpha_Y + \beta_Y \cdot Q_Y^s(flow)] - [\alpha_X + \beta_X \cdot Q_X^s(flow)]$$

$$= (\alpha_Y - \alpha_X) + \beta_Y \cdot Q_Y^s(flow) - \beta_X \cdot Q_X^s(flow) \quad (10\text{-}15)$$

若 X 与 Y 的发电量可用互联络线上的潮流数量以及本地负荷来表示,则

$$\begin{cases} Q_X^s(flow) = Q_X^d + flow \\ Q_Y^s(flow) = Q_Y^d - flow \end{cases} \quad (10\text{-}16)$$

代入公式(10-5),得到

$$pr_{trans}(flow) = (\alpha_Y - \alpha_X) + \beta_Y \cdot (Q_Y^d - flow) - \beta_X \cdot (Q_X^d + flow)$$

$$= (\alpha_Y - \alpha_X) + \beta_Y \cdot Q_Y^d - \beta_X \cdot Q_X^d - (\beta_Y + \beta_X) \cdot flow \quad (10\text{-}17)$$

由此,可得到输电部门的收入

$$R(\text{flow}) = \text{pr}_{\text{trans}}(\text{flow}) \cdot \text{flow}$$
$$= [(\alpha_Y - \alpha_X) + \beta_Y \cdot Q_Y^d - \beta_X \cdot Q_X^d] \cdot \text{flow} - (\beta_Y + \beta_X) \cdot \text{flow}^2$$
(10-18)

据此可知,输电收入是关于输送潮流的二次函数。进而,讨论极端情况:

【情况 1】 当 flow=0 时,输电价值为

$$\text{pr}_{\text{trans}}(0) = (\alpha_Y - \alpha_X) + \beta_Y \cdot Q_Y^d - \beta_X \cdot Q_X^d \quad (10\text{-}19)$$

此时的输电部门收入 R 为

$$R(0) = 0 \quad (10\text{-}20)$$

【情况 2】 当 flow=flow$_{XY}$ 时(即 X-Y 互联线路中潮流的最大取值,此时 X 和 Y 的电价相同),输电价值为

$$\text{pr}_{\text{trans}}(\text{flow}_{XY}) = \text{pr}_{\text{trans}}(0) + (\beta_Y - \beta_X) \cdot \text{flow}_{XY} \quad (10\text{-}21)$$

若线路得到充分使用,互联络线两端的节点价格完全相同。此时,输电价格 pr_{trans} 为 0,则输电部门收入 R 为

$$R(\text{flow}_{XY}) = 0 \quad (10\text{-}22)$$

由此总结,若 X-Y 互联系统输电收入随线路可用容量变化的函数曲线呈"倒 U"型,如公式(10-18)所示,则输电部门收入取得最大值的充要条件为公式(10-18)求潮流的倒数等于 0 时的潮流数量状态,即

$$\frac{\text{d}R(\text{flow})}{\text{d}\text{flow}} = 0 \quad (10\text{-}23)$$

由此,得到输电部门的收入最大化时,潮流输送数量的最优解为

$$\overline{\text{flow}} = \frac{(\alpha_Y - \alpha_X) + \beta_Y \cdot Q_Y^d - \beta_X \cdot Q_X^d}{2 \times (\beta_Y + \beta_X)} \quad (10\text{-}24)$$

(2) 输电供给函数

引入输电供应函数(transmission supply function),在一条输电线路建成后,其各年总成本可分解为 2 个部分,即与线路容量 trca 相关的变动成本,与线路容量 trca 无关的固定成本,即

$$TC(\text{trca}) = FC + VC(\text{trca}) \quad (10\text{-}25)$$

为了简化方程又不失研究的一般性,假设变动成本是关于容量的线性函数

$$VC(\text{trca}) = \text{length} \cdot \text{slt} \cdot \text{trca} \quad (10\text{-}26)$$

其中,length 表示线路长度(单位 km);slt 表示建设单位长度的输电线路需分摊到每年的边际成本(单位:kW·km·a)。因此可得到输电容量的年边际成本

$$\frac{\text{dTC}}{\text{dtrans}} = \frac{\text{dVC}}{\text{dtrans}} = \text{length} \cdot \text{slt} \tag{10-27}$$

该数值与输电投资成本有关,被称为长期边际成本。若将其除以一年的小时数(time=8760h=365×24h),则可得到每小时长期边际成本 mct(单位:元/kWh),符合构建输电供应函数的需要:

$$\text{mct} = \frac{\text{length} \cdot \text{slt}}{\text{time}} \tag{10-28}$$

但在实际运行中,变动成本关于输电容量可能呈现更为复杂的函数结构,因此,输电线路的年边际成本将会更贴合现实。

(3) 最优输电容量

当输电供给与输电需求恰好实现均衡时,输电容量最优;可进一步推出,输电网络使用者愿意支付的价格会等于提供该容量的边际成本,即

$$\text{pr}_{\text{trans}} = \text{mct} \tag{10-29}$$

联立公式(10-17)与公式(10-29),可算得 flow 的最优输电容量 $Q_{\text{trans}}^{\text{opt}}$:

$$Q_{\text{trans}}^{\text{opt}} = \frac{(\alpha_Y - \alpha_X) + \beta_Y \cdot Q_Y^{\text{d}} - \beta_X \cdot Q_X^{\text{d}} - \dfrac{\text{length} \cdot \text{slt}}{\text{time}}}{\beta_Y + \beta_X} \tag{10-30}$$

如图 10-2,若互联线路的输电容量被限制在 $Q_{\text{trans}}^{\text{limit}}$,则 X 地区发电量 Q_X^{s} 将由最优的 $(Q_X^{\text{d}} + \text{flow}_{XY})$ 下降为 $(Q_X^{\text{d}} + Q_{\text{trans}}^{\text{limit}})$(其中,$Q_X^{\text{d}}$ 为本地供给,输电容量限制 $Q_{\text{trans}}^{\text{limit}}$ 的大小也等于向 Y 地区的供给电量);此时,Y 地区发电量由$(Q_Y^{\text{d}} - \text{flow}_{XY})$ 变为 $(Q_Y^{\text{d}} - Q_{\text{trans}}^{\text{limit}})$。由于 X 和 Y 的节点价格是关于各自生产量的函数,且 X 和 Y 的负荷需求量恒定不变,因此也可将节点价格表示为关于联络线潮流的函数。在联络线潮流受联络线容量限制(即存在 $Q_{\text{trans}}^{\text{limit}}$)时,两条曲线之间的垂直距离 Δpr 即为 X 和 Y 电能市场节点价格之差($\text{pr}_2 - \text{pr}_1$),称之为输电容量短缺量所对应的输电短期边际成本。

由此,讨论以下 3 种情况。

【情况 1】 若互联线路的输电容量为 $Q_{\text{trans}}^{\text{opt}}$,且从 X 流向 Y 的潮流也为 $Q_{\text{trans}}^{\text{opt}}$(即 trca 中 flow 的最大值为 $Q_{\text{trans}}^{\text{opt}}$),此时的短期边际运营成本 mct 即为 pr_{trans},即该短期边际运营成本恰好等于互联线路的长期边际成本。若输电部门以两市场间节点价差 Δpr 为标准收取输电费用,则收入将恰好等于建造该线路的成本。

【情况 2】 若输电容量大于 $Q_{\text{trans}}^{\text{opt}}$,运行点将向右移动,节点价差(输电短期边际成本)Δpr 会减小。由于长期边际运营成本为常量,因此互联线路的价值将小于其建造成本。在输电部门的收入与节点价差成正比时,将难以获得能补偿投资成本的足够收入;换言之,输电部门出现了"过度投资"的问题。

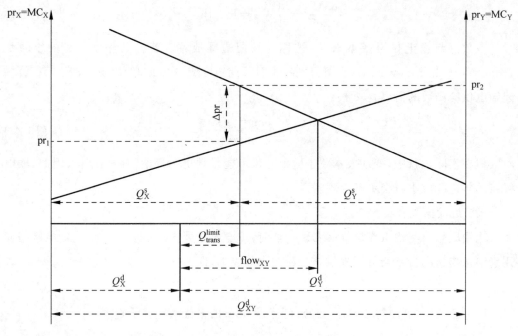

图 10-2　X 与 Y 互联系统电力市场受到阻塞的影响

【情况 3】 若输电容量低于 Q_{trans}^{opt}，运行点将向左移动，节点价差（输电短期边际成本）Δpr 会比长期边际运营成本更高。局部而言，当输电投资不足时，输电部门可收取更高的输电线路使用费用；整体而言，在输电投资不足时，电力交易会被限制在次优水平。

（4）成本间的均衡

公式(10-4)和公式(10-5)分别给出了 X 和 Y 的边际发电成本，据此可逆向推导出各自的变动发电成本：

$$VC_X = \alpha_X \cdot Q_X^s + \frac{1}{2} \cdot \beta_X \cdot (Q_X^s)^2 \tag{10-31}$$

$$VC_Y = \alpha_Y \cdot Q_Y^s + \frac{1}{2} \cdot \beta_Y \cdot (Q_Y^s)^2 \tag{10-32}$$

当发电不受输电网络容量约束时，为实现最小成本发电，可得出此时的出力分布为公式(10-12)，且互联线路上的无约束潮流为公式(10-13)。此时，对应的"各地发电成本"（$\overline{VC_X}$ 和 $\overline{VC_Y}$）及"全系统的发电成本"（generation costs in the whole system）VC_U 分别为

$$\begin{cases} \overline{VC_X} = \alpha_X \cdot \overline{Q_X^s} + \frac{1}{2} \cdot \beta_X \cdot (\overline{Q_X^s})^2 \\ \overline{VC_Y} = \alpha_Y \cdot \overline{Q_Y^s} + \frac{1}{2} \cdot \beta_Y \cdot (\overline{Q_Y^s})^2 \end{cases} \tag{10-33}$$

$$VC_U = \overline{VC_X} + \overline{VC_Y} \tag{10-34}$$

无约束调度及其对应成本通常分别被称为"优先次序调度"(merit order dispatch)和"优先次序成本"(merit order cost)。

若输电容量(联络线潮流与之对应)大小恰好等于 $Q_{\text{trans}}^{\text{opt}}$,根据公式(10-16),此时的发电出力($\overline{\overline{Q_X^s}}$ 和 $\overline{\overline{Q_Y^s}}$)及对应的成本分别为

$$\begin{cases} \overline{\overline{Q_X^s}} = Q_X^d + Q_{\text{trans}}^{\text{opt}} \\ \overline{\overline{Q_Y^s}} = Q_Y^d - Q_{\text{trans}}^{\text{opt}} \end{cases} \tag{10-35}$$

$$\begin{cases} \overline{\overline{VC_X}} = \alpha_X \cdot (Q_X^d + Q_{\text{trans}}^{\text{opt}}) + \frac{1}{2} \cdot \beta_X \cdot (Q_X^d + Q_{\text{trans}}^{\text{opt}})^2 \\ \overline{\overline{VC_Y}} = \alpha_Y \cdot (Q_Y^d - Q_{\text{trans}}^{\text{opt}}) + \frac{1}{2} \cdot \beta_Y \cdot (Q_Y^d - Q_{\text{trans}}^{\text{opt}})^2 \end{cases} \tag{10-36}$$

在该约束条件下,总的负荷供电成本(total cost of supplying the load)为

$$VC_C = \overline{\overline{VC_X}} + \overline{\overline{VC_Y}} \tag{10-37}$$

有约束情况与无约束情况的成本差额 ΔVC 被称为"约束成本"(cost of constraint)或"次优发电成本"(out-of-merit generation cost)。

$$\Delta VC = VC_C - VC_U \tag{10-38}$$

因此,"输电总成本"(total cost of transmission)等于"投资成本"(cost of investment 或 cost of building the transmission system)与"约束成本"(cost of constraints)之和。如图 10-3 所示,随着容量的增加,输电线路的建造成本会增加,但输电网络对发电调度的限制会减少,因此输电约束成本会降低。进而,输电网络发展应以优化输电总成本为目标。

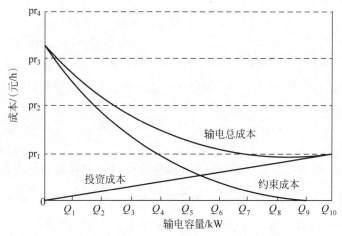

图 10-3 X-Y 互联线路约束成本、投资成本与总输电成本的变化趋势

(5) 负荷波动的影响

现实中,应考虑人类的周期性活动所导致的负荷自然波动,其对输电价值会产生一定的影响。

① 负荷时间曲线

假设整个系统的负荷均按相同的方式发生波动(无须关心负荷在某时间点上到达不同的数值,而需要考虑每段负荷持续的时间)。若将 1 天划分为若干个时间间隔,且假设负荷在同一个间隔里恒定不变:图 10-4(a)将 1 天划分为 8 个时段,各时段长 3 个小时,其负荷时间特性展示了负荷在 1 天各时段的变化趋势。图 10-4(b)中各时段负荷按照从高到低的顺序重新排列,由此查出 1 天中超过特定值的负荷所持续的时间;在更长的时间长度(如 1 年)或更短的时间长度(如 1 个小时)内,该处理方法同样适用。为了便于分析,图 10-4(c)对图 10-4(b)进行简化处理,将数值比较相近的负荷进行汇总,使负荷减少为 4 段。

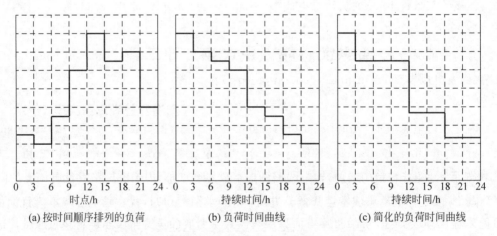

(a) 按时间顺序排列的负荷　　(b) 负荷时间曲线　　(c) 简化的负荷时间曲线

图 10-4　负荷波动的趋势

在 X-Y 互联系统的 1 年内,进一步简化负荷时间曲线,将负荷分为 2 个量段:高峰时段 $\text{time}_{\text{peak}}$ 与低谷时段 $\text{time}_{\text{off\_peak}}$(假设 2 个地区的高峰时段与低谷时段均分别一致),如图 10-5 所示,且

$$\text{time} = \text{time}_{\text{peak}} + \text{time}_{\text{off\_peak}} = 8\,760 \tag{10-39}$$

其中,$Q^d_{X,\text{peak}}$ 和 $Q^d_{X,\text{off\_peak}}$ 分别表示 X 市场高峰时段的负荷与低谷时段的负荷;同理,$Q^d_{Y,\text{peak}}$ 和 $Q^d_{Y,\text{off\_peak}}$ 分别表示 Y 市场高峰时段的负荷与低谷时段的负荷。

为确定最优输电容量水平,需折中考虑"年电能成本节约数量"与"分摊到每年的输电成本"。通常情况下,输电成本最小化条件的确定步骤如下。

【步骤 1】　已知 X 与 Y 地区在负荷高峰时段与低谷时段的无约束经济调度结果;由

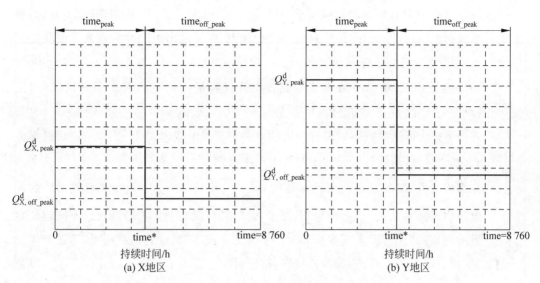

图 10-5　X-Y 系统中负荷时间曲线

公式(10-31)和公式(10-32),可算得对应的发电成本,如表 10-1 所示。

表 10-1　X-Y 联合系统高峰时段与低谷时段的无约束调度

	已知无约束经济调度结果		
	X 的发电出力	Y 的发电出力	负荷
高峰时段	$Q_{X,peak}^s$	$Q_{Y,peak}^s$	$Q_{peak}^d = Q_{X,peak}^s + Q_{Y,peak}^s$
低谷时段	Q_{X,off_peak}^s	Q_{Y,off_peak}^s	$Q_{off\_peak}^s = Q_{X,off\_peak}^s + Q_{Y,off\_peak}^s$
	由公式(10-31)和公式(10-32)求解得到的对应发电成本		
	X 的发电成本	Y 的发电成本	小时发电成本总和
高峰时段	$VC_{X,peak}$	$VC_{X,peak}$	$VC_{peak} = VC_{X,peak} + VC_{Y,peak}$
低谷时段	VC_{X,off_peak}	VC_{Y,off_peak}	$VC_{off\_peak} = VC_{X,off\_peak} + VC_{Y,off\_peak}$

若从 X 地区向 Y 地区输电的线路容量范围为$[0, flow_{XY}]$,且由前文分析可知

$$0 < Q_{trans}^{limit} \leqslant Q_{trans}^{opt} < flow_{XY} \tag{10-40}$$

则在不同的输电线路投资建设容量($0 \to flow_{XY}$)情况下:

- 在低谷时段,X 的发电出力将逐渐从 Q_{X,off_peak}^d 升至 Q_{X,off_peak}^s 为止(若可能),Y 的发电出力将逐渐从 Q_{Y,off_peak}^d 降至 Q_{Y,off_peak}^s 为止(若可能)。一方面,在已知"对应的输电线路投资建设容量""对应的 X 的发电出力"以及"对应的 Y 的发电出力"后,根据公式(10-31)和公式(10-32)可算得低谷时段"对应的 X 发电成本""对应的 Y 发电成本"以及"对应的小时发电成本总和"。另一方面,已知在低谷

时段 X-Y 互联系统的总负荷需求为($Q^d_{X,off\_peak}+Q^d_{Y,off\_peak}$),再根据公式(10-12)和公式(10-13)算得低谷时段"对应的均衡状态 X 发电出力"和"对应的均衡状态 Y 发电出力";进而利用公式(10-33)和公式(10-34)算得无约束的优化成本 VC_{U,off_peak};已知"对应的输电线路投资建设容量""对应的 X 的负荷需求"以及"对应的 Y 的负荷需求"后,根据公式(10-16)、公式(10-35)、公式(10-36)和公式(10-37),可算得低谷时段有约束的总的负荷供电成本 VC_{C,off_peak};进而根据公式(10-38),得到低谷时段的小时约束成本 ΔVC_{off_peak}。

- 在高峰时段,X 的发电出力将逐渐从 $Q^d_{X,peak}$ 升至 $Q^s_{X,peak}$ 为止(若可能),Y 的发电出力将逐渐从 $Q^d_{Y,peak}$ 降至 $Q^s_{Y,peak}$ 为止(若可能)。针对高峰时段,不同输电容量所对应的"小时发电成本总和"与"小时约束成本"的计算过程同上,不做赘述。

【步骤 2】 已知低谷时段和高峰时段的持续时间分别为 $time_{peak}$ 和 $time_{off\_peak}$,以及两种时段的"负荷时段的小时发电""小时发电成本总和"和"小时约束成本",可算得不同互联线路容量值所对应的"年约束成本"。

【步骤 3】 在已知输电投资的年度边际成本 slt 的情况下(通常情况下,当考虑高峰时段与低谷时段时,建设单位长度的输电线路需分摊到每年的边际成本 slt 都会增大,即从 $slt_{original}$ 增加到 slt_{bigger}),仅考虑输电投资成本的变动部分,并由公式(10-27)可算得"分摊到每年的输电投资成本"。

总之,由"年约束成本"与"分摊到每年的输电投资成本"之和,可得到"年输电总成本"。

② 输电投资变动成本的回收

当进行峰谷时段划分时,输电容量 Q^{limit}_{trans} 会对 X 和 Y 的电力市场产生怎样的影响?

- 在低谷时段,若互联系统的容量不会限制 X 和 Y 之间的潮流数量,则 X-Y 互联网络便类似于同一个电力市场。已知 X 和 Y 的低谷时段负荷分别为 Q^d_{X,off_peak} 和 Q^d_{Y,off_peak},此时的 X-Y 互联系统中的总需求 $Q^d_{off\_peak}$ 等于($Q^d_{X,off\_peak}+Q^d_{Y,off\_peak}$)。根据公式(10-12),可算得此时 X 和 Y 市场的发电出力 $\overline{Q^s_{X,off\_peak}}$ 和 $\overline{Q^s_{Y,off\_peak}}$,以及 X 和 Y 的边际发电成本 $\overline{pr_{off\_peak}}$(此时的 X 和 Y 电力价格相同且均等于 $\overline{pr_{off\_peak}}$)。由于 X 的负荷为 $\overline{Q^s_{X,off\_peak}}$,因此会有($\overline{Q^s_{X,off\_peak}}-Q^d_{X,off\_peak}$)的潮流经由互联线路流向 Y;且($\overline{Q^s_{X,off\_peak}}-Q^d_{X,off\_peak}$)$<Q^{limit}_{trans}$。由此可知,低谷时段输电的短期边际价值为 0,因此,阻塞剩余或输电收入也为 0。

- 在高峰时段,输电容量可能会产生影响。由于 X 的负荷有 $Q^d_{X,peak}$,且输电容量被限定在 Q^{limit}_{trans} 以内,因此 X 的发电出力仅为($Q^d_{X,peak}+Q^{limit}_{trans}$);与此同时,Y 的发电出力会有($Q^d_{Y,peak}-Q^{limit}_{trans}$)。由于存在输电阻塞,由公式(10-4)和公式(10-5)分别求得 X 和 Y 电力市场上的价格（即各自的边际发电成本），即 $\text{pr}_{X,\text{peak}}$ 和 $\text{pr}_{Y,\text{peak}}$。据此可计算输电的短期价值 $\Delta\text{pr}_{\text{peak}}$ 等于 $(\text{pr}_{Y,\text{peak}} - \text{pr}_{X,\text{peak}})$，由此得到高峰时段的小时阻塞剩余（congestion surplus, CS），

$$\text{CS}_{\text{hourly}} = Q_{\text{trans}}^{\text{limit}} \cdot \Delta\text{pr}_{\text{peak}} \tag{10-41}$$

基于此，考虑高峰时段的小时数，便可得到年阻塞剩余，

$$\text{CS}_{\text{annual}} = \text{CS}_{\text{hourly}} \cdot \text{time}_{\text{peak}} \tag{10-42}$$

进而，将"阻塞剩余获得的收入"与"输电投资的变动成本"进行比较：若阻塞剩余获得的收入会恰好等于输电投资的变动成本（却无法完全回收输电投资的固定部分），则输电容量取最优值。但实际上，由于输电部门存在规模经济，因此输电边际成本 slt 并非常量，从而导致输电收入与成本之间可能会不相等。

(6) 次优输电容量的投资回收

实际的输电容量很少会恰好是容量的最优值，分析其原因：①需求与价格预测会面临不确定性（uncertainty）；②输电容量投资具有团性（lumpiness）；③历史投资决策的后遗症（legacy）等。一方面，电力系统运营商将基于实际的输电容量安排系统运行，而非按照某个优化程序的求解结果；另一方面，节点电力价格和阻塞剩余也将由实际的网络参数所决定。因此，次优输电容量（suboptimal transmission capacity）对收入回收的影响是十分重要。

① 不考虑峰谷时段

【情况 1】 投资过度

在给定情况下，X 和 Y 之间互联系统的最优容量是 $Q_{\text{trans}}^{\text{opt}}$，且假设此时的输电线路容量为 $Q_{\text{trans}}^{\text{over}}$（且有 $Q_{\text{trans}}^{\text{opt}} < Q_{\text{trans}}^{\text{over}} < \text{flow}_{XY}$）。若所有的输电容量均为可用容量，互联线路上的潮流等于 $Q_{\text{trans}}^{\text{over}}$，则 X 的发电出力 Q_X^s 将会上升至 $(Q_X^d + Q_{\text{trans}}^{\text{over}})$，而 Y 的发电出力 Q_Y^s 会下降到 $(Q_Y^d - Q_{\text{trans}}^{\text{over}})$。通过公式(10-4)和公式(10-5)，可知 X 和 Y 的电力价格

$$\begin{cases} \text{pr}_{X,\text{over}} = \alpha_X + \beta_X \cdot (Q_X^d + Q_{\text{trans}}^{\text{over}}) \\ \text{pr}_{Y,\text{over}} = \alpha_Y + \beta_Y \cdot (Q_Y^d - Q_{\text{trans}}^{\text{over}}) \end{cases} \tag{10-43}$$

则此时的输电的短期价值为

$$\begin{aligned} \Delta\text{pr}^{\text{over}} &= \text{pr}_{Y,\text{over}} - \text{pr}_{X,\text{over}} \\ &= (\alpha_Y - \alpha_X) + \beta_Y \cdot Q_Y^d - \beta_X \cdot Q_X^d - (\beta_X + \beta_Y) \cdot Q_{\text{trans}}^{\text{over}} \end{aligned} \tag{10-44}$$

即，输电的短期价值从 $Q_{\text{trans}}^{\text{opt}}$ 所对应的价值量为 mct 变成了 $Q_{\text{trans}}^{\text{over}}$ 所对应的 $\Delta\text{pr}^{\text{over}}$。该情况下，可获得的小时阻塞剩余与年阻塞剩余分别为

$$\begin{cases} \text{CS}_{\text{hourly}}^{\text{over}} = Q_{\text{trans}}^{\text{over}} \cdot \Delta\text{pr}^{\text{over}} \\ \text{CS}_{\text{annual}}^{\text{over}} = \text{CS}_{\text{hourly}}^{\text{over}} \cdot \text{time} \end{cases} \tag{10-45}$$

进而通过公式(10-26)，使得 $\mathrm{trca} = Q_{\mathrm{trans}}^{\mathrm{over}}$，可得到分摊到每年的投资成本 $\mathrm{VC}(Q_{\mathrm{trans}}^{\mathrm{over}})$。若 $\mathrm{CS}_{\mathrm{annual}}^{\mathrm{over}} < \mathrm{VC}(Q_{\mathrm{trans}}^{\mathrm{over}})$，则输电部门不足以回收输电系统过度投资的成本；若 $\mathrm{CS}_{\mathrm{annual}}^{\mathrm{over}} \geqslant \mathrm{VC}(Q_{\mathrm{trans}}^{\mathrm{over}})$，则输电部门仍可回收输电系统过度投资的成本。

【情况2】 投资不足

在给定情况下，X 和 Y 之间互联系统的最优容量是 $Q_{\mathrm{trans}}^{\mathrm{opt}}$，且假设此时的输电线路容量为 $Q_{\mathrm{trans}}^{\mathrm{lack}}$（且有 $Q_{\mathrm{trans}}^{\mathrm{opt}} > Q_{\mathrm{trans}}^{\mathrm{lack}}$）。此时，互联线路上的潮流也将被限制在该水平，则 X 的发电出力 Q_X^s 为 $(Q_X^d + Q_{\mathrm{trans}}^{\mathrm{lack}})$，Y 的发电出力 Q_Y^s 是 $(Q_Y^d + Q_{\mathrm{trans}}^{\mathrm{lack}})$；同理，得到 X 和 Y 的电力价格

$$\begin{cases} \mathrm{pr}_{X,\mathrm{lack}} = \alpha_X + \beta_X \cdot (Q_X^d + Q_{\mathrm{trans}}^{\mathrm{lack}}) \\ \mathrm{pr}_{Y,\mathrm{lack}} = \alpha_Y + \beta_Y \cdot (Q_Y^d - Q_{\mathrm{trans}}^{\mathrm{lack}}) \end{cases} \tag{10-46}$$

此时输电的短期价值为

$$\begin{aligned}\Delta \mathrm{pr}^{\mathrm{lack}} &= \mathrm{pr}_{Y,\mathrm{lack}} - \mathrm{pr}_{X,\mathrm{lack}} \\ &= (\alpha_Y - \alpha_X) + \beta_Y \cdot Q_Y^d - \beta_X \cdot Q_X^d - (\beta_X + \beta_Y) \cdot Q_{\mathrm{trans}}^{\mathrm{lack}} \end{aligned} \tag{10-47}$$

由价差 $\Delta \mathrm{pr}^{\mathrm{lack}}$ 产生的小时阻塞剩余与年阻塞剩余分别为

$$\begin{cases} \mathrm{CS}_{\mathrm{hourly}}^{\mathrm{lack}} = Q_{\mathrm{trans}}^{\mathrm{lack}} \cdot \Delta \mathrm{pr}^{\mathrm{lack}} \\ \mathrm{CS}_{\mathrm{annual}}^{\mathrm{lack}} = \mathrm{CS}_{\mathrm{hourly}}^{\mathrm{lack}} \cdot \mathrm{time} \end{cases} \tag{10-48}$$

进而将 $\mathrm{trca} = Q_{\mathrm{trans}}^{\mathrm{lack}}$ 代入公式(10-26)，可得到分摊到每年的投资成本 $\mathrm{VC}(Q_{\mathrm{trans}}^{\mathrm{lack}})$：• 若 $\mathrm{CS}_{\mathrm{annual}}^{\mathrm{lack}} \geqslant \mathrm{VC}(Q_{\mathrm{trans}}^{\mathrm{over}})$，则在输电容量低于最优水平时，输电部门获得的收入也将会增加；• 若 $\mathrm{CS}_{\mathrm{annual}}^{\mathrm{lack}} < \mathrm{VC}(Q_{\mathrm{trans}}^{\mathrm{over}})$，则尽管投资不足，输电部门仍不可收回成本。

② 考虑峰谷时段

【情况3】 投资过度

假设此时的 X 与 Y 之间互联线路的最优输电容量 $q_{\mathrm{trans}}^{\mathrm{opt}}$ 等于 $Q_{\mathrm{trans}}^{\mathrm{limit}}$（且存在 $Q_{\mathrm{trans}}^{\mathrm{limit}} < Q_{\mathrm{trans}}^{\mathrm{opt}}$），且 X 与 Y 之间的互联线路投资建设的容量为 $q_{\mathrm{trans}}^{\mathrm{over}}$，且 $q_{\mathrm{trans}}^{\mathrm{over}} > q_{\mathrm{trans}}^{\mathrm{opt}}$。此时，即使是在高峰时段，互联线路上的潮流也不会受到约束。

- 在低谷时段，由于 $\overline{(Q_{X,\mathrm{off\_peak}}^s - Q_{X,\mathrm{off\_peak}}^d)} < q_{\mathrm{trans}}^{\mathrm{opt}} = Q_{\mathrm{trans}}^{\mathrm{limit}}$，因此，低谷时段的互联线路潮流比最优容量要少，此时，输电短期边际价值和输电收入均为 0。
- 在高峰时段，系统运营商会将全部 $q_{\mathrm{trans}}^{\mathrm{over}}$ 的互联线路容量投入使用：已知 X 的发电出力 Q_X^s 和 Y 的发电出力 Q_Y^s，利用公式(10-4)和公式(10-5)，可算出 X 和 Y 的电力价格 $\mathrm{pr}_{X,\mathrm{peak}}$ 和 $\mathrm{pr}_{Y,\mathrm{peak}}$；用 $\mathrm{pr}_{Y,\mathrm{peak}}$ 减去 $\mathrm{pr}_{X,\mathrm{peak}}$，便可得到此时的输电短期边际价值 $\Delta \mathrm{pr}_{\mathrm{peak}}$；输电短期边际价值 $\Delta \mathrm{pr}_{\mathrm{peak}}$ 与互联线路容量 $q_{\mathrm{trans}}^{\mathrm{over}}$ 的乘积，即

为负荷高峰时段所取得阻塞剩余 CS_{hourly}^{peak}；已知负荷高峰持续时间 $time_{peak}$，其与负荷高峰时段所取得阻塞剩余 CS_{hourly}^{peak} 的乘积，即为年阻塞剩余 CS_{annual}^{peak}；且用 CS_{annual}^{peak} 与分摊到每年的输电投资成本 $VC(q_{trans}^{over})$ 进行比较，若 $CS_{annual}^{peak} < VC(q_{trans}^{over})$，则不足以回收输电系统过度投资成本；反之亦然。

【情况 4】 投资不足

假设此时的 X 与 Y 之间互联线路的最优输电容量 q_{trans}^{opt} 等于 Q_{trans}^{limit}（且存在 $Q_{trans}^{limit} < Q_{trans}^{opt}$），且 X 与 Y 之间的互联线路投资建设的容量为 q_{trans}^{lack}，且 $q_{trans}^{lack} < q_{trans}^{opt}$。此时，即使是在低谷时段，互联线路上的潮流也会受到约束。

第一步，测算低谷时段和高峰时段所对应的年阻塞收入。

- 在低谷时段，X 的发电企业将以某价格提供一定的出力（其中，部分用于本地负荷供应，部分输往 Y 地区）。Y 的发电企业将以略高一点的价格生产另一数量的电力，全部用于满足本地的其他负荷需求。此时，存在的价差将产生的阻塞剩余。在已知低谷时段小时数的基础上，可算得对应的低谷时段年阻塞收入。

- 在高峰负荷时段，同样已知 X 的发电出力（其中，部分用于本地负荷供应，部分输往 Y 地区）。剩余的负荷需求全部由 Y 自己供应。由此可计算得到 X 和 Y 在此时的边际价格以及价差，并得到小时阻塞剩余总额。在已知高峰时段小时数的基础上，可算得对应的低谷时段年阻塞收入。

第二步，在互联线路投资建设容量为 q_{trans}^{lack} 的情况下，测算成本分摊到每年的数值。

第三步，比较年阻塞收入与成本分摊到每年数值的大小关系，并得到结论：通常情况下，输电短期边际定价所产生的收入会大于建造输电网络的成本；换言之，若刻意让输电容量低于最优值，则会发生更频繁的阻塞，此时也就可以获得更多的收入。

(7) 规模经济的影响

前面均假设输电设备的投资成本与其所具有的输电容量成正比，而忽略了投资成本中很大一部分可能是固定不变的；换言之，有些成本与输电容量大小无关，但极为重要。由此，需考虑公式(10-25)中输电线路总建设成本 TC 内的固定部分 FC。

在 X 与 Y 之间的互联系统中，只要决定进行某项输电项目，就必定要支付其固定成本；且一旦固定成本发生，就不会影响后续决策（如线路容量的大小）。

为阐明固定成本的影响，假定线路成本中每年的单位固定成本为 AFC，单位：元/(km·a)，并将其计入线路长度为 length 的 X-Y 互联线路总投资成本。该固定成本仅将总成本曲线向上平抬，且不会影响最优点的位置。若互联线路的容量 trca 恰好等于最优输电容量 Q_{trans}^{opt}，且所有的容量均可用，则采用节点价格机制可使价差所带来的阻塞收入 CS 恰好回收新建输电线路的变动成本 VC(trca)；然而，CS 无法回收新建互联线路的固定成本 FC。

为挽回收入不足损失,另一种可行的方法是限制容量的可用数量。

假设输电部门仅向系统运行商提供一定数量的输电容量 $Q_{\text{trans}}^{\text{offer}}$,且 $Q_{\text{trans}}^{\text{offer}}$ 小于最优输电容量 $Q_{\text{trans}}^{\text{opt}}$;此时 X 和 Y 之间的潮流也等于 $Q_{\text{trans}}^{\text{offer}}$。X 的发电企业会将出力 Q_X^s 从 $(Q_X^d + Q_{\text{trans}}^{\text{opt}})$ 降至 $(Q_X^d + Q_{\text{trans}}^{\text{offer}})$,而 Y 的发电出力 Q_Y^s 将从 $(Q_Y^d - Q_{\text{trans}}^{\text{opt}})$ 增至 $(Q_Y^d - Q_{\text{trans}}^{\text{offer}})$。通过公式(10-4)和公式(10-5)可得出 X 和 Y 的电力价格以及输电资源的短期价值:

$$\begin{cases} \text{pr}_X^{\text{offer}} = \alpha_X + \beta_X \cdot (Q_X^d + Q_{\text{trans}}^{\text{offer}}) \\ \text{pr}_Y^{\text{offer}} = \alpha_Y + \beta_Y \cdot (Q_Y^d - Q_{\text{trans}}^{\text{offer}}) \end{cases} \tag{10-49}$$

$$\Delta \text{pr}^{\text{offer}} = \text{pr}_Y^{\text{offer}} - \text{pr}_X^{\text{offer}}$$
$$= (\alpha_Y - \alpha_X) + \beta_Y \cdot Q_Y^d - \beta_X \cdot Q_X^d - (\beta_Y + \beta_X) \cdot Q_{\text{trans}}^{\text{offer}} \tag{10-50}$$

又由于

$$\Delta \text{pr}^{\text{opt}} = (\alpha_Y - \alpha_X) + \beta_Y \cdot Q_Y^d - \beta_X \cdot Q_X^d - (\beta_Y + \beta_X) \cdot Q_{\text{trans}}^{\text{opt}}$$
$$= \text{pr}_{\text{trans}} = \text{mct} \tag{10-51}$$

因此可知,输电容量的短期价格会从公式(10-51)升至公式(10-50),其差额为

$$\Delta \text{pr}^{\text{offer}} - \Delta \text{pr}^{\text{opt}} = (\beta_Y + \beta_X) \cdot (Q_{\text{trans}}^{\text{opt}} - Q_{\text{trans}}^{\text{offer}}) > 0 \tag{10-52}$$

由此可得,小时阻塞剩余和年阻塞剩余分别为

$$\begin{cases} \text{CS}_{\text{hourly}}^{\text{offer}} = Q_{\text{trans}}^{\text{offer}} \cdot \Delta \text{pr}^{\text{offer}} \\ \text{CS}_{\text{annual}}^{\text{offer}} = \text{CS}_{\text{hourly}}^{\text{offer}} \cdot \text{time} \end{cases} \tag{10-53}$$

虽然输电容量被人为地减少至 $Q_{\text{trans}}^{\text{offer}}$,但其投资建设时仍有 $Q_{\text{trans}}^{\text{opt}}$ 的规模。相应地,可计算分摊到每年的输电投资成本

$$\text{TC}(Q_{\text{trans}}^{\text{offer}}) = \text{FC} + \text{VC}(Q_{\text{trans}}^{\text{offer}})$$
$$= \text{AFC} \cdot \text{length} + \text{length} \cdot \text{slt} \cdot Q_{\text{trans}}^{\text{opt}} \tag{10-54}$$

进而比较 $\text{CS}_{\text{annual}}^{\text{offer}}$ 与 $\text{TC}(Q_{\text{trans}}^{\text{offer}})$ 的大小,通常情况下,存在 $\text{CS}_{\text{annual}}^{\text{offer}} > \text{TC}(Q_{\text{trans}}^{\text{offer}})$。

总之,减少一定单位的输电容量($Q_{\text{trans}}^{\text{opt}} - Q_{\text{trans}}^{\text{offer}}$)可产生更多的输电收入($\Delta \text{pr}^{\text{offer}} - \Delta \text{pr}^{\text{opt}}$),并由此回收输电变动成本和固定成本。此外,持留的输电容量($Q_{\text{trans}}^{\text{opt}} - Q_{\text{trans}}^{\text{offer}}$)可扩大输电线路两端的价差,以增加输电价值。网络使用者(发电企业或电力用户)可能愿意用更高的价格从输电部门购买"金融输电权",因此,此时的输电部门不仅可以回收其投资成本,而且还可获得一定的利润。

同理,考虑负荷波动的情况,给定高峰时段和低谷时段,考虑 X 与 Y 之间互联线路的最优输电容量为 $q_{\text{trans}}^{\text{opt}}$(其与固定成本无关),分析过程与前文相同,不做赘述。但值得注

意的情况主要有两个方面。

- 在低谷时段,可用输电容量的持续减少将会导致输电收入的呈现"先增加、后减少"的"倒 U"形变化趋势。当可用输电容量从 q_{trans}^{opt} 减少到某一输电容量 q_{trans}^{offer} 时,可使输电收入从 0 增加到某一值;若可用输电容量继续减少,则输电收入反而"不增反降"。
- 在高峰时段,可用输电容量的减少将会导致输电收入的减少。分析其原因,在高峰时段,可用输电容量均处于最优值的左边;而对于低谷时段,可用输电容量从大到小的变化意味着其从最优值的右边移动到左边。由于高峰时段在全部收入中所占比重远超过低谷时段的比重,因此,无法通过减少可用输电容量来增加输电收入。

由于存在固定成本,从经济可行性的角度,有必要在初始阶段就认真分析不新建输电线路的影响。

(8) 三节点的输电扩容

为考察基尔霍夫电压定律(Kirchhoff's voltage law)对输电价值和输电容量投资成本回收的影响,需要使用三节点系统,如图 10-6 所示。

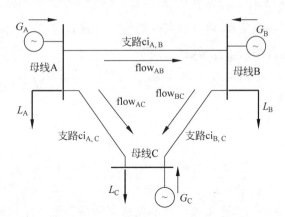

图 10-6 三节点系统的输电投资概念模型

假设:①计及需求变化的影响,每年都可分为不同的需求区间(如 2 个需求区间);②各母线处的电力市场充分竞争,且各母线上的电力价格等于边际成本;③每年的负荷均按相同的规律进行波动变化。

已知:①3 条母线在 2 个区间的时长(period1 和 period2)以及每条母线上的负荷值($L_{A,period1}$、$L_{B,period1}$ 和 $L_{C,period1}$;$L_{A,period2}$、$L_{B,period2}$ 和 $L_{C,period2}$),需要注意的是,与两节点系统不同,三节点系统中各母线上的负荷变化模式并不相同;②3 条母线的容量($trca_A$、$trca_B$ 和 $trca_C$)以及各母线上各自机组的边际发电成本函数(MC_A、MC_B 和

MC_C),通常情况下,边际发电成本会随着出力的增加而上升;③3 条母线的长度以及各母线单位长度线路所对应的边际年投资成本。

由各机组的边际发电成本函数推导各自机组的可变发电成本函数:

$$\begin{cases} MC_A = \alpha_A + \beta_A \cdot G_A \\ MC_B = \alpha_B + \beta_B \cdot G_B \\ MC_A = \alpha_C + \beta_C \cdot G_C \end{cases} \Rightarrow \begin{cases} VC_A(G_A) = \alpha_A \cdot G_A + \frac{1}{2}\beta_A \cdot (G_A)^2 \\ VC_B(G_B) = \alpha_B \cdot G_B + \frac{1}{2}\beta_B \cdot (G_B)^2 \\ VC_C(G_C) = \alpha_C \cdot G_C + \frac{1}{2}\beta_C \cdot (G_C)^2 \end{cases} \quad (10\text{-}55)$$

此时,在不考虑固定成本的前提下,输电线路(母线)的年输电投资成本 VC(trca)将与其容量 trca 和长度 length 成正比,即

$$\begin{cases} VC(trca_A) = length_A \cdot slt_A \cdot trca_A \\ VC(trca_B) = length_B \cdot slt_B \cdot trca_B \\ VC(trca_C) = length_C \cdot slt_C \cdot trca_C \end{cases} \quad (10\text{-}56)$$

需要确定的输电线路容量应当使该网络的运行成本与投资成本之和最小化("最小化"是相对于系统整体期望寿命而言)。由于负荷年复一年均按相同规律变化,因此可直接计算一种等效小时最优成本,将各负荷时段的运行成本,先乘以其时长、后除以一年小时数。由此得出优化问题的目标函数

$$\min_{trca} \left[\begin{array}{l} period1 \cdot \dfrac{VC_A(G_{A,period1}) + VC_B(G_{B,period1}) + VC_C(G_{C,period1})}{time} + \\ period2 \cdot \dfrac{VC_A(G_{A,period2}) + VC_B(G_{B,period2}) + VC_C(G_{C,period2})}{time} + \\ \dfrac{VC(trca_{AB}) + VC(trca_{AC}) + VC(trca_{BC})}{time} \end{array} \right] \quad (10\text{-}57)$$

第 1 组约束,根据基尔霍夫电流定律和电压定律给出该优化问题分别在 period1 和 period2 的约束条件;设定 g1(·)、g2(·)、g3(·)和 g4(·)均为既定的线性函数形式。

- 在 period1 中,4 个线性约束条件的变量涉及

$$\begin{cases} g1(flow_{AB,period1}, flow_{AC,period1}, G_{A,period1}, L_{A,period1}) = 0 \\ g2(flow_{AB,period1}, flow_{BC,period1}, G_{B,period1}, L_{B,period1}) = 0 \\ g3(flow_{AC,period1}, flow_{BC,period1}, G_{C,period1}, L_{C,period1}) = 0 \\ g4(flow_{AB,period1}, flow_{AC,period1}, flow_{BC,period1}) = 0 \end{cases} \quad (10\text{-}58)$$

- 在 period2 中,4 个线性约束条件的变量涉及

$$\begin{cases} g1(\text{flow}_{AB,\text{period2}}, \text{flow}_{AC,\text{period2}}, G_{A,\text{period2}}, L_{A,\text{period2}}) = 0 \\ g2(\text{flow}_{AB,\text{period2}}, \text{flow}_{BC,\text{period2}}, G_{B,\text{period2}}, L_{B,\text{period2}}) = 0 \\ g3(\text{flow}_{AC,\text{period2}}, \text{flow}_{BC,\text{period2}}, G_{C,\text{period2}}, L_{C,\text{period2}}) = 0 \\ g4(\text{flow}_{AB,\text{period2}}, \text{flow}_{AC,\text{period2}}, \text{flow}_{BC,\text{period2}}) = 0 \end{cases} \quad (10-59)$$

第 2 组约束，各线路上的潮流在不同时段必定不高于其线路容量

$$\begin{cases} |\text{flow}_{AB,\text{period1}}|, |\text{flow}_{AB,\text{period2}}| \leqslant \text{trca}_{AB} \\ |\text{flow}_{AC,\text{period1}}|, |\text{flow}_{AC,\text{period2}}| \leqslant \text{trca}_{AC} \\ |\text{flow}_{BC,\text{period1}}|, |\text{flow}_{BC,\text{period2}}| \leqslant \text{trca}_{BC} \end{cases} \quad (10-60)$$

第 3 组约束，在各负荷时段，与各母线相连的发电机组出力必须不大于其额定装机容量。

$$\begin{cases} G_{A,\text{period1}}, G_{A,\text{period2}} \leqslant G_A^{\max} \\ G_{B,\text{period1}}, G_{B,\text{period2}} \leqslant G_B^{\max} \\ G_{C,\text{period1}}, G_{C,\text{period2}} \leqslant G_C^{\max} \end{cases} \quad (10-61)$$

在已知不同负荷时段的最优发电调度结果、线路潮流和节点价格的情况下，并已知不同时段的时长，等效小时运行成本可通过各时段的成本相加而得到，将等效小时所对应的成本乘以 1 年小时数，便可得到 1 年的总成本。

各线路上的潮流均在 2 个负荷时段之一达到最大值（由此决定了各线路的容量）。由于要实现运行成本与投资成本之和的最小化，因此输电线路的全部输电容量至少应当在某一个时段得到完全使用。

在分析节点价格和收入时，负数可表示向发电企业支付，正数可表示向负荷需求者收费。各时段的收入与对应的时长成正比，等效小时收入是各个时段收入的加权平均值。收入总和对应于通过各等效小时收入所能回收的总阻塞收入；若收入总和的数值恰好等于总小时投资成本，则在不考虑固定成本时，短期边际定价可提供足够的资金收入，用以回收投资成本。

(9) 参考网络的概念与应用

通过输电系统运行成本与投资成本的最小化，可确定新建输电线路的最优容量。在竞争市场中，由于输电业务和发电业务是相互独立运行的环节，因此保持电力系统的整体均衡发展成为监管机构的重要工作。

若输电环节是一种垄断业务，则监管机构需设计一系列激励措施，以促使输电投资达到最优水平。为实现该目的和要求，监管机构需要有一套能够衡量输电系统绩效的有效方法，如参考网络（reference network）。

在最简单的情况下，参考网络的拓扑结构应当与现有网络相同，且系统的发电与负荷保持不变；与此同时，各输电线路的容量应当处于最优水平。而区别于最优输电容量，参考网络不限于对某一条或多条新建线路进行优化，其优化目标是整个输电系统（包含全部新建线路和已有线路）。

因此，"参考网络"方法可解释为：①可对参考网络的最优投资成本和最优阻塞成本进行量化，进而将其与现有网络的投资成本和阻塞成本进行比较；②可通过比较参考网络单条线路的容量和现有网络的单条线路容量，可以获知输电系统所需要的新投资；③可用于确定现有网络中存在的搁浅投资数量；④可用以比较最优运行成本和实际运行成本。

据此总结：参考网络可提供一套能够对现有网络进行客观评估的标准；实际网络与参考网络之间会存在运行和投资成本差距，由此衡量输电部门的绩效。基于此，监管机构可设定一系列财务性的激励措施。

(10) 价值的其他来源

虽然输电网络最明显的价值源于其将电能从一个地区输送到另一个地区的容量，但也可通过共享发电备用容量(sharing of generation reserves)、共享平衡容量(sharing of balancing capacity)以及共享发电容量边界(sharing of generation capacity margin)等方式来创造其他价值。

① 共享发电备用容量

通常情况下，应将部分可用输电容量分配给备用发电容量；且随着可再生能源发电机组比例的提高，该分配可能会增加，尤其是在进行扩大输电容量的决策时。前文中，合理的输电容量投资决策可平衡阻塞成本和投资成本，从而有利于高效的输电；但由于并未明确考虑为备用分配输电容量，这可能会导致输电容量投资的不足，进而妨碍将可再生能源整合到系统中的能力或增加成本。在输电网络扩容规划模型中，接入远距离、低成本备用的能力可增加输电容量的价值。然而，源于共享发电备用容量的输电容量价值实现有一个前提：在市场环境下，输电部门会因提供容量净空(capacity headroom)而获得报酬，而容量净空可在需要时用于输送备用。

② 共享平衡容量

通过输电线路连接，两个区域（系统）有机会分享维持负荷与发电平衡所需的发电容量。当随机可再生能源发电成为装机发电容量的重要组成部分时，共享平衡资源可提高输电容量的价值。为简化证明共享平衡容量价值的过程、消除各个位置的套利机会，给定两个区域之间的输电线路构造，且假设两个领域情况相同（即发电组合和需求概况完全相同）；可推之，能源的价格和备用的价格在两个领域也是相同的；因此，此时的两个地区之间输电线路在交易能源或备用方面并无任何价值。然而，各个地区都会受到太阳能发电和风力发电负荷的随机波动,并受到随机发电中断的影响;因此,双方都需要灵活的资源来应对这些随机的失衡。短期平衡服务的交换降低了两个系统的总运营成本,且这些成本的降低代表了输电线路的存在所能带来的好处。

③ 共享发电容量边界

通常情况下,由于部分发电机组可能因故障或维护而无法运行,因此系统中安装的总发电量必须在一定幅度超过预期的峰值负荷。此时,在电力系统之间建立或扩大互联,可减少发电容量边界的大小,同时可保持运行可靠性标准。由于发电机组的停运是随机独立事件,且电力系统的互连扩大了发电机组对总装机容量的贡献,因此,发电容量边界的共享是可能的。

(四) 分散式输电扩容——基于市场的输电扩容

针对基于成本和基于价值的讨论中,从集中规划的视角,输电扩建的投资决策旨在实现整个系统投资成本和运营成本之和的最小化。但还存在一种完全不同且基于市场(market-based)的方法:在输电网络扩建过程中,存在一定的利益相关者或受益群体;应允许利益相关者或受益群体进行投资、收取收入,并从中获利。其中,利益相关者或受益群体包括,电力消费者、发电企业以及商业性输电公司。虽然这种分散式输电扩容(decentralized transmission expansion)的方法与电力产业"放松管制"的原则相一致,但其仍然存在问题——能否提供一个全社会福利最大化的输电网络。

需要明确的是:采用分散式输电扩容方法的各个理性主体均会独立地进行战略性投资,即各主体都试图获得超出其在集中式输电扩容(centralized transmission expansion)方法下获得的利润;然而,各主体必须考虑到竞争实体可能做出的决定——每一项新的输电资产都会影响系统的运行,从而影响所在地的边际价格。因此,不同的输电投资产生的收入和利润是相互依存的。在该博弈框架内,监管机构确定最终的扩张计划,以协调不同主体的利益;且该计划是一个纳什均衡,即任何实体都不能通过单方面修改其决策来增加其利润。

第三节 配电投资

配电网络,通常从与输电网络的连接点处获得电力(尽管连接点有限),并在既定的区域内将电力配送至密集分布的各点电力用户。因此,从功能结构的角度看,配电网络的资产投资具有必然性,因此不做赘述。但从扩容的需求角度看,至少要考虑两个方面的影响:①社会资本的影响;②分布式发电的影响。

举例 10-3

2020年,中国电力投资达到10 189亿元,同比增长22.8%。2020年电源投资5 292亿元,同比增长61.2%,达到历史新高;其中,可再生能源发电建设持续增长,大幅拉动了电源投资。2020年电网投资4 896亿元,继续保持高位,随着未来新能源的大规模发展,电网投资建设需求仍将保持高位。

中国电网部门续加强配电网络建设,其投资仍占整个电网投资比重的较大部分。根据国网能源研究院的统计:2020年,输电网、配电网以及其他投资的比例约为38:57:5。

(一) 社会资本的影响

(1) 社会资源与增量配电网络

配电网络"存量"和"增量"并非仅以项目是否建成投产进行区分,其边界界定在学理上并未清晰给定;但基于监管机构的战略目的,进一步界定可包括:①已纳入相关电网规划、但尚未核准或备案的配电网络项目;②已获核准或备案、但在相关文件有效期内未开工建设的配电网络项目;③已获批并开工、但在核准或备案文件有效期内实际完成投资不足一定比例的项目(输电部门可通过对项目进行资产出资等方式参与增量配电网络建设);④历史原因造成的地方或用户无偿移交给电力系统运营的配电设施,资产权依法明确为输配部门的属于"存量配电设施",资产权依法明确为非输配部门的属于"增量配电设施"。

增量配电对项目主体遴选的主要方式包括公开招标、邀请招标、竞争性磋商等。监管机构对增量配电网络项目投资的核准权限,需结合项目所在地的具体规定进行甄别;此外,项目均须完成包括环保、规划、土地、施工建设、竣工验收等基本建设手续;最后,在开工建设前,还需完成与电力设施相关的手续,包括获得电网部门就增量配电网络项目接入电网的审查意见等。

在增量配电网(incremental distribution network)相关业务的改革中,社会资本(social capital,或称"民间资本"private social capital)可获取新增配电网络的投资运营权;其意义在于:放开对投资、建设和运营权限的管制,将原有的配电部门"垄断性投资运营模式"逐步扩展为新的社会化"竞争性投资运营模式",提高业务竞争和服务水平,推动"定向定价单一来源用电模式"向"多元主体多向交易"的方向进行转变,以此降低用能成本。

(2) 社会资源的参与模式

社会资本进入配电环节,可采用PPP(public-private partnership,政府与社会资本合作)模式。

广义的 PPP 模式是公共基础设施中的一种项目运作方式,即让非公共部门所掌握的资源参与提供公共产品和服务,从而实现合作各方达到比预期单独行动更为有利的结果。在该模式下,鼓励私人企业、民营资本与政府进行合作,参与公共基础设施的建设。基于提供产品和服务出发点,政府与社会资本之间达成特许权协议,形成"利益共享、风险共担、全程合作"伙伴合作关系。其优势在于:使合作各方达到比单独行动预期更为有利的结果,即政府的财政支出更少,社会资本的投资风险更小。因此,PPP 不仅是一种融资手段,还是一次体制机制变革,涉及行政体制改革、财政体制改革、投融资体制改革等诸多方面。

PPP 模式内涵应至少包含以下 3 种核心要素之一。

① 融资要素——由私人部门承担融资责任,是区分 PPP 模式和传统方式的重要因素。民间资本参与投融资,可有效减轻政府财政负担,加快基础设施建设。

② 产权要素——此处项目产权应为"权利束"(bundle-of-rights),而不仅指"所有权"(proprietary rights 或 ownership)。根据产权经济学,特许私人部门拥有项目所有权或项目经营权和收益权,可激励私人部门进行管理和技术创新,从而提高 PPP 项目的建设运营效率;同时,特许私人部门运营基础设施,也有利于促进公共部门机构改革,消除冗员现象。

③ 分担要素——共同分担风险是 PPP 模式与传统方式的重要区别所在。政府与社会资本按照各自承担风险能力来分担风险,不仅能够有效地降低各自所承受的风险,还能加强对整个项目的风险控制。

PPP 模式具有 3 大特征。

① 伙伴关系——其他关系相比,PPP 模式中伙伴关系独特之处是项目目标的一致性:在具体项目上提高效率(以最少的资源,提供最多最优的产品或服务);私人部门是以此目标实现自身利益最大化,公共部门则是以此目标实现公共福利最大化。

② 利益共享——PPP 模式中公共部门与私人部门并非简单的利润分享,还需控制私人部门可能的超额利润。利益共享,除了指共享 PPP 的社会成果,还包括使作为参与者的私人部门、民营企业或机构取得相对平和、长期稳定的投资回报。

③ 风险共担——风险分担,是利益共享以外,形成伙伴关系的另一个基础;也是其区别于公共部门与私人部门其他交易形式的显著标志。若每种风险都能由最善于应对该风险的合作方承担,则基础设施建设的成本便可实现最节约。

广义范畴内,PPP 模式的运作方式主要包括 4 大类。

① 融资性质

主要是指私人部门（社会资本）所承担的主要职能具有融资的性质。具体分类如表 10-2 所示。

表 10-2　PPP 模式融资性质的行为方式

行　　为	英文符号	含　　义
建造—运营—移交	build-operate-transfer (BOT)	私人部门被授权在特定的时间内融资、设计、建造和运营基础设施组件（向用户收费）；在期满后，转交给公共部门。
民间主动融资	private finance initiative (PFI)	PFI 是对 BOT 项目融资的优化，指政府根据社会对基础设施的需求，提出需要建设的项目，通过招投标，由获得特许权的私人部门进行公共基础设施项目的建设与运营，并在特许期结束时将所经营的项目完好地、无债务地归还公共部门；而私人部门则从政府或接受服务方收取费用以回收成本的项目融资方式。
建造—拥有—运营—移交	build-own-operate-transfer(BOOT)	私人部门为设施项目进行融资并负责建设、拥有和经营这些设施；待期限届满，私人部门将该设施及其所有权移交给公共部门。
建设—移交—运营	build-transfer-operate (BTO)	私人部门为设施融资并负责其建设，完工后即将设施所有权移交给政府；随后政府再授予其经营该设施的长期合同。
重构—运营—移交	retrofit-operate-transfer (ROT)	私人部门负责既有设施的运营管理以及扩建/改建项目的资金筹措、建设及其运营管理；期满后，将全部设施无偿移交给公共部门。
设计—建造	design-build(DB)	私人部门设计和制造基础设施，以满足政府的规范（通常为固定价格）；私人部门承担所有风险。
设计—建造—融资—经营	design-build-finance-operate(DB-FO)	私人部门设计、融资和构造一个新的基础设施组成部分，以长期租赁的形式运行并维护；当租约到期时，私人部门将基础设施部件转交给公共部门。
建造—拥有—运营	build-own-operate(BOO)	私人部门融资、建立、拥有并永久的经营基础设施部件；政府在协议上声明其限制，并持续的监管。
购买—建造—营运	buy-build-operate(BBO)	一段时间内，已有的基础设施（公共资产）被出售给有能力改造和扩建的私人部门；在特许经营权下，私人部门参与经营。
建造—租赁—营运—移交	build-lease-operate-transfer(BLOT)	私人部门在租用的公共土地上设计、融资并建立相应的设施；在土地租赁期内，私人部门营运该设施；当租约到期时，资产转移给公共部门。
仅投资	invest only	私人部门通常为一个金融服务公司，投资建立基础设施，并向公共部门收取使用该资金的利息。

② 非融资性质

主要是指私人部门所承担的主要职能不体现融资的性质。具体分类如表 10-3 所示。

表 10-3　PPP 模式非融资性质的行为方式

行　　为	英文符号	含　　义
作业外包	outsourcing	政府通过签订外包合同,将某些作业性、辅助性工作委托给私人部门承担和完成,以期达到集中资源和注意力于自己的核心事务的目的;一般由政府给作业承担方付费。
运营与维护合同	operation and maintenance (O&M)	私人部门根据合同,在特定时间内运营公共资产;政府保留资产的所有权。
移交-运营-移交	transfer-operate-transfer (TOT)	政府将拥有的设施移交给私人部门运营;私人部门需支付一笔转让款,期满后再将设施无偿移交给公共部门。

③ 股权产权转让

政府将国有独资或国有控股的企业的部分产权/股权转让给私人部门,建立和形成多元投资和有效公司治理结构;同时,政府授予新合资公司特许权,许可其在一定范围和期限内经营特定业务。

④ 合资合作

政府以企业的资产与私人部门(通常以现金方式出资)共同组建合资公司,负责原国有独资企业的经营;同样,政府将授予新合资公司特许权,许可其在一定范围和期限内经营特定业务。

(3) 社会资源"观望"的原因

由"简单易操作"的原则看,配电网络区域内电力用户的用电价格,是由上网电价(或市场交易电价)、上一级电网输配电费、配电网络配电费用、政府性基金及附加所组成。其中,电力用户承担的配电网络服务费用与上一级电网输配电费之和,原则上不得高于其直接接入相同电压等级对应的现行级别的电网输配电费。

但上述定价方式仍不乏争议。操作过程中,在各地的配电价格形成方式中:一部分地区会选择"准许收入法";另一部分地区会选择"最高限价法"(实际上,分级电网输配电价在电压等级间的价差,仅为一个边界"约束";该方法并未考虑配电价格的形成机制,同时也忽略了价差是否足够配电网企业收回合理成本或是否获得了超额利润)。因此,在配电费用的定价机制尚未确定之前,为避免"收益不稳定""电价倒挂"及"供得越多、亏得越严重"等现象的出现,多数社会资本或将失去投资积极性,并采取相对保守的"观望"(wait-and-see)态度。

(二) 分布式发电的影响

目前,存在一些积极、分散、灵活和模块化的发电技术,即位置接近其所服务的负载,容量通常仅为 10 MW 或更小;主要包括当地的小型风电站、小型光伏电站、小型热电联产(combined heat and power)计划、垃圾发电计划、微电源发电计划、燃料电池等。从电力系统的整体角度看,上述发电方式称为"分布式发电"(distributed generation,或称"分散型发电");从输配网络的技术角度看,上述发电方式属于"嵌入式电源"(embedded generation)。

上述能源资源可对当地的配电网络产生重大影响(导致流量的变化和电压的偏差),甚至影响对配电网络的投资决策。一方面,从输配系统内部看,随着大规模高效发电站与超高压输电网的出现,不同于拥有嵌入式电源的输电网络,配电网络会被动得变为"放射型网络"。另一方面,从输配系统外部看,随着微电源、局地储能和智能应用的普及,小用户将具有更多的能力与意愿对电力批发市场作出反应,此时需要配电网络运营方式做出改变。

针对居民(小用户)而言,配网费用虽少但依然存在。若撤销配网费用,则对当地发电计划的可行性造成重大影响。为了减轻负外部性,一些监管机构将允许在特定区域内架设直通线电路,用以充分利用分布式发电。长期而言,绕开已有的配电网络并非一个可行的安排,且容易在电网对分布式发电进行收费的环节引发问题(这在当地装机容量尚有富余的情况下向配电网络进行供电时尤为突出)。如果基于电量消除的能源成本进行定价,则有可能刺激分布式发电与其他地区电力用户之间架设更多的直通线电路。若此举可推进高效发电计划,则监管机构更趋于鼓励新进入的分布式发电。因此,有必要建立更为有效的合作安排,以全面客观地识别成本与收益,充分利用并合理规划投资当地的配电资产。

第四节 电力项目管理

(一) 项目的相关概念

(1) 项目的定义

目前,针对"项目"的解释,共有 4 类。

① 要素角度:为了在规定时间、既定费用和性能参数的条件下,满足特定目标,而由个人或组织所进行的具有具体起始时间与结束日期、相互协调的独特活动的集合。

② 行为角度：以一套独特而又相互关联的任务为前提，有效利用资源，为实现一个特定目标而所作的努力。

③ 任务角度：是对一项投资的一项提案，用以创建、扩建或发展某些组织，以便在一定周期内增加（商品或服务的）产出。

④ 属性角度：同一性质的投资，或同一部门内一系列相关或相同的投资，或不同部门内的一系列投资。

(2) 项目的特征

项目的共同特征可概况为三个方面。

① 一次性——也称"时限性"；即各个项目具有明确的时间起点和终点；该特征是项目活动不同于一般性日常运营的关键特征。

② 明确性——项目的目标包括"成果性目标"和"约束性目标"。其中，成果性目标是指项目的功能要求；约束性目标是指项目的约束条件（包括期限、成本、质量及安全等）。

③ 整体性——项目是相对复杂的开放性系统，是由人力、技术、资源、时间、空间及信息等要素组合而成，为实现特定的系统目标而形成的有机整体。

（二）电力工程项目管理

(1) 工程项目管理

① 概念的定位

【定义】 项目管理者在有限资源的约束下，运用系统观点、理论与方法，对工程项目所涉及的全部任务进行有效的决策。

【本质】 运用系统观点、理论与方法，进行全过程、全方位的管理；实现生产要素在工程建设上的优化配置；通过计划、组织、指挥、协调、控制及评价等手段实现项目的最优目标；运用知识、技能、工具与技术进行管理，以便满足或超过项目利益方的需求和期望。

② 管理的分类

工程项目管理可分为 4 类。

- 建设项目管理——站在投资主体的立场进行综合性管理；通过一定的组织形式，采取配套的方法和措施，对系统运动过程进行计划、协调、监督、控制及评价，以达到"保质保量、按时按效"的目标；广义上，是指投资决策相关的管理工作；狭义上，是指立项以后的对项目建设的过程管理。

- 设计项目管理——由设计单位自身对参与的项目设计阶段全部工作进行自我管理；同样进行质量控制、进度控制、投资控制，在技术上和经济上对拟建工程进行全面而详尽的安排；管理阶段对包括设计投标、签订设计合同、设计条件准备、设计计划、计划实施阶段的目标控制,设计文件验收与归档、设计工作总结、建设实施阶段的工作,实施设计控制与监督、竣工验收等。
- 施工项目管理——管理主体为施工单位,管理对象为施工项目,管理周期为项目生命周期(工程投标、签订承包合同、施工准备、施工、交工验收、用后服务),管理要求为强化组织协调工作。
- 咨询项目管理——咨询单位或监理单位均属于中介组织;可作为政府、市场及企业的联系纽带;可受业主方或承包方的委托(签订监理委托合同),进行工程项目管理,即提供智力服务。

③ 项目管理的生命周期

可从4个内容方面对项目管理的生命周期进行描述。

- 项目时限——首要内容是具体项目的时限起点和终点。
- 项目阶段——第二内容是项目各阶段的划分;涉及对项目主要阶段进行划分、对主要阶段中具体阶段的划分;原则上,要保存前后连接、便于管理,各阶段均有可交付的成果作为标识。一般而言,项目管理的生命周期分为4个阶段,按照从起点到终点的顺序,依次为需求识别阶段、方案制定阶段、工程实施阶段、项目结束阶段。
- 项目任务——第三内容是各阶段的主要内容,以及各主要内容所涉及的主要活动。
- 项目成果——第四内容是各阶段的、主要活动的、可交付的产出成果。

此外,项目管理的生命周期描述,还包含3个特征:资源需求的变动,项目风险的变动和利益主体影响力的变动。

(2) 电力项目的管理内容

电力工程项目管理,是通过项目组织的有效协作,运用系统理论与方法对电力工程项目及资源进行计划、组织、协调、控制及评估,旨在实现特定目标的管理方法体系。

电力工程项目管理包括:范围管理、进度管理、成本管理、质量管理、风险管理、人力资源管理、沟通管理、采购管理、综合管理等;其中,重大内容为进度(工期)管理、成本(费用)管理、质量管理、风险(安全)管理。

提示 10-1

电力工程项目的成本管理

工程项目成本,是施工企业完成既定项目所支付费用的总和;是转移建设工程项目产品或服务中被消耗的生产要素价值的货币表现。

按管理属性,电力工程项目成本可分为 3 类。

- 预算成本——按施工图预算,计算项目所应消耗的生产资料价值与所应支付的劳动报酬;是项目预算造价的主要组成部分。
- 计划成本——以组织设计为基础,根据平均先进的施工定额和统计资料所确定的费用,以反映计划应达的成本水平(即目标成本);是对用工、供料和费用进行控制的依据。
- 实际成本——施工过程中的实际支出;与计划成本进行比较,反映项目经营效果和技术组织的执行情况;与预算成本进行比较,反映工程项目的盈亏情况。

按内容结构,电力工程项目成本可分为 5 类。

- 人工费——针对直接从事工程施工的工人或在现场直接为工程制作构件运料或配料的工人,所发放的基本工资、辅助工资、工资附加、奖金和劳动保护费等。
- 材料费——构成工程实体的材料、结构、机械配件、半成品的费用,以及有助于工程建成的材料费用和周转材料的摊销费与租赁费。
- 机械使用费——使用自有机械所发生的使用费、使用非自有机械的租赁费,以及按规定支付的机械安装费、拆卸费和进出场费。
- 其他直接费用——包括冬季和雨季施工增加费,夜间施工增加费,流动施工津贴,材料二次搬运费,生产工具用具使用、检验、试验费,工程定位复测费、场地清理费,特殊地区施工增加费,铁路、公路工程行车干扰费,特殊工程技术培训费,送电工程干扰通讯保护措施费,井巷工程辅助费等。
- 间接费用——包含组织和管理工程施工所发生的工作人员工资、工资附加费、办公费、差旅费、固定资产使用费、劳动保护费、合同公证签证费、财产保险费、业务招待费、定额测定费、预算编制费、上级管理费、其他费用等。

电力工程项目成本管理的主要内容包括 5 项。

- 项目资源计划——是指通过分析、识别和确定项目所需资源种类(人力、设备、材料、资金等)、多少和投入时间的一种项目管理活动;其中,最重要的是确定出能够充分保证项目实施所需各种资源的清单和资源投入的计划安排。
- 项目成本估算——是指根据项目资源需求和计划,以及各种资源的市场价格或预期价格等信息,估算并确定项目各活动的成本和整个项目全部成本这样一种项目成本管理工作;其中,最主要的任务是确定用于项目所需人、机、料、费等成本的概算。

- 项目成本预算——是一项制订项目成本控制基线或项目总成本控制基线的项目成本管理工作;其中,主要是根据项目的成本估算为项目各项具体活动或工作分配和确定其费用预算,进而确定整个项目总预算;项目成本预算的关键是合理、科学地确定出项目的成本控制基准(项目总预算)。
- 项目成本控制——是指在项目的实施过程中努力将项目的实际成本控制在项目成本预算范围之内的一项成本管理工作;具体包括依据项目成本的实施发生情况不断分析项目实际成本与项目预算之间的差异,通过采用各种纠偏措施和修订原有项目预算的方法,使整个项目的实际成本能够控制在一个合理的水平。
- 项目成本预测——是指在项目的实施过程中,依据项目成本的实施发生情况和各种影响因素的发展与变化,不断预测项目成本的发展趋势与最终可能出现的结果,从而为项目的成本控制提供决策依据的工作。

事实上,上述项目成本管理工作相互之间并无严格独立而清晰的界限;且在实际工作中,各工作常相互重叠、相互影响。同时在每个项目阶段,上述项目成本管理工作都需要积极地开展,唯其如此,项目团队才可做好项目成本的管理工作。

提示 10-2

电力工程项目的进度管理

在电力工程项目管理中,时间是最重要的约束条件之一;其关系到项目其他方面的管理;而在项目的进行过程中,工期问题也是发生的最为普遍和最为突出的问题。

项目的进度管理,是指在项目实施过程中,对各阶段的进展程度和项目最终完成的期限所进行的管理,是保证施工项目按期完成、合理安排资源供应、节约工程成本的重要措施;其内容主要包括进度计划、执行计划、进度跟踪控制等环节。

电力工程项目进度管理包括 5 个过程。

- 活动定义——识别为完成项目所需的各种特定活动;为此,应先利用科学工具,将项目细分为可管理的任务,以方便制定工期计划和进行工期控制。常用的科学工具如工作分析结构(work breakdown structure,WBS)方法。
- 活动排序——识别活动之间的时间依赖关系并整理成文。工作的先后依赖关系有两种:一种是工作之间本身存在的无法改变的逻辑关系;另一种是人为组织确定的可先可后的组织关系。活动排序过程中,常用的工具如网络计划技术(network planning technology,NPT)。
- 活动工期估算——工作延续时间的估计直接关系到各事项、各工作网络时间的计算和完成整个项目任务所需要的总时间。一方面,在进行时间估计时,不应受到工作重要性及工程完成期限的影响,而是要在考虑到各种资源的情况下,将工作置于独立的正常状态下进行估计,做出统筹考虑。另一方面,时间估计主要依赖的数据包括工作详细列表、项目约束和限制条件、资源需求和资源能力、历史信息等。常用的科学工具如专家判断法(expert judgment)和类比估计法(analogous estimates)。

- 进度安排——通过分析活动顺序、活动工期以及资源需求,以便安排进度,制定项目的详细安排计划,明确每项工作的起始终止时间,作为项目控制的有效手段。制定进度安排的依据是对项目内容的分解、各组成要素工作的先后顺序、工作延续时间的估计结果。

- 进度控制——项目计划的执行需做两个方面的工作,其一是需要多次反复协调,其二是消除与计划不符的偏差。进度控制即要时刻对每项工作进度进行监督,进而对偏差采取必要措施,以保证项目目标的实现。

提示 10-3
电力工程项目的质量管理

"质量":是产品或服务的适用性,即产品或服务能够满足用户需要的程度;反映实体满足明确或隐含需要能力的特性之和。

电力工程项目质量,是现行的有关法律、法规、技术标准、设计文件及工程合同中对电力工程的安全、使用、经济等特性的综合要求。其特点的主要表现为5点。

- 影响因素多——如设计、材料、机械、环境、施工工艺、施工方案、操作方法、技术措施、管理制度、施工人员素质等均直接或间接地影响质量。

- 质量波动大——一般工业产品具有固定的生产流水线、规范的生产工艺、完善的检测技术、成套的生产设备、稳定的生产环境、相同的系列规格和功能产品,而电力工程项目具有系统复杂性、项目唯一性,因此其质量波动性大。

- 质量变异大——由于影响因素较多,任一因素出现质量问题,均会引起工程建设系统的质量变异,造成工程质量事故。

- 质量隐蔽性——由于工序交接多、中间产品多、隐蔽工程多,若不及时检查并发现其存在的质量问题,容易产生误判。

- 终检局限大——项目建成后,无法拆卸或解体来检查内在的质量,因此工程项目终检验收时难以发现内在隐蔽的质量缺陷。

电力工程项目质量管理的过程主要包括3步。

- 第1步，电力工程质量计划编制。电力工程项目质量计划是确定电力工程项目应达到的质量标准和如何达到质量标准的工作计划和安排；是项目质量管理过程的首要环节。具体包括项目的质量方针、范围陈述、产品描述、质量标准和规则等。制定质量计划的方法包括成本-收益分析法、质量标杆法、流程图法等。

- 第2步，电力工程质量保证。在执行项目质量计划过程中，经常性地对整个项目质量计划执行情况所进行的评估、核查与改进等工作；可确保项目质量计划能够得以执行和完成，使项目质量能够最终满足项目质量要求的系统性工作。质量保证的作用是从外部向质量控制系统施加压力，促使其更有效地运行，并提供信息，以便及时采取改进措施，将问题在早期加以解决，以避免更大的经济损失。电力工程项目质量保证的依据是电力工程项目质量管理计划和质量控制监测结果；其内容包括制定电力工程质量标准、制定质量控制流程、确定质量保证体系。

- 第3步，电力工程项目质量控制。其目的是为使电力工程项目的质量目标能够实现。质量系统以总体目标为核心，包括设计质量、设备质量、项目初稿质量、设备安装质量以及其他质量等目标，因此，质量控制就是使系统的质量目标得以实现。电力工程质量控制分为2个阶段，即设计阶段的质量控制与施工阶段的质量控制。

提示 10-4

电力工程项目的风险管理

实际后果偏离预期有利结果的不确定性即为"风险"。

项目风险：由于项目所处环境和条件的不确定性，以及项目业主/客户、项目组织或项目其他相关利益者主观上无法准确预见或控制的影响，使项目的最终结果与当事人的期望产生偏离，从而给当事人带来损失的可能性。

项目风险的形成原因：人们对于项目未来发展与变化的认识不足以及信息的滞后。

项目风险的本质是"变化"，这决定了其具有4个基本特征：①风险是客观存在的、到处存在的；②风险是相对的、具体的、变异的；③风险是可测量的、可控制的；④风险与效益是一体的、共生的。

电力工程项目在建设过程中将面临更大的不确定性，主要包括6个方面。①自然风险：地震、洪水、不明地质条件等。②政治与社会风险：政策变化、社会动荡。③金融与经济风险：资金、利率、汇率等所引起的波动。④技术风险：设计、施工、设备等导致的不良问题。⑤管理与决策风险：管理水平较低、决策能力较差。⑥公共关系风险，包括与政府部门、承包商、监理及其他利益相关者之间的博弈。

电力工程项目风险管理，是指通过对电力工程项目进行风险识别、风险界定和风险度量等工作去认识电力工程项目面临的风险，并以此为基础通过合理使用各种风险应对措施和管理方法对项目风险实行有效控制，以及妥善处理项目风险事件所造成的不利结果，以最少的成本保证项目总体目标的实现的管理工作。

电力工程项目风险管理主要内容包括4个方面。

- 电力工程项目风险的识别——其主要任务是找出项目风险，识别引起项目风险的主要因素，并对项目风险后果作定性的估计。在识别项目风险时，需要将一个综合性的项目风险问题分解成为许多具体的项目风险问题，再进一步分析找出形成项目风险的影响因素。在识别项目风险的影响因素和产生后果时，需要使用分析和分解的原则；在分析和分解的过程中，常用的分析方法，如故障树、风险树等。在很大程度上项目风险识别还取决于项目决策者与风险分析者的知识与经验，因此，还会用到德尔斐法、专家会议法、情景分析法等。

- 电力工程项目风险的度量——主要是指对项目风险和项目风险后果所进行的评估和定量分析。其任务是对项目风险发生可能性大小和项目风险后果的严重程度等做出定量的估计或做出统计分布描述。其中，项目风险发生概率（probability）是度量风险可能性的一个主要参数；其次，项目风险的大小同其风险后果的严重程度有关，因此项目风险所导致的损失（loss）也是度量项目风险的一个基本参数。

- 电力工程项目风险的应对措施——在制定项目风险应对措施的过程中，需要采用一系列的项目风险决策方法；工作中，通常进行成本-效益分析、效用分析、多因素分析和集成控制等。此时，必须充分考虑项目风险"损失"与"代价"的关系。因此，一方面，应尽量减少风险应对措施的代价；另一方面，还必须要考虑风险应对措施可能带来的收益，并根据收益决定是否需要付出一定量的代价，避免出现得不偿失的情况。

- 电力工程项目风险控制——根据项目风险识别、度量和制定的项目风险应对措施，对整个项目全过程中各种风险进行控制；项目风险控制的具体内容包括：根据项目发展与变化的情况，不断地重新识别和界定项目风险、不断地更新项目风险应对措施、不断地决策和实施项目风险应对措施，以最终确保项目目标的成功实现。项目风险控制工作是一个动态过程；其中，项目风险管理的

> 各项作业是相互交叉、相互重叠开展和进行的。通常,在项目各个阶段都要开展项目风险控制,是一种周而复始、系统全面地开展项目风险识别、界定、应对措施制定和实施的工作循环。

(三) 电力工程项目融资

(1) 项目融资的概念及特点

① 项目融资的概念

贷款人在最初考虑安排贷款时,以特定项目的现金流量和收益作为偿还货款的资金来源,以特定项目资产抵押作为货款的安全保障。若项目不足以保障货款安全,则贷款人需求借款人以直接担保、间接担保或其他形式给予项目附加的信用支持。

- 广义上,项目融资是指一切针对项目的资金筹措形式。
- 狭义上,项目融资是指借款人原则上将项目本身拥有的资金及其收益作为还款资金来源,且将其项目资产作为抵押条件来处理;通常情况下,项目主体的一般性信用能力不作为重要货款因素进行考虑。

② 项目融资的特点

- 项目导向——安排融资主要依赖于项目的现金流量和资产,而非依赖于投资者或发起人的资信;此为项目融资的最大特点。
- 有限追索——追索,是指若未能按期偿还债务时,贷款人具有要求借款人以抵押资产之外的资产偿还债务的权利。作为有限追索的项目融资,贷款人可在货款的某个阶段或在任一规定的范围内对借贷人进行追索。
- 过程复杂——由于此类货款形式对贷款人风险较大,因此项目融资必须要以复杂的贷款和担保文件作为项目各方行为的依据。
- 成本较高——较大的风险必然要求较高的贷款利率,因此,项目融资的成本也将随之提高。
- 全程管控——出于有限追索备件的考虑,贷款人必然会对项目的立项、运营以及项目后保障事宜进行全过程的管理和监控。

(2) 电力工程项目的融资

① 电力工程项目融资的概念

电力工程项目融资:• 广义上,是指一切针对电力工程项目的资金筹措形式;• 狭义上,是指借款人原则上将电力工程项目本身拥有的资金及其收益作为还款资金来源,且将其项目资产作为抵押条件来处理,该项目主体的一般性信用能力通常不作为重要贷款因素。

采用项目融资的方式,既有利于为超过投资者自身筹资能力的大型电力工程项目融资,也可满足政府在资金安排方面的特殊需要,又可为跨国公司海外投资项目安排有限追索权融资,以限制项目风险(在一定程度上隔离项目风险与投资者风险)。

② 电力工程项目融资的当事人

- 项目发起人——可能是企业,也可能是政府;可能是一家,也可能是多家。大型电力项目中的发起人一般还吸收一家或几家知名外国公司参加,以便更好地利用外国公司的投资、技术和信誉,并吸引外国银行的贷款。
- 项目公司——是项目融资的关键与核心;是为了特定的项目专门成立的独立公司法人,一般由项目公司发起人设立并控股,负责项目投资、建设、管理、运营、偿贷等。其组织形式需要根据项目的具体情况进行选择,可分为"契约式合营""股权式合资"和"承包"等。
- 项目贷款人——即为项目公司提供贷款的融资机构,包括商业银行、非银行金融机构(如租赁公司、财务公司、投资基金等);其收益源于贷款利息(而归还贷款本金及利息的款项又来源于项目建成后的收益);其权益的保障源于项目公司提供的抵押、质押或项目发起人提供的其他保证。
- 项目设施使用方或项目产品购买方——通过与项目公司签订项目产品的长期购电合同,按照规定的电价或电价计算方式为项目贷款提供重要的信用支持。项目建设完成并投入运营后,购电方按照购电合同对项目公司支付费用。该费用由项目公司作为收益直接用于偿还项目贷款;剩余收益作为项目发起人的股东回报。与一般的购电合同不同,该购电合同在电厂建设运营之前就订立了,属于"先买电、后有电"。
- 项目保证方——由于项目建设的周期长、风险大、回报慢,因此项目贷款人往往会要求东道国境内的银行或政府提供保证。
- 项目设备、原材料和能源供应方——项目设备原材料和能源供应方与项目公司签订协议,负责向项目公司提供设备及燃料。

扩展及推荐阅读

[1] 国家发改委发布《电力可靠性管理办法(暂行)》(2022),https://news.bjx.com.cn/html/20220424/1220271.shtml
[2] 傅维雄,江汇.境外电源项目投资实务[M].北京:清华大学出版社,2019.
[3] 高骞,林辉.电网建设投资效益评价:从项目到企业[M].南京:南京大学出版社,2019.
[4] Hirotada Kohno. Economic Effects of Public Investment[M]. Springer Berlin Heidelberg,2018.

即 练 即 测

第十一章

电 力 发 展

本章学习目标

通过本章所列内容的收集、整理和学习,应该能够:
1. 了解电力经济与管理领域的学术前沿问题;
2. 梳理各模块的核心问题及解决思路;
3. 尝试对所感兴趣的问题进行展开讨论。

第一节 电力综合评价

专题讲座基本问题设置

(1) 从不同层面(宏观、中观、微观)进行电力评价的目的是什么?
(2) 从不同维度(制度性、经济性、技术性、行为性)进行电力评价的定位是什么?
(3) 评价指标如何保证选取的"系统且客观"?
(4) 适用于电力评价的方法技术(主观、客观、综合)有哪些?
(5) 针对电力发展的内部性评价体系如何构建与展开?
(6) 针对电力发展的外部性评价体系如何构建与展开?
(7) 问题分析中"结果导向"与"过程导向"如何权衡?

第二节 电力体制改革

专题讲座基本问题设置

(1) "制度变迁""体制改革"与"系统转型"的区别与联系。
(2) "电力体制改革""电力市场改革""电力市场自由化"与"电力部门改革"的区别与联系。
(3) 电力体制改革的"核心目的"与"基本原则"。
(4) 电力体制改革的"问题诊断"与"任务界定"。

(5) 电力体制改革的"利益主体"与"方法步骤"。

(6) 电力体制改革的"制度绩效"与"发展预期"。

(7) 制度变迁的"政策支持"与"市场激励"。

(8) 体制改革的"成本"与"收益"。

第三节　绿色低碳转型

专题讲座基本问题设置

(1) "转型模式"与"转型路径"的区别与联系。

(2) "绿色转型"与"低碳转型"的区别与联系。

(3) 电力系统的"绿色低碳转型",是谁的过程,又是谁的结果?

(4) "电力绿色低碳发展"在不同层面的充要条件是什么?

(5) 如何评价绿色低碳转型的"效率"与"公平"?

(6) "电力市场"与"绿色证书交易市场""碳排放权交易市场"如何耦合?

第四节　能源互联互通

专题讲座基本问题设置

(1) 能源互联互通的目的和诉求是什么?

(2) 能源互联互通在不同维度(制度-经济-技术-行为)的基础和保障是什么?

(3) "能源互联网"与"互联网+能源"的区别与联系。

(4) 电力系统在能源互联互通中的定位及作用是什么?

(5) "互联互通"对电力系统各环节、各业务的影响及激励。

(6) "数字经济""数值化转型""产业数字化"与"数字产业化"的区别与联系。

(7) 有别于其他行业,电力行业数字化转型的"独特性"体现在哪些方面?

扩展及推荐阅读

[1] 康重庆,陈启鑫,夏清.低碳电力系统理论与应用[M].北京:科学出版社,2022.

[2] 吴张建.中国电力产业数字化[M].北京:中国电力出版社,2021.

[3] Ali Keyhani,Mohammad N. Marwali.绿色可再生能源电力系统接入[M].戴民等,译.北京:中国电力出版社,2013.

[4] Ahmed F Zobaa. Energy Internet[M]. Springer Berlin Heidelberg,2021.

[5] 国际能源总署(IEA).自由化电力市场的经验教训[M].成都:四川科学技术出版社,2007.

教师服务

感谢您选用清华大学出版社的教材！为了更好地服务教学，我们为授课教师提供本书的教学辅助资源，以及本学科重点教材信息。请您扫码获取。

❯❯ 教辅获取

本书教辅资源，授课教师扫码获取

❯❯ 样书赠送

管理科学与工程类重点教材，教师扫码获取样书

 清华大学出版社

E-mail: tupfuwu@163.com
电话：010-83470332 / 83470142
地址：北京市海淀区双清路学研大厦 B 座 509

网址：https://www.tup.com.cn/
传真：8610-83470107
邮编：100084